西柏坡口述历史

第三册

西柏坡纪念馆◎编

河北出版传媒集团
河北人民出版社
石家庄

图书在版编目（CIP）数据

西柏坡口述历史. 第三册 / 西柏坡纪念馆编. -- 石家庄 : 河北人民出版社, 2020.10（2022.8重印）
ISBN 978-7-202-14956-0

Ⅰ. ①西… Ⅱ. ①西… Ⅲ. ①中国共产党－党史－史料－1947-1949 Ⅳ. ①D231

中国版本图书馆CIP数据核字(2020)第173722号

书　　名 **西柏坡口述历史第三册**
编　　者 西柏坡纪念馆

责任编辑 甄　洁
美术编辑 于艳红
责任校对 付敬华

出版发行 河北出版传媒集团 河北人民出版社
（石家庄市友谊北大街 330 号）
印　　刷 河北新华第一印刷有限责任公司
开　　本 787 毫米×1092 毫米 1/16
印　　张 20.75
字　　数 304 000
版　　次 2020 年 10 月第 1 版 2022 年 8 月第 2 次印刷
书　　号 ISBN 978-7-202-14956-0
定　　价 45.00 元

编 委 会

序

西柏坡是一部厚重的书。20世纪40年代后期，中国共产党在这里组织召开了中国共产党全国土地会议，领导了解放区的土地改革运动；指挥了辽沈、淮海、平津三大战役，取得了战略决战的胜利；召开了党的七届二中全会，描绘了新中国的宏伟蓝图。在七届二中全会上，毛泽东提出了著名的“两个务必”——“务必使同志们继续地保持谦虚、谨慎、不骄、不躁的作风，务必使同志们继续地保持艰苦奋斗的作风”。在即将离开西柏坡赴京时，毛泽东把进京比喻为“赶考”，并提出一定要考个好成绩，决不做李自成。

2013年7月11日，习近平同志到西柏坡考察调研时指出：“历史是最好的教科书。对中国共产党人来说，中国革命史是最好的营养剂。多学习，多重温，心中会增添许多正能量。”

读史以明志，借古而鉴今。从历史的长河中汲取营养，可以使我们了解我们从哪里来，又昭示我们将到哪里去的最根本、最有益的途径。伟大的革命实践活动，孕育了以“两个务必”和赶考精神为特质的西柏坡精神，是中国革命精神的继承和发展，是中华民族精神宝库的瑰宝，散发着熠熠的永恒光辉。不仅是一个国家、一个民族、一个政党、一个团队不断前行，不断取得伟大成就的精神动力，同时，更是每一个人不断提高修养，完善人格，学会为人处世的指针。

习近平在西柏坡对“两个务必”进行了新的阐释和解读，他强调：“毛泽东同志当年提出的‘两个务必’，包含着对我国几千年历史治乱规律的深刻借鉴，包含着对我们党艰苦卓绝奋斗历程的深刻总结，包含着对胜利了的政党永葆先进性和纯洁性、对即将诞生的人民政权实现长治久安的深刻忧思，包含着对我们党坚持全心全意为人民服务根本宗旨的深刻认识，思想意义和历史意义十分深远。”细读这段文字，我们不难发现，这段话把“两个务必”的内涵，放在了中国封建王朝兴衰更迭的几千年历史长河中审视；放在中国共产党艰苦卓绝奋斗历程中审视；放在如何建设和发展一个政党的使命中审视；放在如何执政，如何长期执好政的历史命题中审视，读来可谓警钟长鸣，余音两耳不绝。

穿越历史尘埃，抢救性地征集口述历史，在历史碎片中读懂西柏坡、传承西柏坡是西柏坡人的责任。迄今，中共中央离开西柏坡已过去了70多个年头，当年在西柏坡工作生活的老一辈都已成为霜染双鬓的耄耋老人，很多人对曾经的革命经历没有回顾和整理，使一些鲜为人知的历史尘封在他们的记忆里，不为人知，成为一种历史缺憾。

近年来，一些报纸、杂志、书籍、网站等媒体的记者或专家抢救性地走访了一大批历史见证人，并撰写文章公开发表，为传承红色基因留下了一笔宝贵的历史遗产。为了弥补缺憾，西柏坡纪念馆一方面成立了革命历史抢救小组，抽调相关科室人员组成专门的征集队伍，分赴全国各地，深入到一个个平凡的当事人家里，寻访第一手鲜活资料，记录他们当年在西柏坡工作、学习、生活的故事，抢救性地征集珍贵历史文物、资料；另一方面，通过各种渠道公开向社会征集、搜集公开发表过的有关西柏坡时期的口述历史文章，以进一步丰富西柏坡的历史内容，并通过向社会各界宣传讲解红色文化，传递正能量。《西柏坡口述史（第三册）》收集了几十位革命者的口述。可以说，每一个人的经历都称得上是一部经典教材。他们一部分人是曾经在领袖身边工作的老同志，回忆了西柏坡时期中共中央领导人的光辉事迹和自己的切身感受；一部分人是当时默默工作在不同岗位上的平凡老战士，他们回忆了在艰苦环境中工作的点点滴滴；还有一部分人是老革命的子女后代，他们回忆了父辈给自己的精神传承……每一篇文章都有独到的视角，能够反映出一个人的精神信仰。

翻阅这本由历史碎片组成的历史画卷，可以读懂“敢于斗争，敢于胜利”的历史担当精神。在中国面临两种命运的抉择时刻，面对国共力量的悬殊对比，共产党人选择了担当，勇于挑起民主建国的伟大历史使命，使中国革命的航船朝着太阳升起的方向破浪前行。

翻阅这本由历史碎片组成的历史画卷，可以读懂“善于破坏一个旧世界，善于建设一个新世界”的创新精神。“另起炉灶”“打扫干净屋子再请客”，废除自鸦片战争以来西方列强强加在中国人民头上的一切不平等条约。人民民主专政、人民代表大会、民族区域自治，站在中国革命的历史潮头，把握中国革命和世界革命的历史规律，创新了一系列国家大政方针政策。

翻阅这本由历史碎片组成的历史画卷，可以读懂“一切依靠人民，一切为了人民”的宗旨情怀。毛泽东曾深情地评价：兵民是胜利之本。陈毅元帅评价淮海战役：淮海战役的胜利是山东人民用小车推出来的。在西柏坡召开土地会议期间，刘少奇曾经指出：我们一切政策的制定、修改和执行，都必须有群众观点，走群众路线，测量政策的正确与否，要以最大多数人民的最大利益为标准。

翻阅这本由历史碎片组成的历史画卷，可以读懂“谦虚谨慎，艰苦奋斗”的自律品格。在西柏坡，毛泽东拒绝把自己的头像印在新版的人民币上，反对提什么“毛泽东主义”。在儿子毛岸英结婚的问题上，坚持遵守边区婚姻法，不同意儿子不到年龄就结婚。在七届二中全会上，毛泽东向全党提议：不做寿，不送礼，少敬酒，少拍掌，不以人名作地名，不要把中国同志同马恩列斯平列。

翻阅这本由历史碎片组成的历史画卷，可以读懂伟人良好的家风。1947年，在陕北的毛泽东给已经跟随中央工委到达西柏坡的毛岸英写了一封信：“岸英儿，看你的信，你在进步中，甚为喜慰……你要看历史小说，明清两朝人写的笔记小说（明以前笔记不必多看），可托周扬同志设法，或能找到一些。”字里行间，渗透着父亲对孩子教育的细致入微。无独有偶，任弼时给儿子题词：小孩子要用心读书，现在不学，将来没用。

翻阅这本由历史碎片组成的历史画卷，可以读懂海纳百川的学风。毛泽东说，从进城的第一天起，我们就要眼睛向下，我们的同志必须用极大的努力去学习生产的技术和管理生产的方法，必须去学习同生产有密切联系的商业工作、银行工作和其他工作。先做学生，后当先生，要向下级请教。不仅教育学什么，还明确告诉怎么来学习。

翻阅这本由历史碎片组成的历史画卷，可以读懂质朴实用的文风。文风问题表面看是写作风格问题，是形式上的问题，实际上它更是一个立场问题、方法问题、内涵问题，它反映的是一个政党的精神状态，是党风的一面镜子。由西柏坡发出的《中共中央关于召开七届二中全会的通知》，这么重要的一个会议通知，正文仅386个字。就这短短的386个字，不仅明确了开会的时间、地点、会期等基本内容，而且考虑到各局各前委工作、作战的具体情况及有关同志的身体、路程等多种特殊情况。这种文风充分体现了中央对各地甚至个人情况的“胸中有数”，又反映了中央对同志的尊重和关怀。

西柏坡的史料浩如烟海，透过鲜活的历史碎片，还可以“读懂团结”“读懂用人”“读懂领导艺术”“读懂民主精神”“读懂谦让”等中华民族优秀文化的精髓。历史是最好的教科书，也是最好的营养剂、清醒剂，史可博古、史可通今、史可通事、史可通政、史可通智、史可知辱、史可知道。前事不忘，后事之师，一个郑重对待历史并善于从切身经验学习的民族，才是一个真正强大、真正有希望、真正走得远的民族。

是为序。

西柏坡纪念馆党委书记　王　红

2020年9月

目　　录

坐在中国革命的火车头上

◎ 李敦白口述　张军锋整理

时　　间：2012年10月

地　　点：美国西雅图狐狸岛李敦白家里

被采访人：李敦白

人物简介：李敦白（1921—2019），美国学者，生于南卡罗来纳州查尔斯顿，曾加入美国共产党。1945年作为美军士兵来华，与中国共产党和中国革命结下不解之缘。1946年来到延安，在新华社工作。中华人民共和国成立后，曾在中央人民广播电台任职。曾两次被捕入狱。1980年，李敦白携家人离开中国。著有《红幕后的洋人：李敦白回忆录》一书。现居美国西雅图。

第二次世界大战期间，我在美国军队服役。当时因为美国军队急需会东方语言的人，就把上过大学的、具有一定语言能力的人挑出来，送到大学学习东方语言。最初，我被挑选出来到斯坦福大学学日文，准备让我在美军占领日本后去那里工作。我不愿意长期在日本服务，希望战争结束后能回美国，所以就想办法转到中文专业学中文。中文，我一开始接触就爱上这种语言，心里特别高兴。

老师中有几位是共产党员，就跟我们讲共产党的好处，还邀请安娜·路易斯·斯特朗（美国进步女记者与作家）给我们讲课，她也说中国共产党好。我们还请过一位比较保守但学术水平很高的陈姓华裔教授来给我们讲课。有人问他：“你是国民党还是共产党？”他说：“无党派，但是如果逼着我非得参加一个政党，我只能参加共产党。”问他为什么，他说因为共产党代表我们中华民族的未来。这种讲课和问答实在很有意思。

从昆明到上海，宋庆龄帮助我留在中国

我1945年到的中国，先到了云南的昆明。那个时候日本已经投降。但是，在昆明还是经常看到打仗，谁和谁打？蒋介石和龙云打，中央军和云南地方军打。

在昆明，我第一个印象就是中国老百姓非常穷，而且在那样黑暗的统治之下，人都不算人，大人物踝死小人物不算事儿，国民党宪兵拔枪杀人不算事儿，这是我亲眼看到的。学生和知识分子受压迫很厉害，西南联大、云南大学，这些学校里有进步思想的老师和学生都受到各种压迫。所以，我抱着很大的同情，努力想做一些工作。通过各种办法，我联系上了中国共产党的地下组织，还有几次用美军的吉普车把被抓走的学生和老师送到城外安全的地方。

当时，国民党对那些有反抗精神的老百姓非常狠毒，但是对哪怕一个小小的美国兵都会卑躬屈膝。有检查任务的时候，他们会在关卡对中国的每一个人、每一部汽车仔细审查，但是会放行美军的车辆。所以，我开车拉着那些“有问题”的人，顺利通过，把他们送到安全地带。

在昆明待了一段时间之后，我认识了一位乔姓商人，是中共地下党人，熟识以后，经常交谈。后来，他从延安回来，跟我讲延安的情况，有托儿所，有学校，大家的精神状态等等，还说你不要走，留下来，可以去延安给毛泽东教英文嘛。所以从那个时候起，我就萌生了到延安去的想法，但是还没成行，我们的军队就调到上海了。在上海，我认识了廖仲恺的女儿廖梦醒，她当时给宋庆龄当秘书。廖女士也提出来，劝我不要走，说留在中国可以帮助她们工作。因为英语是我的母语，我满心愿意。当时，要让美军同意我在中国退伍，唯一的方法就是在此地找到合法的工作。于是，廖梦醒女士给了我一张以宋庆龄名义写的条子，让我去找联合国善后救济总署的官员。联合国善后救济总署是一个政治中立的组织，专

门救济战争或饥荒中的难民，我所得到的工作头衔是观察员。此时，从上海到延安的路已经封锁了，过不去了，我就先留在了上海。

宣化店三方会议向李先念“告密”

我接到的第一个任务，是到国民党控制的湖南省视察，据说那里的灾荒最为严重。在王震将军的帮助下，湖南共产党组织协助我完成了任务，国民党的腐败真是触目惊心。我接到的第二个任务，是到新四军占领的大别山解放区视察，在执行这次任务时，我成为参与国共停战协定和谈的亲历者。

当时，我接受任务押运一批粮食到大别山解放区的宣化店（今湖北省大悟县），这里是李先念的第五师的师部所在地。在这里我还见到王震，他是李先念的副手。我到宣化店没几天，周恩来也来到这里。此时的宣化店，正陷入国民党军队的包围之中，形势非常危急。美国总统特使马歇尔将军因此组成了一个和谈代表团到宣化店举行会谈。第一轮会谈由马歇尔的特别助理包瑞德将军主持，国民党方面则由武汉行署主任的儿子、蒋介石麾下的一位副司令官王天鸣出任谈判代表。三方代表在一个祠堂里开会，三方都发言。

会议期间我上厕所，在厕所里遇见包瑞德将军。我把工作证给他看，自我介绍说：“我是联合国善后救济总署的官员，在这地方是负责救济物资，我很担心，不知道这里将发生什么事。”他说：“我老实告诉你，我刚从东北回来，在东北，共产党是占压倒性多数，政府军不可能获胜，我们救不了，但这个地方我们政府军却占上风。我们准备让国军就地歼灭这里的共军。”听到这些话，我马上找到李先念师长，告诉了他这个消息。事后李先念跟我说，当时有些同志不信，政委和其他有些人还是比较相信美国，对美国有幻想。事后证明我说的是实话，这提醒中共作了一下准备。后来李先念在回忆录里写到这个事，但里边记述到我是美国记者，实际上我不是记者，是联合国善后救济总署的观察员。

那是我第一次见周恩来，就是在祠堂里召开的三方会议上，印象特深。会场挺暗的，没电灯，照明的是一些豆油灯，我坐在最后，离周恩来挺远。会议上，李先念先发言，把听到的消息说明了一下，然后国民党王天鸣发言，讲的话很好，说新四军是他们的同胞手足，他们不会陷害新四军，绝对没有这个事，绝对不可能。周恩来在发言时讲，说国民党代表讲得很好，在场的人都可以做见证人，大家都可以见证。

会议结束后，我回我住的那个小学校，路上碰到李先念送周恩来回宿舍，李先念向我介绍了周恩来。周恩来看着我第一句话就说："我注意到你了，我讲话的时候你拼命鼓掌，国民党代表讲话的时候你不鼓掌，美国代表你就拍了几次手，你这样不行，回到上海的时候，你会不好做事，会给你找麻烦。"我听后就想，周恩来怎么能这么注意我，我坐后面又挺黑的，他怎么会观察得这样细致？周恩来的话，听着像是批评，但我心里觉得舒服，里边有一种保护的意味，语气非常亲切。这是第一次见面。

会谈中成立了一个三人调停小组，小组中共方代表是王震，国民党代表是保安司令部的一个指挥官叫陈浅，他跟美国一个上校留下来。

我也列席参加了会谈，身份是联合国代表。第一次会谈中，双方首先介绍各方的翻译，王震介绍时，国民党抗议，说他不是翻译，是特务，不允许。国民党介绍自己的翻译，王震也抗议，说他是特务。美国上校急了，指着我说："算了，他这个美国人，代表联合国，就让他当三方翻译。"我那个时候中文还很差，特别是王震的口音，那个湖南腔很难听得懂。我记得，王震说话时很生气，拍着桌子，说不能任国民党代表滥言。翻译时，我问王震什么叫"滥言"，我不懂。他说，就是胡说嘛。后来因为王震脾气太暴，中共方面就换了一个代表，换了一个叫任士舜的人。国民党代表见我是美国人，在开第一次会议时，就把我请到一边跟我讲，说我不了解中国情况，他们现在需要的就是统一，不是什么民主，也不是什么国共合作，而是一个领袖、一个党、一个主义，中国现在就需要这个。所以基于国民党的这些想法，那次谈判没有掌声，只有些临时的协议，不可能根本解决问题。

有人问我，蒋介石为什么一定要通过内战的手段消灭中国共产党？国共两党重庆谈判后谈谈打打，扯了一年多的时间，但最后为什么调停不成，内战还是爆发了？据我的了解，我看国民党蒋介石从来没有真正考虑要和，都是准备条件成熟就打。美国将军马歇尔来了，马歇尔在二战时有功劳，这是第一次做文官，做美国总统特使到中国来调解。总统给他两条使命：第一条，尽力避免马上要大打，尽量调解避免双方打仗；第二条，万一失败了，打起来了要支持蒋介石。那么蒋介石也知道这两条，所以当他还没准备好打仗的时候，还和马歇尔一起玩，到他认为已经准备好，可以消灭共产党的时候，就准备打仗。后来，我参加了国共双方调停小组的工作，也亲眼看到国民党其实是把调停作为一个准备内战的时间。蒋介石从来没有认真考虑允许共产党保持一定数量的军队和一定的地区，就是做个样子，到他认为准备好了，有把握了就发起进攻。所以说内战最后是不可避免的。

实际上，从我一开始听到包瑞德将军的话，就想到内战不可避免。中共方面，李先念和王震领导的新四军第五师，我到的时候有8万人，其中有一万多伤病人员，这些伤病员后来转移到邯郸，剩下可能有五六万人能够打仗，但那时被国民党军四五十万大军围困了。

那个时候李先念打仗非常巧妙，他部下有一个独立旅2000多人，就让独立旅到宣化店接防，然后往东，往苏北方向，假装是大军，一字长蛇阵摆开了到处放枪，好像是很大的军队，结果国民党把大部队都转移到东线，李先念率领这个主力部队一枪不发，过了灵台县到陕南根据地，突围了。战略战术非常巧妙，有很高的军事智慧。

聂荣臻留我在张家口做“工程师”

我从宣化店回到上海后，就辞掉了联合国善后救济总署的工作。随后，我去跟宋庆龄、廖大姐告别，宋庆龄就讲了，已经见过周副主席（就是周恩来），也应该去南京跟周副主席告个别。于是，我就去了南京，找到周恩来。周恩来说，他想办法让我去延安，我先去那儿见毛主席，看看解放区的建设，看看真实的解放区是什么样子。我当然很愿意。

结果，在去延安的路上，走到晋察冀解放区张家口时，参观了一个礼拜，写了一些文章给美国。要走的那天晚上，聂荣臻司令员请我吃饭来饯行，在饭桌上聂司令员开玩笑讲：“我要是把你扣下来，不让你走怎么样？”我马上问：“把我扣下来，我能做什么？”聂荣臻很认真地说：“我们想找个‘工程师’帮助我们工作。”我说自己不是工程师，这时候聂司令员马上解释说，不是理工类那样的工程师，是我们想在中国人民和美国人民之间架桥，我们需要在桥上工作的“工程师”。同时，他说在中国的美国人，包括美国大使馆了解一些中共政策，但是在华盛顿的美国人不了解，所以想要办一个广播，用英语广播，直接向美国人来讲话。因为当时，中共党内缺少这种人才，所以想留我下来做这项工作，并问我是否愿意。那我当然愿意，巴不得的，所以就在张家口留下了。

张家口那个时候正在跟傅作义谈判，傅作义也在考虑可以联共反蒋，他派的谈判代表周参谋，就住在招待所我的隔壁，人挺好。可是，正在谈判的时候，傅作义命令部队从北边突然袭击张家口，所以聂司令员就找我，要我赶快撤离，并给我看了周恩来从延安打来的电报，说调我到延安新华社，于是我踏上了去延安的路。当时来说，我感到非常幸运，能够参加中国革命，能够到延安去见毛泽东主席，我觉得是很了不起的。

解放战争胜利就是靠思想和政策胜利的

1946年10月，我到达延安，当时内战已经全面爆发。在延安，我觉得那里就像个“土天堂”，我那时候叫它“土天堂”，意思是很土，但是人人都精神饱满，大人小孩儿，该做什么工作，都高高兴兴地做，有困难大家都极力克服，每个人都对中国革命非常有信心。

当时共产党和国民党实力悬殊，国民党又有美国的支持，有人问过我是不是担心共产党会被消灭。实际上，我的心路历程是这样的。到延安以后，我亲耳听到毛主席讲，说今后一年每月平均要消灭国民党10个旅。听了以后，虽然满心希望是这样的，但是我根本不信。我见过国民党新五军，他们的士兵都吃得壮壮的，要大炮有大炮，要坦克有坦克，而解放军就差多了。大概是1946年11月，延安天气很冷，我去四十里铺迎接王震，当时他率领三五九旅回到延安。三五九旅算是共产党的精锐部队，也参加了长征，当我看部队翻过岭走下来，心中冷了半截。战士大部分就跟小孩子似的，个儿很小，一个班里头8个、10个人，有四五支枪就算不错，其余的人就拿了红缨枪或棍子，而且脚上穿的，像王震这样的高级干部，好的就是布鞋或者是运动鞋，皮鞋是见不着的，一般战士就穿草鞋，自己编的草鞋，在这大冷天里头走。当时，我觉得这些解放军战士们非常可爱，但是他们能够消灭国民党的军队，我想不通，理解不了！但中国共产党是不是会被消灭呢？我也觉得不会的，在如此艰苦条件下，精神却十分饱满！共产党现在钻在山沟沟里，终有一天会胜利，但我觉得是遥远的未来。像毛泽东主席说的，每年每月消灭国民党军队一个旅一个旅的，心里想不可能。

在延安，我和毛泽东、周恩来等中央领导人都有一些接触。毛主席和我在一起，他就是想了解美国，他谈美国，也主要让我谈美国的情况，美国的任何事情他都乐意听。我从和毛主席交谈，以及看到他的一些指示，给我的总体印象，也就是一个根本的思想，那就是蒋介石你搞你的，我做我的，你国民党有大军，有美元，有飞机、大炮，解放军没有，但我有我的打法，最终会把你消灭。

为什么解放战争中国共产党能够打胜，我的看法，就是觉得毛泽东的战略战术思想和工作方法很不同寻常。例如，毛泽东主席教育干部战士有大局观，实事求是，一分为二看问题，也就是辩证地看问题，看问题不要只看一个方面，各个方面都要看，要找到它内含的一个主要的组织，这在那个时候起了大作用。例如，对待国民党将军，你不要只看他是国民党的将军，他也是父亲，也有儿女，而他的儿女在学校说不定也参加了进步组织，加入了共产党，受到国民党的迫害，所以这个国民党将军会跟蒋介石有矛盾，既恨共产党，也恨蒋介石，这些东西你都可以利用。还有，毛泽东对战士的思想教育有很多，如量变可以产生质变，教育广泛而深入。

记得1947年，我翻译了一个中央关于新时期土改的40条指示，后来发表的好像改了一些。原来我翻译的第四十条，是毛主席那个大毛笔写的字，因为我看不懂，请人给我翻译。当时，这个第四十条写的是这样的：如果你们县里、区里、村里有些同志不同意我们中央的这些规定，想破坏它，破坏的最有效的办法是在你的村子执行得跟我们一模一样，一字不改地就在你们村子来落实，不调查你自己的实际情况，不变通办理，不让它适应你的情况，你就照搬，你肯定会破坏。我觉得很生动，历史上哪个领袖会对下面讲，如果你直接一字不改地落实我的指示，你会破坏我的指示。这体现了毛泽东一种灵活和实事求是的思想。

在实际工作中，我们在与国民党军官谈话时，他们有一个主要想法，就是国民党是正统，中国世世代代都是他们这些人来当家的，而由破破烂烂农民组成的共产党怎么可能当家？在他们心里认为是不可能的。所以他们被打败的时候，总是觉得很冤枉。曾经发生过这样的事儿，在一次战事中，国民党的一个团被延安的一个团消灭了，那个国民党团长居然不服输，要求重新来打。有时我觉得，这跟英国皇军在美国革命战争的时候一模一样，美国那些破破烂烂的士兵打败英国皇军，最后取得了胜利。

我到中国以前，我主要看过毛泽东的《新民主主义论》，还看过《论联合政府》，这两个我都认真看过。我认为都是非常好的著作，但是不是完全是马克思主义的理论，我有所怀疑。因为，我在美国学的是斯大林的一套，觉得这跟斯大林讲的不是那么完全一致，所以就产生过怀疑，这是不是完全的马克思主义。后来在我1949年坐监狱的时候，有时候晚上做噩梦，梦里就是担心中国共产党和苏联发生矛盾，而苏联作为正统的马克思主义，会不会真和中国干起来了。内心担心，怕真是那样，革命就要失败。

我在延安的时候，还有到大别山、到太行山的时候，觉得毛泽东是一个大天才，这个头脑思考跟别人不一样。像我，就是一个很普通的美国人，跑到延安以后，毛泽东常邀请我去，问我问题，我讲的时候，他会聚精会神地来听我讲，好像我是天下第一大权威。对别人也是一样的，好像他就是要吸收任何人所讲的那些对他有用的知识，特别用心倾听，吸收他所需要的。有时候，他也发愁，跟我讲他睡不着觉，必须吃安眠药，有时吃很多也睡不好，仅能睡几小时。

毛泽东还有大谋大略，我在和他交往的时候也体会得到。中国共产党的队伍开始打胜仗以后，我才开始认识到毛泽东思想力量的伟大，一支小米加步枪的队伍能够在他的指导下出现奇迹，真是想不到的东西。比如一下子消灭国民党7个军、5个军，那个上党战役，山东那个孟良崮战役，非常了不起的，这些都是实在的东西。

1948年洛阳战役中，毛泽东给我讲道，当时国民党在洛阳驻军不少，中国人民解放军围困几日，都没有攻下。后来，蒋介石又派来部队救援，沿着陇海路前进，走到一个是两边高山的山涧里，指挥官陈毅指示，用大石头滚下来也能把国民党打败，并集中绝对优势兵力，在那个峡谷里头消灭了国民党援军。援军被困后，洛阳城的国民党守军出来救援，最后也被消灭，洛阳胜利解放。我问毛泽东，蒋介石知道孙子兵法里围魏救赵的故事，他为什么还要这么做？毛泽东就讲，因为蒋介石靠美元，如果洛阳之战国民党失利，美国国会就可能没那么积极援助他，不会无休止给无底洞里头来投钱了，所以蒋介石被迫孤注一掷，知道危险，也只能那样做。

毛泽东知道蒋介石的心理，而且下面的各级解放军指挥员都按着他的指示，做着对方国民党将军的工作。我到了延安不久，西北局的书记习仲勋带我去农村观察，我们到一个地方后，住在一个开明人士的家里，王震也来了，也在那里居住。王震给我看了邓宝珊写给他的信，开头写的是“王震老弟”，信总的意思是说，邓宝珊的部队某日与共军交战，但是打了上半场就撤了，蒋介石以为他是真的打仗，但是在他的心里，打仗双方都受害，所以就打了半场。实际上，这种情况好多地方都存在，很多人内心里跟蒋介石发动内战有矛盾。所以，毛主席教育自己的将领怎么利用这些矛盾，这是给我印象特别深的。

打淮海战役的时候，我跟廖承志在一起听国民党电台的一个美国记者广播，报道中讲道有一位叫廖运周的国民党将军自告奋勇率领军队，要打开一个缺口，让国民党军队突围，之后打过长江回转南京，到安全地带。当蒋介石坐在飞机上听到这个消息，马上发了嘉奖令。可是，美国记者报道中讲道，结果军团走到包围线的时候，双方军队居然让开一条路，廖运周到了解放区！在解放区，老百姓还敲锣打鼓，拿鸡蛋、拿肉来慰劳军队，不知这是怎么回事。听到这个消息后，我跟廖承志讲，蒋介石的老将军就这样起义了，那他快完蛋了吧？廖承志跟我开玩笑，他说，我美国鬼子，懂什么？实际上廖运周1927年就参加了共产党，一直在国民党部队里埋伏着，就等着到哪一天需要他，其他别的什么事都不干，就是等着，到需要的时候我们点他，他就起来。

后来我了解到，在淮海战役第一个阶段，还有两个这样的人，一个张克侠，一个何基沣都起义了。当时，我想这种磨炼，这种非常复杂的工作方法，是这个世界历史上根本没有过的事情，所以我觉得解放战争胜利就是靠思想和政策胜利的，这没别的优势，别的优势都在国民党方面呢。

撤出延安是大战略的一步

1947年，胡宗南20多万大军包围延安，那个时候大家都很不愿意放弃延安，很留恋。因为大家都在这个地方生活了那么久，感到延安这地方很好。当时，延安的生活条件已经好多了，每个人每天都有一杯豆浆，所以我也养成了这个习惯，到现在还是每天早上要喝一杯豆浆，那东西特别好。我们在清凉山嘛，每天早上都有老百姓送来，在山底下喊：打豆浆，打豆浆了……然后我们就下山打豆浆。延安中央机关设有三种灶：小灶是最好的，每顿四菜一汤，每天有肉，有白米饭、白面；中灶，很多人都吃中灶；大灶，我记得有荞麦、高粱或者小米饭，但每天都能够吃到一些细粮，如白米、白面。身体比较虚弱或有病的人，能够吃到细粮，有的还有牛奶。我们在延安，冬天每个人窑洞里都会发一大包木炭，一月一发，放在小木炭炉子上面烧，很暖和。结果有一次，我那一包木炭不知谁拿走了，隔壁的人告诉我说，木炭丢了，公家是不会再给的，丢了得自己想办法。

总体说来，在延安大家都工作、生活得不错，所以胡宗南进攻延安的时候，人们都特别不愿意放弃延安。这个时候，毛泽东给大家做工作。他讲得很清楚，延安是个大磁铁，磁铁会吸引蒋介石、胡宗南冒险前进，到陕北的山沟沟里，然后我们再把他们一个一个消灭。这个时候我们已经信了，因为我看了一些大战已经打了。把敌人引到山沟里，到一些非常偏僻的地方，老百姓也实行坚壁清野，让敌人没粮食吃，之后集中优势兵力把他们消灭掉。我看到了毛主席发表的《目前形势和我们的任务》，里面讲他的一些基本战术战略，如没有把握的仗就不打，任何时候，再好的机会，没有把握不打，要在有绝对优势时攻击敌人。

虽然说在撤出延安的时候，大家感到有些惋惜，但并没有感到那是一个军事上的大挫折。和我在一起的，是新华社的一些干部，都相当有水平，意识到撤离是一个必要的步骤，虽然也惋惜在延安的安定生活，但觉得这是一个大战略里的一步，好像没有什么怀疑，都觉得这是走向胜利的一个步骤。我自己当时有一点想法是，我到宣化店，从宣化店撤退了；到张家口，从张家口撤退了；现在到延安，也撤退了，到底能不能定下一个地方不走，所以有些不安，但也了解这个大的战略转移是为了吸引胡宗南。

在西柏坡时的工作生活见闻

我随着新华社撤离延安之后，过了黄河到离黄河不远的三交镇，住了一两个礼拜，然后到涉县住了几天。然后到滹沱河边叫东漂、西漂的两个村庄，在那里，参加了收割麦子等农作物的活动。

大概这是比较老的解放地区，很有意思的是老百姓演戏，演自己解放的故事，从解放前，到解放过程，及解放后的生活，从天黑演到天亮，然后拿起猪肘祭礼。我们新华社的同志们也参加了演戏，我演的马歇尔，因为有文艺生活，住得比较舒服。这个时候，我们办了电台，也发了英文稿子，发电的是手摇发电机，粗粗的圆头，摇起来非常吃力，就是一个壮小伙子，工作5分钟也要换人。

我在新华社的英语组，主要是他们翻译稿子以后，我给校正，给它们润色，变成比较通畅的英文，然后发出去。有的时候，我自己发，有的时候，自己播，也就是播音员来不及准备我就自己播；若有人送急稿来不及翻，我就拿中文直接译成英文来播。

毛泽东当时经常给新华社写一些社论，甚至比较重要的新闻，我印象比较深的有一些很生动的事情。好像是1947年初吧，新华社总社发表了一条消息，揭露美军在上海一年里所犯下的3800项罪行。这个数字是我们一个小编辑估摸的，他看到有的地方发的新闻里说美军在上海一个月里犯了多少暴行，于是他拿了一个月的数字乘以12，就得了一个3800的数字。这时，一个美国进步人士在上海办的《米勒斯评论报》专门致电新华社，发出挑战，说："你给我开个清单，若真有3800条罪行我都给你发表英文。"意思是说真没有，这个数字是瞎编的。有一天，我正好在廖承志办公室，电话一响，是毛泽东打来的电话，我听见毛泽东问："你们是中央社吗？"廖承志马上说："我不是中央社，我是新华社。"毛泽东马上说："中央社是靠造谣过日子的，新华社是说真话。你们怎么是新华社？你们怎么能发表这么一个胡说八道的东西！"

后来，周恩来又专门过来，开了一整天的会，跟所有编辑人员讲说实话的重要性。他讲了在上海做民主人士工作多么艰苦，如果这样造谣的话，之前所有工作就报废，根本没法再开展工作。中共中央毛主席、周恩来确实非常重视这些事情，要大家讲实话，以免给别人抓住，误人视听。

另外，如1946年新年献词，毛泽东写道这个世界上最紧迫的矛盾，不是社会主义战争和帝国主义战争和美国的矛盾，而是美国和中间地带和欧洲国家增长的矛盾，而且后者就会成为主要的矛盾。这是一个一般人没想到的事儿，签署的虽是中宣部部长陆定一，但我们知道是毛主席写的。

另外，像上面讲的，1947年给新区土改的40条，就是毛泽东新加的话，还有一个是1947年10月10日签署《中国人民解放军宣言》，里边提出要全面"打倒蒋介石，解放全中国"，也是毛泽东写的。

当时，中共中央的很多文件，往往是一个人写了，然后很多人写修改意见，周恩来写，任弼时写，刘少奇写，等等。一些大文章会经过三十几次的稿子修改，最后才定稿，后来到进城以后，到北京也是。所以呢，那些大稿子不是一个人说了算，一个人写了，然后很多人在修改、补充。

我们新华社在涉县待过一段时间，各项工作也全面得到恢复，包括口播，口播室在涉县一个叫"西戌"的村庄。西戌，那个戌是卫戍司令部（注：李敦白对汉字"戌"和"戍"的误认）的戍，但当地老百姓念"shuī"，西戌，东戌，中间一个小村子叫城村（注：西戌村东的古营盘），大概那个地方是古代一个小国的首府，我们就在那儿全面地干起来了。那里是生活很苦的地方，有一条小溪，有时有水，有时没水。当地老百姓传说，大人物来了，河里就来水，要不然要跑到很远的地方把水拉回来。

1948年4月，马上要“五一”节了，中央按照惯例要发表东西，后来中央发布了纪念“五一”劳动节口号，我记得影响挺大的。当时，我们还没到平山，后来才到的西柏坡。

我觉得西柏坡这一带很富饶，又收麦子又收大米，还有鱼。老百姓好像生活比较好，也有一些文艺生活，经常有演出。那地方挺美，早上起来到外边走一走风景很好，空气也好。

有一天，我看到毛主席在外面散步，大概是早晨6点多，他走到田间，见一些农民聊天，蹲在那儿抽烟，他就蹲着跟他们说话。我心想，老乡怎么能听懂他的湖南腔，那个时候毛泽东叫李德胜，是专门的代号，周恩来叫胡必成，刘少奇叫校长。在他后面大概有20米，一个警卫员拿着他的大衣，我问警卫员：“你怎么不给他披上？早晨挺凉的。”警卫员说：“他不披。”我说：“你为什么站那么远？”他说：“他不让我接近，他怕老百姓见到带枪的，心里不舒服，就让我远远地跟在后边。”警卫员就这样在那儿等着，后来我说：“他怎么那么早起？”警卫员说：“还没睡呢。”那是淮海战役刚开始的时候，他一宿都在挂地图的那个值班室，彻夜工作。

后来在礼拜六舞会上，我问候毛泽东主席：“主席，身体怎么样啊？”他说：“我身体在跟我闹严重的无政府、无纪律状态。”就说了这么一句话，我马上想到，前一段时间中央刚发的文件就是批“无政府、无纪律”状态的，现在他用在自己的身体上。

我记得是1948年夏天，我随新华社转移到西柏坡附近。当时新华社分驻在好几个村庄里，我们一组在一个叫韩家峪的村庄里，那峪读“yù”，是在一个山的边缘。韩家峪才6户人家，很小的这个村子，顺着河边往山里走的一个小山沟。我先住在河那边的陈家峪，然后搬到韩家峪，最后搬到东柏坡村来住，整个新华社电台都集中在东柏坡和通家口这两侧，离西柏坡很近，一走过去就到。

虽然离得很近，我个人也不常去西柏坡，一般是礼拜六晚上举办舞会才去，有的时候有事会去一次。当时主管新闻工作的中央领导是刘少奇，他住西柏坡，廖承志住东柏坡，也好像曾经住在通家口。新华社的一般的稿子廖承志看就行，我们英文稿子他都看，他英文非常好，要是特别重大或敏感的稿件，要找胡乔木看，或是找陆定一看。我到西柏坡中央大院胡乔木那里去过一次，是跟一个英国记者一起去的。我们一般工作人员实际上见毛泽东并不多，而我到西柏坡差不多一个礼拜一次，就是礼拜六晚上开舞会，毛泽东都要去，这是延安的老传统。西柏坡时期，业余生活还是很好的，对演戏的情况我不太记得，就是参加周末的舞会。

还记着，西柏坡有一个大礼堂，我在那里听了作战部部长李涛的一次讲话。李涛，是个大胖子，讲1948年准备怎么打。那一次，他是作报告给一些干部讲，其中讲到打到了青岛，如果美军还没撤走怎么办，还打不打，说这要看对方怎么样，看美军怎么样。那个时候，国际上，斯大林还在劝毛主席不要过江，要“南北朝”，而当时，要将革命进行到底呢，还是半途而废，已到一个关键的时刻，这时毛泽东写了1949年的新年献词《将革命进行到底》。

共产党善于调动各种各样的力量

西柏坡时期，是国共大决战的最后时期，我亲眼见证了毛主席带领共产党，最后走向胜利。从我的思想里，那个时候觉得就是毛泽东主席的战略战术非常了不起，国民党跟他来比相差很远，所以深信共产党要打胜是没问题的，我已经见过许多次的大胜利，所以我坚信共产党要战胜国民党，那个较量好像大人跟小孩打似的，国民党的战略战术太差了。

我觉得共产党特别会使用各种各样的力量、各种各样的人。1947年至1948年初，我们住在涉县的时候，新华社让我去河北永年县县城一个很大的俘虏营采访，这个俘虏营全是国民党的军官，都是将领级别的，四五百人。和这些被俘虏的将军谈话对我教育非常大，里面包括指挥围困新四军的那个宋瑞珂，宋瑞珂是陈诚的嫡系，我去的时候，宋瑞珂正在那儿包饺子。

还有一个湖南的老将军李守正，这是一个很帅的军人，黑胡子很长，英俊潇洒，他曾是蒋介石快速纵队的司令官。我问他：“你一个快速纵队，全是坦克和装甲车，解放军是靠11号车（双腿）走路，根本没车，你一个快速纵队怎么会被解放军包围消灭，把你俘虏了？”李守正说：“你不了解共产党，我找了几年共产党来打仗，一个人找不到，等看到共产党一个人的时候，却已经被重重围困了，没有办法，所以我就这样当俘虏了。”

还有阎锡山部队里被称为“四大金刚”的四个将军，其中有一个也在这个俘虏营，这已经第四次被俘虏了。每一次他被放回去了，就又带兵打过来了。我问那个俘虏营老团长，说为什么他反复来打，还要放他。这个老团长跟我说，这些国民党军官每一次打比上一次更不像话，他们知道被抓了也没问题，共产党会优待俘虏，于是被俘后来我们永年包饺子、画壁画，所以每次交战都不会打得很厉害。

我去俘虏营以前，傅作义、阎锡山和高树勋三帮军队要合起来，准备打出解放区，过江跟国民党会师。高树勋将军秘密地和傅作义、阎锡山商量，说要一起打出来。结果一个早上，他起床命令他的军队投诚了，带了7个军投诚了共产党，还让警卫连把自己抓起来了，送到俘虏营。

在冶陶镇，刘邓后方司令部，王树声将军请我吃饭。正吃饭的时候，进来一个很高很魁梧的军人。王树声介绍说高总司令，要他坐下来一起吃。我问了问才知道原来是高树勋，这个俘虏营的高树勋怎么还会成了上宾跟我们一起吃饭？王树声说你不知道，我们把他抓起来后，毛主席发电批评我们，说这个人还有用，还可以跟别的国民党将军联系，做统战工作嘛。所以，高树勋当时受到了很高的礼遇，后来还当了省长，很高的职位。真是没听说过，历史上没听说过有这样的做法。

还有山东那个郝鹏举，他是原来日伪军的一个司令官，日本垮台后，就跟蒋介石。这个郝鹏举后来被陈毅部队围困后，就投诚到解放军部队来了，可是后来又叛变，参加了国民党的进攻，在山东临沂，又一下子打垮被俘虏，最后被枪毙了。我在做稿件时，翻译了陈毅跟他的谈话，里边记述道，郝鹏举又求饶，说：“我老脑袋还在这里，改造没有改造好，再给我一个机会。”陈毅说：“你跟人民讲，人民也要说再给你机会我就同意。”之后，陈毅非常愤怒地说，郝鹏举犯了一个大错误，就是杀了共产党派到他们部队做教育工作的干部，都杀光了，指责他不应该这样，杀了我们的干部就很难被免死罪，于是就把郝鹏举枪毙了。可以看出，对待俘虏的工作做得多细。

至于中国共产党搞的土改，我观察了一些，一个是在延安郊区，一个是在涉县。在延安郊区搞土改时，毛主席在陕甘宁做了一个试验，就是让地主把地卖给政府，政府给他发公债，这个公债到一定时候再换钱，而政府把这个钱分给农民，避免当面冲突。延安有一个大地主叫张永泰，他献地出来，还爬山到清凉山跟廖承志、陈克寒、范长江和我等几个人一起吃饭，带着他做的几瓶葡萄酒，表现很好。后来土改时，他村里的老百姓揭发他的行为，说他是个非常坏的人，强奸妇女，干了很多坏事。我参加了他的批斗会，我们也为和他交往作出了检讨，献地运动也被取消了。从这件事，可以看出，毛泽东有时也想搞和平革命、和平土改，想用和平的办法来解决党内和党群的矛盾，但是几次都浅尝辄止，失败了，不得不采取更激烈的办法。我觉得毛泽东一直有这么一个思想，他想给全世界看，中国革命是讲道理的，是合理的，是文明的，不像俄罗斯人，俄罗斯人粗暴，但在和平的方式行不通的时候，他会用传统的办法来办事——杀鸡给猴看。

这次批斗会还斗了另外一个地主，就是他把一个女人的丈夫调到地里给他干活，然后他到人家里去把女人给强奸了。批斗时，那家的老太太拿了个鞋底，硬邦邦挺结实的鞋底，使劲拍打他，打得很厉害。老百姓们出气了，发泄完了，张永泰出来声明，说要悔罪，要参加解放军，儿子也参加解放军。这时群众却都大喊："不允许坏分子参加我们军队，我们军队不收坏分子！"这是我所见到的，当时斗地主斗得很厉害，打得很厉害。

如果没有土改，解放战争在军事上的最后胜利不会那么快，甚至有可能不会胜利。因为中国共产党的军队兵力来源，一个是国民党军俘虏，国民党军队的俘虏为什么要参加解放军？就是因为他家里也要地，告诉他你可以参军，也可以回家，回家给你路费，但是欢迎你参军，一起参加土改，给你家里征地，这个对他们影响深。另外一个来源是广大农村的农民，他们分了地，想参军保田，就让儿子参军，真的，有的参不了军的还哭呢。另外参加军队，他们觉得也可以学习，学文化，也可以学技术，内心里愿意参军。如果没有土改跟土地的政策，农民不一定那样愿意来干，因为没有直接联系到他个人的利益。分配土地是中国共产党革命胜利的关键因素，这直接与农民的切身利益相连接。

所以说，毛泽东对土地问题的重视和合理的土地政策，是非常及时的，这是革命胜利的关键。当时蒋介石反对土改，所以他就失败了，因为国民党依靠的是地主、士绅，所以没办法挖自己的墙脚。所以一个团体、一个人，是代表一定的历史，代表一定的利益集团，智慧不智慧是一个因素，但他不一定能摆脱他在历史上的位置。

新中国成立后的经历

我经历了中国革命的一步步胜利，觉得这个胜利对于中国来说，对于世界来说都有很大的意义，觉得中国革命成功了，人类历史的大问题就解决了，或者说打开了解决的道路，到现在我还是这么觉得。

1949年10月1日，新中国成立的时候，我还关在黑屋子里。知道这个消息，是后来我从黑屋子贴在窗户上的旧报纸上看到的，当看到那个红色标题“中华人民共和国成立了”，才第一次知道为之奋斗多年的事业终于成功了，我心里觉得很高兴，非常激动。

后来，当我从监狱里出来，发现新中国的变化很大，跟旧中国来比，一切都变了，社会秩序也非常好。在解放前的国民党统治地区，有一个美国军官讲过，任何东西，就是你拿绳子把它系好了，也会被偷的，什么东西都可能不翼而飞；还有办任何事都要行贿，官都要买，黑暗得不得了。

我从监狱出来的时候，看到社会上比较干净、有秩序。当时正在搞爱国卫生运动，也实行了8小时工作制，知识分子都有工作，很受尊敬，社会上的毒品也基本消灭了。这些主要措施，都是为了老百姓的利益，不是为一些小集团、大富翁，所以我觉得太好了。我在监狱这五年时间，社会变化太大了，我觉得一切太好了。

但是，后来的“胡风反革命集团”案件，开始整胡风，我有些不自在，开始质疑这样做对不对，但在精神上觉得对，拥护。在后来的受访中，我参加了部门的领导五人小组，但是随着越搞越厉害，越觉得不对。

最后到了六几年搞“四清”的时候，我正在搞《毛泽东选集》翻译定稿工作，在编辑书稿，这时单位叫我回来参加“四清”，因为心里不愿意，几次叫我都没回去。当时，我看到毛主席那个工作文件里讲的“阶级斗争一抓就灵”，心里就想了，灵是灵，但是不是应该有点怀疑，多问几个为什么。但在当时，这种思想一出现，我马上把它压制住，心里想着毛主席讲了，党的领导讲了，自己懂什么，不让念头萌发，就把它压制了。

一直到了六几年，我给广播局局长梅益写了一封信，内容谈到了广播局的对外宣传问题。我提出，我们新闻广播这个上层建筑跟生产方式是矛盾的，批准发稿的人，根本不懂怎么写，也不懂外国群众；写稿的人不懂群众，就没权来发言，来发稿，否则，造成的结果就是我们的工作对象不爱听，不爱看，脱离群众。后来，梅益把我的信传给各位领导看，结果莫名其妙把我打成右倾机会主义，党内的右倾机会主义者，开始开会批斗。开了两次会后，后来陆定一从中宣部打电话给梅益，非常气愤地说：“你在干什么？”之后批斗就停止了，当然这事儿是我以后才知道的。

这时，我开始真正地怀疑有些事情不对。为什么怀疑？因为我在参加《毛泽东选集》的翻译工作和定稿工作时，仔细研究了毛泽东主席的著作，还有几次跟他直接谈话。我觉得，当前有些做法并不体现毛主席的思想。毛泽东讲了，共产党人对任何问题都要问一个为什么，绝对不可以盲从。我质疑，那为什么人们这样盲从，不调查就批准。后来，有一次我在支部会上提出来，说有的党外人士，是从各种动机出发要加入共产党，有的是真想入党，有的就是想拍马屁。结果，他们汇报时，并没有正确传递我的意思，群众就议论我讲的话不对头。我说，按照党章，应该是群众监督党，不是党监督群众，群众不是敌人，为什么我们要这么大精力来监督群众，而不是要求群众来监督我们？这是我个人当时的感受。

到“文化大革命”爆发的时候，我觉得这才对，这是要恢复真正的毛泽东思想，让群众来当领导，满脑子都这样想。但是，我对当时老强调阶级斗争，老搞轰轰烈烈的政治运动，心里也觉得不踏实，但内心也没有反对，基本还是接受的。现在想来，恐怕一个原因就是我相信党的领导是正确的，他们懂的比我多；另外一个原因，我觉得我本身已经坐了6年牢，工作上要宁左勿右，不要引起别人对自己有什么怀疑，所以就没有仔细想过这样是否真的有问题。当时我觉得中国特点跟过去的苏联不一样，在毛泽东那个年代，主要不是政府来压制你，而是自己压制自己，自己约束自己的思想。斯大林搞了一大批兵力、搞政治警察，毛泽东不搞这个，毛泽东只是搞发动群众，让每个人自己管自己。

我从年轻的时候就到了中国，在中国生活了35年，现在在美国生活，回顾在中国这么多年的曲折经历，也很骄傲。首先，我觉得我这个人是非常幸运的，能到中国去，能够参加中国革命，说不上有什么贡献，但是我跟大家一起干了，在创造历史的那个年代一起战斗，觉得很光荣，也很幸运。那些被误会，被关在监狱里的事情，在那时的中国也算是正常的。既然我参加了革命工作，自己也知道危险，还是主动自己跑过去，所以我从来没觉得不公平，但我觉得这倒是给我一个身份，证明我真的参加了中国革命，要是没参加也不会有那么多人帮我。我的朋友讲了，要是我不会中文，也没有参加共产党，是不可能把我关起来的，那是啊。但是总的来说，现在剩下的回忆里头都是香的，都是好的。

坐在毛泽东旁边就像坐在历史旁边

我的回忆里有一句话，就是说我坐在毛泽东旁边，就像坐在历史的旁边，我觉得就是这样。毛泽东他们在创造人类历史，而我呢，也是参加到这个里面去了。跟毛泽东坐在一起，他就像火车司机，而我坐在司机旁边，感到自己就在这列火车上，活得很有意思。我认为，一个人能够对人类历史、人类进步有一点奉献，那就算没白活。

我说过，什么样的人可以永存不死，那就是你的奉献。不管你自己知道不知道，不管你在不在，自己能够在时代的潮流里对人类历史的发展有一点贡献，那这些东西就会永存，那一个人就没白活。

所以说，我觉得自己非常幸运，我在美国也常讲。有一次，有一个美国老太太跟我讲，说真可惜，你也没参加军队，也没学中文，学的是日文，你怎么会到中国去。我就想着她讲的话，难道我学中文，中国请我去才有意思吗？

关于中国共产党领导的这场革命，它对于现在的世界而言，可以说意义重大。1945年，我去中国的时候，联合国有个统计数字，就是中国人可以活多大，当时统计是31~32岁，现在的中国统计是74~75岁，从这个方面来说，寿命延长了几倍，这是对人类的一个巨大的贡献，这是不可辩驳的事实。这不依靠你的政治观点怎么样，这是事实。

中国最近30年来，有四五亿人从穷困解放出来，现在中国人的衣食住等问题基本上解决了，虽还有没解决的一部分人，但占人口总数的比重还不如美国多。据我计算，中国这个贫困线以下的人占人口总数的13%，在美国是18%，虽贫困线水平不一样，但这是一个比较的问题。在这一个方面，贡献也是巨大的。

中国现在有没有问题，我觉得有问题，有很大的问题。什么问题呢？原来国民党统治时期，有一些不良现象，现在富裕的中国也出现了。有的人硬说在毛泽东时代，也有贪官污吏什么的，那是胡说八道，没有，绝对没有。我们广播电台有一个副局长，因为一个小小的受贿，就是人家送他鱼，送他礼，他接受了这么一点东西，被撤职了，送到农村劳动改造一年，所以说，那个时候想贪污也做不到。那么，现在中国出现了各种贪污、各种腐败，还相当普遍，这不是个别的事，但是不是说当年的革命就白搭了？不是。因为这些弊病当年从根本上改了，现在还需要继续改，这是不可辩驳的。

所以，中国的问题怎么样？现在需要整治，我希望早一点整治，但是不容易。在“文化大革命”的时候，领导被整得很厉害，被解放出来的时候更是廉洁自律。所以，需要领导下决心作榜样，最高领导做到干干净净的，严格要求自己，那下面就能一步一步地做下去。

在西柏坡的时候，毛泽东也对“进城”以后做过一些预见和警告，在党的七届二中全会上说过一些对今天很有意义的话。一直到新中国成立后召开的七千人大会上，中央所讲的话也是如此。毛泽东说如果共产党贪污腐化，如果不讲民主会变成法西斯党，讲得十分严厉。当然，中央提出是警告，下面人怎么做也不一定一致。

现在的很多领导的思想跟群众的思想有距离，不像过去。这些问题想要解决，我认为应该在学校、在党内、在全国，应该提倡看一看毛泽东的著作，辩证地、批判地看问题。我跟北京一个入党两年的青年交谈的时候，我问他看过哪些毛主席文章，他说没看过。毛泽东的著作，是人类历史上的哲学宝典和宝贝，这些文学宝贝、政治宝贝，中国人自己不看怎么可以？我在大学里教书，教论持久战、实践论和毛泽东论，学生听后都激动得很，感叹原来有这样好的东西，所以好多人到中国去做事。

两个礼拜以前，我们在芝加哥一个大学举办电影讲座，那个组织放电影的教授在会上讲到，他原来听我讲关于中国政治的课，就因为需要多拿几个学分，对中国根本没兴趣，但自从他听了我的课以后，他就产生浓厚的兴趣，成了研究美中关系的专家，现在成为有影响力的教授，还写了书。这种人不少。但是在中国，中国人都不学毛泽东著作，放着那个宝库不用，而美国一些人在学，而且觉得很有用。

我作为亲身和毛泽东交往过的，为数不多的外国人，总的来说认为他是人类历史上罕见的一个政治领袖、政治领导人；是一个天才的、思想上非常深刻的伟人。首先，毛泽东非常会分析问题，而且得出别人看不到的结论；其次能善于吸收群众的思想、要求、想法来制定政策，善于走群众路线。

新中国成立后出现的那些问题，我觉得从毛泽东方面看，主要是他认为可以通过发动巨大的社会试验，影响几亿人民的生活。实际上，他自己并不知道最后结果是什么。斯特朗1958年回到中国，我带她去参观采访了一些“大跃进”项目，老太太很激动，马上要写书，宣传“大跃进”运动。这时，毛泽东本人就劝她，不要写，说因为我们自己也不知道实验的结果会怎么样，并劝斯特朗5年以后再写。这说明，毛泽东知道这是个试验，但并不知道结果会怎样，从他当时内心讲，是想通过试验让人民生活更好。

我从1945年到中国，后成为中国共产党的一员，因为被关押没能参加开国大典，是一种遗憾。刚开始被抓的时候，我很冲动，想怎么可以这么待我？但是最后我理解了，因为我是从外国来的，我的来历不太清楚，在政治斗争那么激烈的时代，可能把问题搞错了，可我坚信参加中国革命没错，所以就释然了。后来那几年，别人的任务是到朝鲜打仗，或者是搞生产、做工作，而我的任务就是接受审查，进行反思。

现在，我能够心平气和地来回忆这些事情，而且想写这么一本书，就是在困难的情况下，怎么管好自己的思想感情，怎么来掌握主动，不要被别人左右，就是你活着，遇到困难，只要自己不放弃的话，别人就不可能完全剥夺你的权利。

从晋西北到西柏坡

◎ 张颖口述　张军锋整理

人物简介：张颖（1922—2015），女，外交家、文艺评论家。1922年出生于广州。1937年全面抗战爆发不久即赴延安，鲁迅艺术学院戏剧系首期毕业生。1939年调重庆任中共南方局文委秘书、《新华日报》记者、《群众》杂志编辑、新华社驻南京特派记者。新中国成立后任中共天津市委宣传部理论处处长，1955年调北京任剧协书记处书记、党组书记、《剧本》主编等职。1964年调外交部，历任新闻司、西欧司副司长，中国驻加拿大大使馆政务参赞。1983年以中国驻美大使馆大使夫人身份随驻美大使、外交部副部长章文晋出使美国。2015年12月4日12时45分在北京逝世，享年93岁。

从广东到延安，成为鲁艺第一批学员

我是广东人，但离开家有七八十年了，广东话都不太会讲了。我从广东直接去了延安，中途经过八路军武汉办事处，当时的身份是中山大学的学生乐队——北上抗日宣传队，不过我是个中学生，跟着我姐姐走的。到了延安以后先在抗大，后来鲁艺成立就去了鲁艺，我是鲁艺第一批学员，在鲁艺上了两年学。

我1937年底到的延安，然后在抗大待得很短，两个月吧。1938年鲁艺成立了，组织上觉得我年纪太小，才15岁，在抗大不合适，又听说我会唱歌、会识谱，就让我去了鲁艺。本来是去音乐系，经过考试，说演戏的需要个我这样的，就让我到了戏剧系。

在延安，孙维世、沙可夫他们演戏，后来叫我参加，毛主席等首长看了以后，觉得延安可以成立个艺术学院，有这方面的人才，就以此为基础，成立了鲁艺。当时一个班一共才有20个人左右，美术系有分类，其他学科都没细分，都混在一起上课，演戏和唱歌基本上都是在一块儿。

当时从广东去延安的人还不少，就是经过广东到武汉，那时候叶剑英在武汉，因为都是广东的，由叶剑英介绍到西安办事处，然后步行到延安，差不多都是这样的。古元、罗工柳都是广东的，他俩学美术，都很熟。我和华君武、古元是鲁艺第一期。还有干学伟、陈锦清、邸力等。邸力专门演老太太，饰演过白毛女剧中的那个老太太。王昆他们晚一点，她那时候还比较小，比我还小一两岁。

离开延安，周总理挑我们到重庆办事处

我在鲁艺上学期间，中央决定在鲁艺挑一部分人作为重点培养对象。被挑选的人员，都比较年轻，没有爱人，也没有什么复杂亲戚，政治上也没有什么问题，和其他党也没什么关系，也就是很简单、很清白的年轻人，这样挑选了一部分。我被挑选到党校，准备训练几个月再回到鲁艺工作。

周恩来那时候在国统区，他回延安准备挑一部分年轻的、没有家庭顾虑的年轻人到重庆工作。一块儿被选上的有宋平的爱人，有刘昂——钱之光的爱人，还有一个叫陈舜瑶，有那么五六个女孩子，年龄都是十七八岁，我最小，才15岁，就一块儿到八路军的重庆办事处。

1938年5月，我们到的重庆。后来我又回过一次延安，在党校待了一年，再后来总理又把我们带回重庆。我是三次到延安，第三次就是国共全面破裂，1947年第三次回到延安。

我最早去重庆的时候是当秘书，实际上就是抄写员。其实我的文化也不高，初中二年级还没上，但在当时已经算知识分子了，在那儿最初就是在抄电报。这样工作了大概一年多，周恩来同志召见我们从延安来的这些人时，问我说："小广东啊，在延安学什么？"我说是鲁艺的。他说他们没

有这方面的人，让我去搞文化，于是就调我给徐冰当秘书，联络国统区文艺界的人。就这样，我一直在重庆待了5年，一直到1947年回延安。1948年又出来，国共分裂后，三回延安，之后转移到华北。

与章文晋在白区相识、相恋，到晋西北结婚

在重庆的时候，周恩来身边有一位同志叫龚澎，是安徽合肥人，毕业于燕京大学历史系，当时任重庆《新华日报》记者，在周恩来的领导下成为中共第一位新闻发言人。她见章文晋留过德，德文很好，英文、法文、西班牙文这几国语言都不错，就告诉周恩来她要一个助手，并点名要章文晋，这样章文晋就到了外事组。因为不在一个部门，我们那时候交流很少，不大来往。

在上海、南京梅园工作的时候，章文晋是总理的外事秘书，我是文化秘书，基本上住在一个院子，这样接触的时间多了一点儿。那时候总理在里头撮合，礼拜天放假了，让我和章文晋一块儿去玩。我经常带着兴趣问问他一些问题，同时也作为活跃分子，教他唱歌，这样来来往往，越来越熟悉。

后来国共情况恶化后，梅园办事处就从上海的马斯南路撤到了南京。章文晋留在南京，准备撤回陕北，我们搞统战的主要是撤到香港。总理跟我谈话问，你到底有什么打算，是要到香港，还是延安？我说还是到香港吧。后来龚澎起的作用比较大，她完全是个大姐姐，一直跟我说章文晋这个好那个好。还跟我说，你回南京算了，你应该跟章文晋好，在一起。后来，我就回到南京，这时候，总理他们已经回到延安，没有剩几个人了。

这时，留在南京的董必武等人也开始极力撮合我们两个人，于是我们明确了恋爱关系。不久，我和章文晋随董必武最后一批十一二个人，一起坐飞机从南京撤回延安。在延安待了两个晚上，就在叶剑英的带领下离开了延安。一路上，我们互相帮助，他帮我背一背背包，拿一拿脸盆等行李啊什么的。到了根据地晋绥的兴县，我们在那儿结了婚，成为一辈子的伴侣。

在晋西北艰苦的生活

我们在晋西北参加了那里的土改，当时搞得比较“左”，把富裕中农划成富农，涉及面积较大，后来在中央政策的指导下才平反，才把土地归还了。

离开延安，转战陕北的路上，条件很艰苦，大家经常饿着肚子走，走着走着，就觉得那山怎么这么陡，有种爬不上去的感觉。一路上，国民党的飞机经常在头上转，所以我们行军常是从凌晨4点就开始。飞机一来就吹哨子，一吹哨大家马上停下来，所有人隐蔽在山坳里，飞机过去了，我们再行军，是比较辛苦的。

到了晋西北，发现那里非常穷，大家全部住窑洞，一些是我们自己挖的，不挖就没有地方住。晋西北的窑洞，土质不是很结实，挖得不好很容易塌，塌了就全埋在里边，这样的事不少，比较危险。

在晋西北根本就看不见大米，主要是高粱，玉米算最好的粮食。当时做的窝头根本就捏不起来，为什么？高粱面，还有带壳的粟米，全是连壳一块儿碾了吃，根本就捏不到一块儿，所以刚出生的儿子章百家跟着我们也吃这些东西，受了很多苦，没营养，自然就不能长，瘦小瘦小的。

周总理为儿子取名：吃百家饭，就叫百家

我的儿子章百家是到西柏坡前，在晋西北生的，名字是在西柏坡时周总理起的。我怀孕的时候，条件艰苦，什么也没有，饿着肚子行军。最主要是孩子生下来，我没有奶水，又没有奶粉，只能喝点小米粥，米粥里还掺一点高粱什么的，有时候甚至连小米都没有。当时实在没法了，我们就打听，谁家生了小孩儿了就抱过去，去蹭饭、蹭奶吃。就这么着，有时候当时孩子不吃就给挤回来一瓶子。

有一天，周总理说让我把孩子抱来看看。我抱去的时候孩子大概有3个月了，根本就不成个样儿，瘦得就只看见脑袋大，身子瘦小得很，因为没吃的，营养不良，孩子的脑袋根本就抬不起来，以为他活不了呢。周总理看了之后觉得孩子非常可怜，就和叶剑英同志商量给了我们一罐奶粉。

那时候好多首长有美国的救济奶粉，孩子就是吃这种救济奶粉和喝小米粥长大的。

喝上奶粉后，儿子一下子就长得挺好。尤其到平山以后，有时还能吃到大米，有时还能喝点肉汤。后来又带到周总理那儿去给他看，周总理一看挺健康，问我起名字了没有，我说还没有呢，请总理给起个名字吧。他说不用起了，不就是吃百家饭长大的嘛，就叫百家吧。从此以后，儿子就有了正式的名字，章百家，不是百家争鸣的意思，是吃百家饭的意思。

从晋西北历经危险，辗转到平山

从晋西北往平山转移，应该说是比较危险。一方面，我们在前面走，国民党在后面追，前面也有国民党，我们就在国民党追兵的中间夹缝里边走。另一方面，所走的山路非常危险，窄得差不多只能一个人能走，两个人都很困难，而且弯弯曲曲。因为我带有小孩子，就分给了我一头骡子，我们把一个木箱子改成一个小床，一边放行李，另一边是小孩儿。走在路上，真是担惊受怕，路就这么窄，很多是为了撤退临时修的栈道，一边就是悬崖，掉下去就没命了，就那样特别危险的路走了两三天。记得当时有一个比我家孩子还大一点的小孩儿就掉下去了，找都找不着。

过汾河的时候，水流得很急，后来找到一个不那么急的地方过河，但是比较宽。章文晋哪会赶牲口啊？我们有一个同志在前面牵着骡子，它不肯下水走，章文晋就拿着鞭子在后面抽，骡子一蹦，小孩儿掉水里了，结果水流冲过来，差点把孩子冲走。章文晋他们赶紧去追那个箱子，幸亏是木头的，还有箱子底下我们的被子、衣服比较厚，没冲多远，被河里一块大石头给挡住了。大家都说这孩子命大，后来又有了奶粉吃，尤其到西柏坡附近的柏里村后，生活更好了，他长得越来越快，非常健康。

在平山工作生活条件好了，结婚的比较多

到西柏坡后，我们外事组驻在附近的柏里村，条件好多了。大家都住上了房子，吃的有小米，也有大米，也有蔬菜。当时，一个人发9块钱的伙食费，5块钱可以买粮食，剩下的还有4块钱，可以吃到一点鸡蛋，甚至

可以买到一点肉。这些在山西几乎是没有的，那里因为没有粮食，所以养猪的很少。听人说，很多那里的人一辈子都没有吃过肉，最多就是吃老了的牛啊骡子的肉，宰了全村分，一个人分得也很少。

在西柏坡中央大院里，很多人和我们一样吃大灶，有时候我们去了，他们来了，有客人了，就加个菜，如炒土豆丝，平常一般是熬白菜、熬萝卜、熬土豆。土豆丝就不错，因为炒的嘛，就着大米饭，大家都觉得很香。

在平山大约有半年。这里离前方战场远，相对安定了，结婚的就比较多。所谓结婚，就是大家聚在一起，买几斤枣子、买点花生，放那儿一块儿吃，为新人祝贺。记得有刘昂和钱之光结婚，还有李德伦结婚，请大家也是枣子、花生，不过好像多一点，谁要没吃够可以再拿，揣口袋里。

打扫干净屋子再请客，投身新中国外交

在晋西北的时候，中央重新成立了一个外事组。我还记得有章文晋、王凝、吴青三个人，还有一两个我不熟悉的，总共五六个人。周总理在和外事组的人谈话的时候，就说让大家准备，打败国民党解放全中国后，外事上的相关工作，要大家想想准备做些什么。那时候徐大年是编译处处长，章文晋是编译处副处长。

在西柏坡的时候，要准备筹建新中国了，章文晋等外事组的成员参与了这方面的工作。像米高扬到西柏坡去，章文晋和一部分人被调过去搞接待，他不讲我也不问，不该问的不问，当时并不知道具体情况。

1949年1月，随着越来越多城市的解放，中央准备进城全面接管。尤其平津战役中，天津先被解放，我们就先到了天津，章文晋接管的是外事局，我接管的是文化局。当时，天津的情况特殊，有很多外国人的企业，所以接管主要是清账。章文晋天天弄到半夜回不来，他说那账难清。

章文晋是天津外事处处长，因为接管有经验了，1950年就调到北京，任外事处的处长，当时还有王炳南、章汉夫等人。我是1951年才调到北京。新中国成立后，章文晋一直从事外事工作，从亚洲司调到欧美司，后到驻外大使，我也才从文化部正式调到外交部。

我随中共中央移驻西柏坡前后

◎ 赵行杰口述　张军锋整理

人物简介：赵行杰（1928—　），又名赵宝堂，河北省隆尧县人。1948年秋到西柏坡，被安排在中央警卫队工作，担任刘少奇同志的门卫。1954年9月被调到西花厅担任周恩来的警卫直到1961年6月。

从新兵团受训到中央警卫团

土改以后，广大群众翻了身，响应号召，积极地参军。1947年全县大扩军的时候，我和两个叔叔一起参了军。在新兵团受训结束后，领导说要挑选一部分人，去保卫毛主席，做警卫团战士，于是就从新兵团十七八个队里面挑了72个人，我非常有幸被挑选上了。

离开新兵团，我们步行先到警卫团，之后就直奔武安的龙泉村，那是太行补训团的所在地。在那里，我们这些新兵集中起来进行整训，大约有一个月。中央警卫团的副政委叫张永赤，带领几个人又对我们挨个进行审查、调查、观察，最后从70多个人中挑选了12个人正式编入中央警卫团。我们12个人随后就踏上了西征路，经过了冶陶，到达山西临县的三交，又接受训练，过黄河，之后到了佳县。当时毛主席、党中央住在佳县的一个村叫作神泉堡，我们住在不太远的阎家峁，路程有十几里地，中间没有大山，是一个平川。

在陕北，毛主席的装束令我印象深刻

在阎家峁住下的第三天，毛主席和周恩来副主席就步行从神泉堡来到我们这里看望大家。听老战士跟我们讲，毛主席叫李得胜，周副主席叫胡必成，不能说是毛主席，不能说周副主席，一定要守纪律，严守秘密。总的来说，我从家出来就一直是幸福的，非常高兴和激动。

真正见到毛主席的时候，他的装束一下子震惊了我。只见毛主席穿着一件破大衣，袖子上边补了半截灰布补丁，很旧，穿的鞋子也打了补丁，因为我坐在前排，看得很清楚。当时就想，我们的主席，南北征战，千辛万苦，自己的装束却这样简朴，就和咱普通老百姓一样。当时我只是19岁，以前都没出过门，没出过村，看到这些，心里确实有很深的感触。毛主席接见大家的时候，很和蔼地跟大家说："同志们，你们辛苦了，你们从解放区来，家里都分到田地，过上好的生活了吧？你们走这么远，辛苦了。到了这儿以后，一定要虚心和老战士学习，老战士也要很好地帮助新兵，互相学习才能共同努力打仗，解放全中国。"

过了一段时间，毛主席从神泉堡搬到阎家峁来住，但当时很多人都以为中央还在神泉堡呢，慢慢地有老乡们发现了毛主席等中央首长，很快，中央就根据形势需要转移到下一个地方。我记得出发那一天，村里老太太、老头搬着小凳就坐在那门口等着看呢。在这里，有件非常荣幸的事。当时，我从连里调到了通信班，送信送报。有一天，我拿着报纸要送到毛主席那儿去，在他住的房子前有个平台，一些战士在那儿排钢架，这时毛主席从屋里出来，在离钢架不远的地方散步。我马上跑过去，敬了个礼，把报纸递给毛主席，没等点头就回去了，回去以后还高兴地在床上打滚。班长见了问我怎么回事，我说我给毛主席送报纸，亲手递给了他。但是班长说："怎么能自己递给毛主席？你递给他身边工作人员就行了，这是纪律。"不过这件事，在当时就是一个感觉，好荣幸，能这么近为主席服务。

我们从阎家峁走的时间跟毛主席走的时间相差不久，前前后后，警卫团的团长骨干前后跟着。当时看到毛主席就拿个棍子，披件灰大衣，我又看见那件破棉袄，袖子补了半截子，还有那双补半截的鞋子，印象特别深。毛主席有时跟战士一起步行，有时骑马，之后搬家到了杨家沟。杨家沟分为东沟、西沟，西沟是毛主席、党中央住的地方，我们住的地方离那儿稍远点。

离开陕北到西柏坡，为领袖站岗

我是1948年的公历8月14日，从石家庄到东黄泥，正式调入中央警卫团的。当时，中央警卫团设有五个班，我被分到二班，一班是负责毛主席的班。我们在西柏坡待了有半年吧，8月去的，3月就离开西柏坡进北京了。

在西柏坡的时候，我们值班是轮班制，一般到晚上九十点钟，不过周恩来副主席那里得晚点，他有时工作到天明。这时候，最忙的就是周副主席，一切事都是他看过以后，再报告毛主席，军事工作也好，统战工作也好，都是他一个人来抓。曾经有一篇文章叫《西花厅的灯光一直亮到彻明》，这是常事。12点以前根本就没见灭过灯，都是这样。朱德总司令休息还稍早点，开七届二中全会的时候，10点钟他就走了，因为过点儿就会失眠。就是在北京的时候，也是到时候就走。

三大战役的时候，经常能看到参谋们一趟一趟在作战室和周副主席办公处来回走，周副主席也是经常去毛主席那儿，都很忙碌，我们从来不会问，不会打听，只知道战事很紧张。

毛主席带孩子们散步：不要损坏庄稼

有一天毛主席出来散步，拉着李讷，碰到门口还有几个孩子，就一道出了大门往南走，路上有说有笑的。村南是庄稼地，也是毛主席经常散步的地方。他们走着走着，有的小孩儿跑到庄稼地里去了，“扑扑”跳着玩，踩坏了一些庄稼。这时毛主席发现了马上制止，跟孩子们说：“你们怎么跑到庄稼地里去了？这庄稼是农民伯伯种的，踩坏了没有粮食吃了，你们知道吗？我们共产党有个三大纪律八项注意，有一条就是不损坏庄稼，你们把庄稼损坏了，以后要注意啊。”小孩子们听后，一言不发，频频点头。

在西柏坡时，毛主席单独住在一个院里，他出来散步的时候，一般由他的警卫员跟着，不惊动什么人。那次是我跟着出来听到的，有深刻的印象，这是我亲身经历的真实事情。

周副主席和邓大姐教我打夜灯

周恩来副主席门口以前有一棵榆树，榆树上面挂着苇灯，很像咱们的保险灯。这个灯就是晚上等着周副主席出来的时候，警卫赶快摘下来跟着走，照着亮。每个首长门口都有，都是领导出来了，他的随身警卫出来打灯，我们站岗的就站岗，不干这事。那天周副主席的警卫员没有跟上来，天也挺黑的，我就跟着打灯，结果离得有些近，没照好，周副主席一下子走着碰到树上了，虽说不重，但也把我吓坏了。周副主席说："小兄弟，你这个以后打灯啊，离远一点，就可以看得清楚了，你挨得太近了看不清楚。"经周副主席一说，我心里才明白怎么打灯才有好效果，也是一门学问呢。回来后，我一夜没睡好觉，准备第二天去作检查。还没去呢，周副主席的警卫员过来跟我说，邓大姐也知道这事了，让他一定要跟我说别害怕，以后打着灯往远一点就能照亮了。我听了以后，这心里真是万般滋味。

当时，首长们平易近人，对我们这些小战士特别关怀。我们平时在门口站岗，别说首长了，见了班长还打个敬礼呢，可是周副主席有一天却对我说："小同志，不用这样，咱们一天老见面，就像自家人，不用每次打敬礼。"还跟我说："你们这站岗很辛苦，遇到刮风下雨，一定找个地方适当地躲避一下，毛主席告诉我们机动灵活嘛，你不要在那儿顶着大风，淋着雨的，记着要找个地方避一避。"他的话，让我们心里都暖呼呼的，相处得就像一家人一样。

为七届二中全会站岗

到了西柏坡感觉比在陕北生活好很多，我们以前常吃黑豆饭，也没大米，到了西柏坡后米面都有，感到生活有很大改善。当时有大灶、中灶、小灶，我们吃的是大灶，生活也还不错。

开七届二中全会，我就在会场外边不太远的地方站岗。大家看西柏坡纪录片的时候，毛主席进会场有一个人撩门帘，毛主席走进去，撩帘子的那是我们的科长，本来我也要上去呢，结果班长一下就过来了，我站得挺近的，每一个到会的首长都能看得到。开会的时候，没觉得气氛跟平常有什么不太一样，只见来开会的人都很高兴。我在值班的时候，注意力在周边的环境上，光知道看有没有复杂人员接近，这是我的任务。

七届二中全会结束后，1949年3月23日，几位书记各自坐车离开西柏坡迁往北京。我是跟随任弼时同志的车一起走的，几位书记也不是一块儿出发，分开走的，我们是直奔涿州，涿州上火车，然后到北京了，住在香山。进京后，我在任弼时身边工作也就一年多，后来任弼时就到苏联去治病了，我回到了警卫处机动班。

艰苦朴素、平易近人的任弼时同志

进京后，我就跟随任弼时同志，不到一年的时间。我的主要工作是为首长服务，如打扫卫生、端饭，陪首长散步、聊天，那时任弼时同志基本处于休养状态，因为他的血压在西柏坡时就很高，一直降不下来，但仍坚持工作。生活中，任弼时非常艰苦朴素，有一次，我们散步走到食堂，大师傅老周择菜时可能扔得多一点，因为要保证首长吃新鲜的，可任弼时同志马上批评了他，说："老周啊，你把这么好的菜都扔了，咱们国家还很穷，要节约啊。一定要注意这些事，就是为领导服务也一样。"

任弼时对自己家孩子们的教育也是一样严格，说不要讲究穿衣服之类。我跟随他的日子里，没见过他的孩子穿什么新衣服，基本是"新三年，旧三年，缝缝补补又三年"，而且很多是他或陈琮英穿过的衣服，修改一下给孩子们穿。但对同志们非常关心。有一次我病了，他专门跑着来看我，还让周师傅给我做软食吃。

任弼时去世前仍在忘我工作

任弼时同志从苏联回来后，又开始勤奋地投入工作中，我也又回到他的身边工作，心里特别高兴。

在他去世的前一天，我们还在一起聊天，并没有什么异常。我印象深的就是任弼时同志去世的头一天晚上，他在《人民日报》刊登的一幅朝鲜形势图上画红点，他那段时间非常关注这方面的事情，一直看到深夜1点左右。到第二天早上，突发脑出血，不能说话了，到上午11点就停止了呼吸。在战争年代，尤其是长征路上，他的身体受到了严重的摧残，在西柏坡就有心脏病，血压高到180毫米汞柱，医生让他每天工作不能超过4个小时，可是他的休息时间超不过4个小时，他就是那样努力地工作着。

1949年的时候，中央开工作会议，任弼时亲自把武安的村支部书记叫到家里，了解情况，自己了解自己记，自己整理材料，然后制定方案，提出要解决什么问题，直接给中央建议。他就是这么一个实事求是、认真负责的同志。

任弼时从苏联回来后，朱德总司令常去看他，两个人的感情很深厚。他去世以后，毛主席、朱德总司令都去了，叶剑英在追悼词中说，任弼时同志是中国人民的一只骆驼，担负着沉重的担子，走着漫长的路。真的，就是那样。

周总理在武安亲访农户

1954年，我被调到周恩来总理那儿当警卫去了，工作了7年，一直到1961年离开。我是周总理在武安四天四夜工作的见证人。

那次，周总理是中午11点多到的伯延村，正赶上午饭时间，但到食堂都没人了，就剩下几个大师傅在打扫卫生。看看锅里，锅底还有点汤，汤里边是红薯，盛了有半碗，就吃了。吃了以后，还专门交了饭钱。之后到公社里开座谈会，针对积极、落后、中间三类谈问题。有人提到有一个叫张士青的，不积极参加生产，落后，于是周总理就和大家一起找问题、解决问题，探讨怎么落后，为什么落后。散会以后，周总理就带着公社的人去了张士青家，原来张士青爱人去世不久，他一个男的带着两个孩子没法参加生产，也就是说不积极是有原因的，要村干部把工作做细致。之后又到了一个落后户，说这个人不参加生产。总理见到那个老汉，一问原来是他的锄头坏了，他叫村里给重打一把，没有给弄，就生气不参加劳动了。这样，一了解情况，问题都解决了。周总理直接到老百姓家里，直接了解问题、解决问题的工作作风给大家留下了深刻的印象。

随中央前委移驻西柏坡前后

◎ 梁守谦口述　张军锋整理

人物简介：梁守谦（1926—2019），河北省大城县人。1945年参军，到中央做警卫工作，后随中央转战陕北，移驻西柏坡。1949年3月随中共中央进驻北平。

参军独一旅，从张家口到陕北

我1945年12月参军。当时河北省组织大参军，从我们家乡招了新兵有3000多人。那时候参军可光荣了，抗日战争时期，村里都没有多少后生了，村里举办欢送会，一直把我们送到县里的集中点。

我们在新兵团里训练，主要是训练部队队形。在1946年的三四月份，补充到一二〇师，主力在卓资山。当时一二〇师主要部队有两个，一个是三五八旅、一个是独一旅。我们这3000多人补充到独一旅，我到了一二〇师独一旅七十七团一连，成为一名新战士。

阴历的八月开始，傅作义向张家口进攻。我们所在的卓资山失守了，部队转移到了集宁。晋察冀的部队跟我们会合，集中攻打集宁，打了四夜三天。后来张家口失守了，我们部队撤到阳高，在阳高准备再往张家口开，结果就没有开。胡宗南这个时间，要进攻延安。我们离开阳高，三五八旅跟独一旅就调往陕北，那是10月到11月份，我们过黄河。过了黄河以后，在延安地区住了几天，听到播送朱德总司令今年六十大寿的消息，我们响应号召写信，祝贺朱老总的六十大寿后，到了延川，在延川过的春节。

随中央前委转战陕北

1947年2月底3月初，我们连队到了枣园。胡宗南要进攻延安，中央准备主动撤离，决定调一些警卫人员到那儿去，有三五八旅十几个人，我们独一旅去了二十来个。我们被调去后就住在枣园山上的窑洞里面，指导员给我们讲延安的情况。3月8、9号的时候，国民党军开始轰炸延安，我们就在山里的窑洞待着，因为警卫团有高射机枪，胡宗南的飞机也不敢飞太低，轰炸了一个礼拜。3月15日，我们撤离，跟师哲同志一起走的，他当时是枣园书记处的主任。3月15日晚上到了青化砭住了一夜，就开始转战陕北了。

我真正见到毛主席是在清涧。中央在枣林沟分了工委、前委，我分在前委，跟随毛主席、周恩来副主席、任弼时率领的中央前委一起活动。从清涧走了一天到的王家湾，王家湾才三十几户人家，我们在一个草坪子搭了草棚子，垒了锅灶，条件比较艰苦，住了大概是40多天。此时，我的单位叫前委司令部，前委司令员是任弼时，政委是陆定一，参谋长是叶子龙，副参谋长是汪东兴。司令部下边有一大队、二大队、三大队、四大队，即保卫科、通信台、机要通信、行政处、医务处的人员。

陕北的第一仗是青化砭，青化砭完了是羊马河，羊马河以后打蟠龙，打完了蟠龙以后庆祝大会，周恩来副主席、任弼时、陆定一去了。在庆祝大会上，周副主席宣布毛主席跟我们陕北老百姓在一起，没有离开陕北，一直在陕北，不打败胡宗南决不离开，宣布以后敌人知道了。

在此期间我跟我们的班长给彭德怀送了一封信，是密码信，亲自交给彭德怀，这是我在陕北第一次见到彭德怀。彭德怀见到我们说："在蟠龙得了4万套正装，这解决了大问题，已经给部队分了。军衣都发完了，给你们一包糖吧。"那时候在陕北得到那几包糖，吃起来可甜了。

从彭德怀那里回来，没过几天，胡宗南又派了四个师向王家湾进攻，大概是1947年6月份，晚上通知我们要做准备转移。于是，下午我们把驻地搞好了卫生，6点钟吃完饭就上了山头。胡宗南来了四个师，我们四五百人，警卫团才200多人，那怎么来应付，到底是过黄河还是往北走，这里面也就发生争议了。司令员任弼时当时已经安排要准备过黄河，可毛主席听了说不能过，越危险的地方越安全，所以就向小河村走。当时，我们在山头等着，从6点到12点雨越下越大，那泥裹着脚走路抬不起来，真是艰难啊。

从晋西北到城南庄，随叶子龙在西柏坡打前站

1948年3月23号我们东渡黄河。毛主席在陕北骑马，过了黄河后，改成坐汽车了，还是原来那个中卡汽车。在行军的过程中，毛主席跟周恩来副主席从不离开，这是患难战友情！毛主席一般坐在中卡后边，前边就是周恩来，还有他的两个警卫员，我跟着叶子龙坐吉普车，不久从双塔到了贺龙的驻地，到了晋西北这个地方。

在晋西北待了几天，记得差不多待了一个礼拜。这几天，毛主席发表了两篇关于划分阶级和土地问题的文章。在此，贺龙给了毛主席一辆车，我们就跟周恩来副主席坐前面中卡了。后来一路走，经过代县、岢岚、五寨等地，记得在五台山这个地方，村子很大，毛主席出来散步，警卫员没跟上，我就跟着毛主席。他说这个地方还不错，问我在哪儿工作，我说在叶子龙同志身边工作。本来第二天就要上山过五台山了，结果晚上下了雪。周恩来带着一部分人去扫雪，还有晋察冀的一些人，叶剑英也带着一个警卫赶到了。因为下雪，在五台山待了一天，毛主席就趁此去逛了几个山。过五台山，因为下雪路滑，有的时候是开着车走，危险的地方毛主席就下来步行。过了五台山后，我们住在山下面的村子里，要走的时候，老百姓很多人围着，警卫人员要让他们离开，周恩来副主席说，不要，不能轰老百姓。第二天，我们就到了城南庄，记得是叶子龙同志跟毛主席坐一个车，周恩来副主席坐一个车，我跟叶子龙的家属蒋英同志和几个孩子坐的一个车。

城南庄是晋察冀军区司令部驻地，中央领导在这里住下来，我没住几天，就跟叶子龙同志到西柏坡看房子去了。当时中央工委早已到了一年，为前委的到来准备了房子。随后，除主席外，中央机关人员都来了。在此

期间，毛主席就住在城南庄，准备去苏联，可是后来被飞机轰炸，转移到花山，之后到了西柏坡。

中共中央移驻西柏坡后的居住情况

西柏坡的中央工委原来想毛主席住在大院里面不太安全，在后沟盖了三间仿延安窑洞式的房子，可毛主席说，朱德总司令年岁大了叫朱德总司令去，而且在前边办公也方便，最后就让朱德总司令搬去。当时，朱德总司令跟刘少奇同志住在一起，是一个院落。

西柏坡的中央大院里面有这么几家小院，一个是毛主席，一个是任弼时，一个是周恩来副主席。任弼时跟师哲住在一院，李涛是作战部部长，跟周恩来副主席住在一院。毛主席来西柏坡的时候我没有看到，但以毛主席的性格，我估计一般是在下午、晚上来的。但是毛主席来了我就知道了，因为他的卫士李银桥跟我同岁，一起从部队调来的，比较熟悉。

军委作战室的前面往南边有两栋房子，一栋是叶子龙和蒋英同志住，还有一栋是我们机要工作人员住。机要科主任是叶子龙同志，还有吴振英、康一民、丁农，叶子龙主要负责毛主席，吴振英负责刘少奇，康一民负责周恩来，丁农负责任弼时同志。叶子龙同志每天工作特别忙，机要室的工作要管，实际上毛主席的一些生活事项他也负责，比如说人员的配备，吃、住都是他负责。在陕北、转战陕北也是这样。我归保卫科管，科长是李树槐，指导员是毛崇横。我主要是照顾叶子龙，叶子龙也是警卫员出身的，对我们的要求不太严格，一般的工作就自己干了，对我们很好。

刘少奇和董必武两家住靠西的两个院儿。东边是军委作战室，是军委，当然也不是全部人员，军委叫解放军总部。还有毛主席的警卫排住在东侧一排平房，李银桥他们就住在毛主席院里。

那时候安全工作主要是中央警卫团负责，毛主席有个警卫排，中央大院里是个警卫连。当时还是比较安全的，因为东柏坡和西柏坡的住户不是很多，而且中央工委来了以后征用了老百姓的房子，中央大院是独立的，没有和老百姓一块居住，要是举办什么活动，都会到东柏坡去。东柏坡到西柏坡离得很近，就是隔着一条路，这条路沿着中央大院的围墙，中央来了以后，把路改往村前的河边了。记得快离开西柏坡的时候，又成立了一个手枪队，人员也是从警卫团抽来的人，属于警卫科管。

在西柏坡大院难忘的日子

西柏坡这个地方是比较安静的，咳嗽声都能听得见。有时因为怕惊扰到毛主席休息，周恩来都是出了门到后边去咳嗽。毛主席一般在晚上办公，上午休息到十点以后吃饭。工作累了，下午的时候就到院子里散步，周末的时候也参加舞会。有时，也会坐汽车到夹峪、郭苏一带散步，他愿意接近老百姓，到群众里面去。有时会带着李讷，还有叶子龙的两个女儿，或是胡乔木的孩子。

有时，毛主席会坐在前院那个磨盘旁工作，坐的那个椅子，是从陕北带来的，一直带到了西柏坡。毛主席不讲究吃穿，穿的衣服比较简朴，李讷的保姆韩桂馨还负责给毛主席补衣服。

西柏坡的舞会场所，一个是在西柏坡西边的村子空地上，一个就是在我们机要室的门前。记得刘少奇同志跟王光美结婚，就在我们房前组织了一场舞会。毛主席、周恩来副主席、朱德总司令等大院里很多人都来了，乐队是由机要室的一些文艺爱好者组成的，弄了一个大汽灯挂在树上，往地上洒了一些水，打扫干净，当天还给我们发了一点糖。王光美穿得好一点，刘少奇同志穿着平常的衣服，那天大家都玩得很高兴。

在西侧山沟里有三四间房，养着几头奶牛，供首长们喝奶。有的时候首长的警卫员忙不过来，我也帮着给主席他们送，也会帮着打饭。毛主席住的前院西侧有几间房，放着一些生活用品，给主席烧水、热牛奶也在那里。给主席打饭用的是那种铁饭盒，吃不了可以直接在炉子上热。我记得毛主席有一大瓶从城南庄带过来的白酒，酒塞掉进瓶里了，李银桥说让我喝，因我从来不会喝酒，只喝了一小碗就喝醉了，就是在那个水房里面喝的。

在西柏坡的时候，中央很重视工作人员学习，给我们请了有文化的人做教员，让识字写作文，并按照正式作文批改。有一次，老师让我们自己选题写作，我看着大风刮得树叶子到处掉，想起淮海战役正在紧张进行，就写了一个淮海战役我军打敌军如秋风扫落叶一般的作文，获得了老师好评。

我自己在中央大院里工作，见到了傅作义来，米高扬来，也见到了召开七届二中全会时各个首长们来，都是亲眼见到的。总的来说，在西柏坡的时候，我军打胜仗，心情很愉快，而且一进西柏坡就感觉这个地方不错，南边有河，北边有山，有山有水，有草地、有农田，感觉特别好，印象特别好，非常怀念那段岁月，所以我的孙女在北京1974年出生后，我就给她起名叫梁坡。

离开西柏坡时，毛主席说我们不当李自成

离开西柏坡我印象最深。在进城之前，中央专门给我们开会，让我们学进城后的注意事项，比如打电话，用抽水马桶，用电灯等等这些事情。

到了1949年3月23日这一天上午，像任弼时、李涛啊，机要科的那些人，在9点钟以前都走完了。吃中午饭的时候，我们就准备东西，实际上我自己的东西早就放上车了。当时有三辆车，前面小吉普，后边是重型卡车，再一个小汽车。司机告诉我，把叶子龙同志的东西放在我坐的那辆车上，说我们在前边带路。

到了下午要出发的时候，我当时站在毛主席住处南边机要科的房角，车停在那儿，旁边有一棵核桃树。江青已经上车了，李讷也上车了，韩桂馨也上车了，这时周恩来副主席和毛主席出来了，叶子龙跟着。毛主席跟周恩来一边走一边说，我们今天要进城了，是考试的日子。周恩来说我们考试要及格，不能退回来。毛主席说，不能退回来，退回来就失败了，我们不当李自成。一边说，毛主席登上了汽车，我看到太阳照在那个房角上，时间大概是2点30分。毛主席乘坐的汽车是中卡，他坐在前面右边，开车的是周西林。等毛主席坐稳后，叶子龙同志赶快上了车，说“启动”，车就开出中央大院，离开了西柏坡。

进京路上，为毛主席带路到涿州

从西柏坡出来，一路走的山路，等走到平原地带，就是土路比较平整

的地方休息了一会儿。太阳马上要落山了，半白半红的，西方出现了满天的彩霞，我当时就说这个彩霞挺漂亮。休息的时候，有几个农民在地里干活，看到我们车来了，就走过来，还跟着两个小孩。毛主席拿出烟跟他们交谈，农民拿着烟都舍不得抽。叶子龙和周恩来见毛主席的车停下来，就马上下车问了问有什么情况，一看没事就稍事休息继续走。

我们的汽车在前边带路，也不能开快也不能慢，慢了会有尘土，毛主席坐的是敞篷车。快到唐县了，主席说有点累了，是不是找个地方休息，叶子龙决定临时休息，我们就到唐县县城，机关人员就搬着铺盖腾房子，我们找到了房子就回来。这个时间，江青说她不要住这儿，那前面已经准备好了，这里什么也没准备，还是走吧。江青说完就要走，一直到目的地，那个地方叫淑闾村。

出唐县不久，地方的警卫就多了，保定市里边警卫更多，甚至出了保定还有。首长们吃完了饭走的时候，有好多部队领导在那儿列队欢迎。到涿县这一段，岗哨也很多，因为那个时候北京刚解放，傅作义虽然整编了，但还担心会出问题。当时负责警卫工作的是四野邓华的部队。我们到涿县的时候出了点小问题，哨兵的连长离开岗位了，哨兵不让进城，这个时候电灯已经有了，最后把连长找来才让进去，耽误了有十来分钟。在涿县之后，叶子龙就跟毛主席去了清华园，我就跟叶子龙的家属蒋英同志走了。

难忘的岁月

◎ 马汉荣口述　杨爱民　刘秀改整理

人物简介：马汉荣（1923—　），陕西省榆林市绥德县人。1940年8月参加八路军，不久到延安，任中央党校校长邓发的勤务员。1943年3月调入中央警卫团，1945年调至毛主席身边做警卫员，1947年3月跟随毛主席转战陕北。

撤离延安前的动员报告

蒋介石把延安作为重点进攻的一个重要目标，胡宗南企图以相当于我军十倍的兵力，把我西北野战军全部“吃掉”，当时党中央、毛主席根据形势，作出了暂时“放弃”延安的决定。但是，当时很多机关人员和延安老百姓都想不通，舍不得轻易地把延安让给敌人。有的老百姓表示即使用镰刀、锄头、剪刀、锥子，也要跟敌人干，拼死也要保卫延安。

1946年底，在杨家沟，毛主席给机关人员作撤离延安的动员报告。为了说服大家，毛主席在作报告时伸出一个拳头做比喻说，敌人进攻延安的时候，就像一个拳头，我们是不容易一下吃掉它的。如果我们暂时“放弃”延安，胡宗南的军队把延安和周围的几个县“占领”了，那么敌人就不得不把兵力分散开。这就好像一个拳头伸开了五个指头，我们就可以一个一个地把它吃掉，把敌人消灭。毛主席用浅显易懂的话，说明了“放弃”延安和保卫延安的深刻道理，像一盏黑夜中的明灯，照亮了大家前进的方向。机关人员的思想通了，人人成了做群众工作的骨干。大家一致表示，在强大的敌人面前，不能硬拼，要把敌人“占领”延安的沉重包袱丢给敌人，运用毛主席给敌人准备好的“蘑菇”战术，把敌人一部分一部分地消灭。最后，终于实现了毛主席关于“少则一年，多则两年”收复延安的英明预见。

平凡与伟大

和毛主席在一起的日子里，我亲眼看到毛主席许许多多废寝忘食、日夜为革命操劳的感人事迹。我站岗时经常看到这样的情景：夜已很深了，毛主席的窑洞里还亮着灯，忽然灯头拧小了，开始我以为毛主席要休息了，可是紧接着见毛主席出来散步，一会儿又回到窑洞，拧亮灯头继续工作起来。我担心这样长期下去会累坏了毛主席的身体，想进屋去劝毛主席早点休息，又怕影响他的工作。毛主席窗户上的灯光，常常一直亮到天明。

毛主席给我们警卫战士规定了一条纪律，行军每到一个地方第一件事就是要安排办公的地方，把地图挂起来。转战陕北时，我们行军来到葭芦河边，大河挡住了去路，后面有敌兵追赶。战士们立即下水搭桥，好尽快让毛主席渡河。就是在这样危急的情况下，这样短暂的时间内，毛主席却坐在河边的石头上看电报、看地图，研究敌情，部署战斗。

毛主席每到一个地方，都要向当地的干部群众了解生产情况，询问群众的生活。无论是外出散步还是行军途中，只要碰到老乡，毛主席都是主动打招呼，谈家常，问寒问暖。毛主席还经常教育我们警卫班的同志们要关心群众生活，每到一个地方后，都让我们到附近群众中去访问，了解情况，帮助群众解决困难。春忙时节，我们在王家湾，毛主席就让我们帮助老乡打柴。记得有一次在王家湾，中午吃饭的时候，房东一个小孩走过来，毛主席看到后立即拿了个小板凳让孩子坐下，把自己吃的饭一口一口喂给小孩吃。房东看到感动地说：“你看这位首长喂我们家的孩子，也不嫌俺这孩子脏。”可她哪里知道，这就是人民的领袖毛主席啊！

给毛主席收藏文件

撤离延安的时候，毛主席还随车带着许多文件和书籍。毛主席把这些文件和书籍放在了徐家沟，留下警卫参谋贺清华看管着。毛主席住在王家沟的时候，决定不过黄河，要转战陕北。部队要轻装减重，这些文件、书籍要坚壁起来，放在什么地方好呢？

毛主席在院子西头的大门口，看见了我在站岗，好像想起什么似的，走到我的跟前问：“你是绥德人，对吧？”“是的。”我回答，两眼望着毛主席慈祥的面容。我哪里想到，时间隔了这么长，情况发生了这么大的变化，毛主席心里装着多少事，还记得我这一个普通警卫员的家乡。

毛主席又问我：“有些文件和书籍，放在你家里有没有妨碍？”

“没有妨碍！”毛主席对我家里人的充分信任，使我非常激动，便坚定地回答。

“为什么？”

“我们那一带是老区，人民群众可靠。我家又住在一道深沟里，离公路很远，敌人不会去。”

毛主席沉思了一会儿，问道：“不怕牵连你家里人吗？”

“不怕！”我斩钉截铁地说。

毛主席从我的回答里，看到陕北人民为革命赴汤蹈火在所不辞的坚强决心，微笑着点了点头，说：“那就快准备准备。”

坚壁的可靠地方找到了，毛主席把汽车司机周西林找来，对他说：“你快开着车到徐家沟接贺清华，把文件拉回来。”周西林很快把汽车发动起来，带了一名助手，把汽车开到徐家沟附近的一条小沟里，让助手去和贺清华联系。贺清华动员群众把文件箱子装到车上。周西林开着汽车飞快转回王家沟，去向毛主席汇报。

毛主席指示说：“不要卸车，马上就走！”贺清华和我登上汽车，立即出发。汽车沿着咸榆公路北上，到了绥德转折东去，不料天下起了大雨，汽车只好在阎家沟我姐姐家停下来，卸下箱子返回王家沟。阎家沟离我家清水沟只有5里路，一个山头便是。为了保密，我第二天回到家里，找了5

个近家人，晚上把箱子背回村里，收藏在我家炕后的小窑里。

完成了毛主席交给的任务，我立即动身，连夜往回赶。原来说有汽车接我们，可是第二天我们赶到公路时，没有等上汽车，便迈开大步向西走去，半路上碰见西北局的同志，才知道部队向西走了。后来，我们在青阳岔终于找到了毛主席。毛主席见我俩走了几天没有回来，心里很惦念。发电报向山西、陕北都询问了，仍然没有找到我们的踪影。毛主席看见贺清华和我精神抖擞地站在面前，高兴地说："小鬼，你们很能钻，有的说你们被敌人俘虏了，有的说你们穿上便衣打游击了，你们还是回来了。"

后来，敌人张牙舞爪地向绥德一带扑来。毛主席又派我和周西林把文件送往河东。我俩赶到家里一看，文件保管得好好的。陕北人民没有辜负毛主席的信任。我们用牲口驮着文件箱子，从吴堡县的宋家川渡过黄河，送到山西临县的三交镇，又返回陕北神泉堡。毛主席看见我完成了任务，高兴地赞扬说："很好，你辛苦了，休息几天。"

分　别

1948年3月，人民解放军在西北战场上取得了决定性胜利之后，党中央决定离开陕甘宁边区。我就跟随毛主席从陕北的川口渡过黄河，经山西的临县、兴县、五台山以及河北的阜平县等地，于1948年5月底来到西柏坡。毛主席曾多次对我们说，全国快要解放了，进城后搞建设需要有文化。我们这些从苦水里长大的人，过去哪有机会上学，多数都是大老粗。我们参加了革命队伍，来到毛主席身边，在频繁的战争生活期间，毛主席在百忙中还经常到我们班里和战士谈心，教育我们要抓紧时间学文化，有了文化才能学政治。毛主席还亲自看我们写的日记，并帮助我们修改词句。在行军途中，给我们讲山坡为什么有的是石头的，有的是沙的，还讲为什么西北来雨暴雨多。我们从毛主席那里学到很多科学文化知识。现在革命形势变化了，搞经济建设没有文化是不行的。1948年6月，学习的机会终于来了。中央决定送我们到中央办的文化补习学校去学习，大家既有学习文化的愿望，但又不愿离开毛主席。毛主席亲自给我们做工作，讲学习文化的重要性，教育我们要学好文化、学好政治。临分别的时候，毛主席同我们警卫班和卫士班的战士一起在中灶食堂吃了饭，在毛主席的门口照了合影。在去学校要走的那天，我在毛主席的院子里见到他后，立即拿出一个笔记本让毛主席签名留念。毛主席接过我的本子，转身走进办公室，用毛笔给我写下了："在工作岗位上做好工作，同时注意学习。毛泽东"这样几个大字。毛主席的亲笔题词，我一直珍藏到现在，几十年来它就是我工作和学习的座右铭。毛主席的关怀，我永远铭记在心。

（采访人：杨爱民　刘秀改）

父亲刘少奇和母亲王光美在西柏坡

◎ 刘亭口述　张军锋整理

人物简介：刘亭（1952—　），又名刘亭亭，刘少奇、王光美之女，生于北京，1954年随父母一起移居中南海，中学毕业后做了一名普通工人，“文化大革命”中亲历了严酷的政治斗争和父母的冤案，1978年考入中国人民大学，后考入哈佛大学商学院。毕业后，她成为一名成功的商人。1989年为照顾母亲，回国创业。2006年，母亲弥留之际，将“幸福工程”托付给她。

中央工委来到西柏坡，很好地完成了三大任务

抗战之后，国共和谈破裂，到1946年就开始打起来了。1947年3月，胡宗南率部攻打延安。由于敌军兵力十倍于我军兵力，中央决定主动撤离延安，后分成了中央前委，由毛主席、周恩来、任弼时率领，继续留在陕北指挥全国的解放战争；组成了中央工委，就是我的父亲、朱德总司令，还有董必武率领向华北转移；后来又组成一个后委，是去晋绥，就是山西那边，由杨尚昆、叶剑英等同志率领。

1947年的夏天，我父亲就搬到了西柏坡。当时中央给工委说了三个任务，毛主席来电，说要做好三件事：第一，要解决好晋察冀的军事方面的问题；第二，要组织召开土地改革的会议；第三，要做好财经工作，成立财经办事处，来解决中央财政经济问题。中央工委在西柏坡的一年时间里，这三大任务都完成得非常好，尤其是在土地会议的这一方面，我父亲

付出了很多的时间和精力。

周总理说，有个舞会，算给少奇和光美同志结婚

在西柏坡时期，由于父亲的身体不太好，工作也非常紧张，生活上也没人照顾，所以我妈妈王光美和父亲经人介绍，相知，相爱，走到一起了。过去他们在延安就见过两面，在去西柏坡的路上又见过一面，真正确立关系是到了西柏坡。

1948年8月，经过一段时间的接触，就准备要结婚了。过程是母亲讲给我们听的。当时，我妈妈在外事组工作，很多同事都受过洋教育，非要说举办一下婚礼，怎么也得有个仪式。然后我妈妈就去问我爸爸，说准备怎么办。然后我爸爸说，怎么办呀？你抱着被子过来就行了。后来我妈妈回来跟外事组的同事们一说，大家说这不行，怎么着也得做一个蛋糕庆贺一下。所以他们就做了一个大蛋糕，拿过去了，也没有说那天有舞会。

等到晚上了，周恩来总理跟毛主席说，今天少奇结婚，举办个舞会，也算给少奇和光美同志办婚礼。打开蛋糕的时候，结果还少了一块儿，听妈妈说，我姐姐涛涛才四岁，丁丁才两岁，他们一看见蛋糕，就先吃了一块儿。也就是说，中央的同志们，借着我父母结婚也放松热闹了一下。

他们结婚的房间很小，大概也就9平方米，一个小的双人床搁进去，一个脸盆架子、一个小书桌，很俭朴。爸爸工作的地儿就在卧室的前面，住的房子是一个两进院落，在西柏坡算一处不错的房子。他们结婚后，我妈妈开始照顾我爸爸前妻生的两个孩子丁丁和涛涛，一直非常关心关怀，相处很好。

从我父母的生活和他们对子女的要求，可以感到老一辈革命者对物质上的生活从来就是不讲究的。有一次爸爸的手表坏了，妈妈找人修好后给他送去。见了妈妈，爸爸拉开抽屉，拿出了一个又小又脏的梨，让她吃。妈妈当时就想，噢，领导也就吃这个，所以觉得他们对物质上的要求很低，而且爸爸对妈妈很坦诚，一开始就说明，自己的婚姻状况，有的牺牲了，有的分开了，有几个孩子，非常坦诚。当然，还有爸爸各方面能力的吸引，使他们最后结成伴侣。

爸爸带着工委，去往晋察冀的过程中，碰见我妈妈那个土改工作队，曾说让她跟工委走，到平山参加土改。我妈妈当时没有太多想，只是觉得自己有工作就拒绝了。后来和一起工作的同事们聊天，听他们讲刘少奇同志的婚姻挺不幸，怎么怎么样，妈妈才明白爸爸可能有点那个意思。

从长期的革命工作中，从革命感情上，妈妈一直崇拜我爸爸，一直到最后，妈妈都全力支持爸爸的工作。到“文化大革命”发生了以后，受了那么多苦难，都从来没有一句对爸爸的抱怨。爸爸妈妈的关系一直非常好，在中南海我们家孩子多，比较热闹，但相处融洽，是有名的和睦之家。

西柏坡时期，母亲对父亲的工作生活有很大帮助

爸爸妈妈由于工作很忙，所以很少谈及个人的事情，有一些事，是记者采访时我们才听到的。他们在西柏坡这段时间不是很长，父亲有差不多两年多的时间，母亲在那儿待了大概有一年时间，这是我党历史上一个大转折时期，迎接胜利筹建新中国，他们又是在那里结的婚，所以爸爸妈妈对西柏坡这个地方非常怀念，非常有感情。

爸爸妈妈结婚以后，妈妈就正式搬进了中央的大院，任爸爸的秘书。她实际上是一个知识分子，曾做过研究生导师助教，是个搞科学的人，搞光学。后来在二战时期，曾在德国任教，后又到美国任教，搞原子物理，所以她思想和心态上，都是一个比较简单、纯洁的人。在政治上，因为她是地下党发展来参加中美合作组参加的革命，才去的延安，很多资历老的姐妹们常说，我们是走到延安来的，你是跟着叶剑英、宋平坐美国人的飞机来的。因为，她自己老有一个感觉，应该做出更多的事情，来参加革命。

在西柏坡，爸爸忙于工作，身体弱，有胃病，一米七六左右的个儿，还不到100斤，所以呢，自从妈妈到了爸爸身边后，对于父亲的身体、工作精力，对于照顾两个孩子，都有很大的帮助。

新民主主义理论，毛主席和我父亲研究比较深刻

七届二中全会是中央离开西柏坡前召开的一次重要会议，爸爸在会上主要提出经济建设的方针和政策，以及党的建设。爸爸是一个理论家，党的理论家，在国际上也认为他是一个党的理论家。在国外，人家也说刘少奇就是写“党的圣经”的那个，就是指他写的《论共产党员的修养》。

在西柏坡召开的七届二中全会，中央提出了新民主主义的理论。实际上我爸爸从理论上研究是比较深刻的。在新民主主义理论方面，毛主席还有我父亲都有研究，包括跟各党派民主人士的合作，协商建国。我觉得这些都是非常重要的，否则不可能在共产党才打下半壁江山的时候，能成立中华人民共和国；如果没有各党派的支持和团结工作的话，解放中国也不可能这么快胜利。

从延安出来的时候被胡宗南追着跑，到离开西柏坡赴京建国，连共产党自己也没想到这么快能取得解放战争的胜利。这个里面有很大的成分，第一有土改，给了农民土地，有老百姓的支持，得了人心；第二就是国民党自己的腐败，通货膨胀各方面的因素；第三就是高超的军事智慧，解放军将士在军事指挥上的高超艺术和英勇善战；第四就是从理论上探索，团结各方面能够团结的、向新中国民主发展的正能量，才这么快得天下，成立新中国。

他是把革命理论和实践能够结合在一起的人

爸爸为筹备建立和建设新中国做了大量的理论方面的探索。因为爸爸在莫斯科学习的时候，是学经济的，他对经济方面一直很爱钻研。爸爸还看书，研究道理、规律性的东西。他从小在老家就叫他“刘九书柜”，看书看得着迷，最后火炉把他裤子、鞋烧了，都不知道。

参加革命以后，爸爸能够把革命理论和实践结合在一起，能够勇担最艰难的任务。共产党最艰难的时候，就是敌后每个区，东北、华北、华中党组织基本上都被破坏的时候，每次都是派他去，在最艰苦的情况下，重建党组织。在西柏坡，他任工委书记，同样召开土地会议，组织土改，准

备进城市后的政策，培养人才队伍等等，他一直在不停地思索，提出新理论、新措施，准备建国。

爸爸曾在北方局工作，那时北方局和河北省委是秘密党组织，所以他对北方局和整个河北省委情况都非常了解。后来抗战爆发以后，爸爸和当时的北方局往各地派了很多干部，去恢复共产党的抗日政权，这方面发挥的作用非常大。

父母对平山的感情，体现在我的姐姐平平身上

我姐姐叫平平，她是1949年5月生，从名字上就可以体现出来父母对这两个地方的感情，平平，等于一个平是平山的平，另一个平是北平的平。我父母对于平山西柏坡很有感情，因为他们不但是在那儿结婚，而且是在那儿怀上了我姐姐，这是他们俩的第一个结晶，名字里有对西柏坡的怀念。后来我妈妈也回去过，每次她都会到她们结婚的那个小屋去看，回想她参加革命和在西柏坡的艰苦日子，很有感触。

投身革命即为家

◎ 宋汀口述　苏峰整理

人物简介：宋汀（1918—2013），绥远（今内蒙古自治区）凉城县天成村人。1937年1月，加入中国共产党。曾参加一二·九等学生运动。1937年9月到达延安。在陕北公学、延安马列学院学习。1938年，到晋察冀边区北方分局党校任教员、班主任。1940年1月，任北岳区宣传干部。在反“扫荡”中，转到外线负责办短期党校。1941年8月，到易县任县委宣传部副部长、部长。主抓学校教育、形势教育、办民校、扫文盲、妇女工作和组织政治攻势。1944年8月，任《晋察冀日报》边区版副主编。1946年1月，调到张家口任七区区委常委、宣传部部长。10月，回到易县，任县委副书记。1947年10月，调晋察冀一分区，任地委常委、宣传部部长。1948年，调华北局工作，任华北局妇委常委。1949年1月31日，北平和平解放。2月中旬，随着华北局机关从建屏县进驻北平。

2011年是中国共产党成立90周年，我已是93岁高龄，仍常常想起炮火下同患难的战友，想起建设时期共同创业的同志，特别是新中国成立前经历的人和事，总是浮现在我的眼前。自少小离家，为革命理想东奔西走，转战在北平、济南、延安、晋察冀、西柏坡等地，在大时代的感召下，汇入革命洪流。现将我所亲历的这段经历记述下来。

1918年12月29日，我生于绥远（今内蒙古自治区）凉城县天成村，原名宋守莲。我能走上革命的道路，一个重要原因是父亲宋志刚的开明和叔伯大哥宋乐天对我的影响，另一个重要原因是对男女不平等的憎恨。我四五岁时母亲去世，她对我说的最后一句话是“受你的罪吧”！上小学时，隔壁两家的女性都死了，一家是上吊死的，一家是吞大烟死的。她们为什么要寻死？因为受气，因为男女不平等。我年纪虽小，当时却受了很大刺激，心想咱们女性长大了绝不能受气。小时候留下的这个印象深极了，从小到大不断地看到、听到妇女受气挨打。母亲临终前的话，男女不平等的现实对我性格形成乃至人生道路都产生了深刻影响。

我12岁离开天成村，到归绥县（今呼和浩特）上中学。这一段，我和父亲生活在一起，耳濡目染。1932年，我和同学好友曾到凉城邻县卓资山旅行，那里山清水秀，矿产资源丰富。祖国的大好河山让我对日本侵略者和国民党不抵抗政策怀着满腔的怒火。大哥宋乐天大我9岁，这时已是北平前门区共青团团委书记，常利用回家的机会给我讲一些革命道理，还跟我说起1933年他参加的李大钊同志灵柩示威游行。大哥很信任我，1933年他曾被捕，被捕前交给我一个秘密“小包”，我偷偷藏在婶母的柜子里。我拆阅，看了《共产党宣言》《中国共产党党章》《反杜林论》，还有关于五卅运动、介绍十月革命、揭露国民党不抗日的材料，很多都是油印本，我读得似懂非懂，又被深深吸引，反复翻阅之后，心中对共产党有了朴素的向往。

当时在归绥，有地下党组织的反帝大同盟秘密开展活动。我虽然不是盟员，但和盟员们常一道参加活动和会议。二哥宋守德是归绥中山学院的学生，他是盟员，我让他抄写大哥寄存在我这里的材料，在盟员中传阅。1934年4月，杨植霖、杨业鹏等相继被捕。我从父亲处得到消息后，赶紧骑上自行车，飞快地通知李作栩、宋守德转移，又跑回学校从我父亲工资中预领了些钱，让他俩带上连夜逃跑。

1935年，我来到北平准备考大学。城南有一个绥远会馆，不花钱随便住，我就住在绥远会馆的二会馆。我与郑天翔都在二会馆落脚并相识，从7月到8月底，双双备考。郑天翔和我都是绥远凉城人，他大我4岁，他叔父和我父亲是北师大的同学。天翔1934年考取了南京中央大学农学系，那里政治气氛沉闷，他不喜欢，于是又来考试。而我高中只念了两年就来考大学。就这样，我们在北平同时复习，准备考试。因为都是穷学生，我们常一起逛书店，交换书，谈理想，谈国家、民族的忧患，谈对日寇的仇恨、对国民党当局不抵抗政策的不满。我们谈得热烈而深入。一个多月后，天翔和我分别考上清华大学、齐鲁大学。自此，我离开家乡来到济南。

齐鲁大学除我所在的医学院外，还有文学院、理学院和神学院、教堂。绝大多数师生信奉基督教，国民党设置军训课、党义课。各种势力和思想交汇在学校中。1935年12月，一二·九运动沸腾了北平，齐鲁大学这“沉默”的一角也沸腾了。我们与其他学校的学生会接上了关系，也与平津学生南下宣传团接上了关系。1936年1月，平津学联代表和清华自行车宣传队到达济南，北平学联主席王仲华（又名董毓华、王春裕）秘密召集我们学校几名积极分子开会，我和孙香亭、刘维祯等同学参加了这次会议。回校后，我们通过报告会、座谈会、讨论会等形式，启发同学们的觉悟，使大家清醒地认识到这样一个严酷的事实：在我们埋头读书的几年里，当局同日本签订了《塘沽协定》《秦土协定》《何梅协定》等一系列卖国协定，东三省、热河、察哈尔、河北的主权一步步丧失。同学们悲痛不已，从心底发出“反对卖国协定”“打倒日本帝国主义”的呼声。

山东省教育厅采取提前放寒假的手段压制学生运动，齐鲁大学则采取提前考试的方法。在平津学联代表的帮助下，我们领导了罢课、罢考活动。我们悲怆而激越的歌声不时在校园里响起。就在我们活动深入发展并准备去北平串联之际，学校突然宣布提前放寒假，并以停火停食为名要求学生立即离校，荷枪实弹的军警把守在学校周围，省教育厅厅长何思源亲自坐镇指挥，来往信件被扣，只许出，不许进。不得已，我们商定刘维祯、刘静莹留校坚持工作，一部分同学去北平参加救亡运动，一部分同学下乡宣传抗日。

1936年夏，我们在济南地下党林浩同志的领导下开始工作。从最初的三名“民先”队员刘维祯、孙香亭和我，又发展了刘静莹、武送銮（现名王泽）、韩豁、冯兰珍和李金榜。北平学生南下请愿团经过济南时，我们组织同学慰问，请他们来学校讲演，听众多达两三百人。我们散发宣传材料到学校各处，学校当局对我们提出警告，我们不予理会，有些基督教徒还帮助我们散发传单。

1936年秋，日寇侵略绥远，绥远驻军傅作义等部在绥东军民的支持下，大获全胜，收复百灵庙和大庙等地，全国人心大振。济南各学校纷纷发起募捐援绥活动。齐鲁大学的“民先”组织很快募集到一大笔款子，购置了药品、食品、锦旗，印制了慰问信和宣传品，由李耕田、李度（现名张芳）和我代表齐鲁大学文、理、医学院爱国师生，奔赴绥远前线。我们三人和各地代表拜访了东北抗日联军的代表，我们被将士们在极其艰苦条件下前仆后继、英勇杀敌的事迹感动得热泪盈眶，将剩余的70多块大洋全部赠送。

经过两年来特别是在齐鲁大学这一年多来的考验，1937年1月，林浩派人跟我谈话，告知我已被批准入党。1937年3月，校长刘世传突然把我叫到他办公室，指责我不好好读书，宣传共产主义，并拿出北平寄来的书刊作“罪证”。我毫不示弱，据理力争。当天晚上，校方突然搜查我的宿舍。一听到急促的敲门声，徐乃光同学将《圣经》塞到我的枕头下，另一名同学将我的箱子移到她床下。搜查者没想到竟然搜到的是《圣经》，大感疑惑，邹尚卿同学机智地说：“她是基督教徒。”我们与校方闹成了僵局，北平寄来的书刊被没收，私人信件也常常丢失。特别是天翔从清华大学给我寄的进步书刊和通信，有的就没收到。好在我和天翔通信中常用暗语交流“民先”的情况，幸未暴露，保留了一些资料。在林浩指示下，我们改变方式，尽量避免与校方冲突。韩豁是山东省主席韩复榘的侄女，她常去韩复榘家带宣传品给太太们看，教孩子们唱救亡歌曲，获得了他们的同情。形势紧张时，韩豁就将宣传品放在韩复榘姨太太纪甘清处，可说万无一失。我则联系中学同学李生兰的爱人、国民党军医田玉璜，往军营送抗日宣传品。

1937年初，各阶层的抗日救亡运动汇集成一股不可抗拒的洪流。四五月间，我们的活动趋于公开化，学校最后只好宣布提前放暑假。1937年6月，我来到北平，跟韩豁、刘维祯积极参加报告会、发展读书会成员，夜以继日地忙碌着。此时我和天翔又见面了。那时候我们都是“民先”队员，但我不知道他已经是党员。在共同理想的感召下，在抗日救亡的热潮中，我们经过深入了解，走到了一起，发展成恋人。

七七事变时，我们在城内听到炮声隆隆。“民先”总部组织我们去医院慰问二十九军伤员，为他们唱抗日歌曲。1937年7月11日，我们离开北平，踏上了流亡之路。流亡的道路很不太平。我们流亡学生先从北平到天津，我记得有郑天翔、陆平、孙陶林、姜文彬等人。之前我们在北平城内的时候，都在沙滩的一个小饭馆吃饭，一帮人都赊账。流亡时，小饭馆的老板带了几个伙计到火车站拦截我们，要我们还账。可我们哪有钱？当时我姐姐宋守梅在北大读书，我们在附近租了一间小房，我就把房间钥匙给他们，说你们进去愿意拿什么就拿什么，我没钱，国难当头还得流亡。当时我已坐在火车上，这些伙计想拉我下车，流亡学生在另一头拽着我，两边就这么拉扯着，因为我们人多，他们也没办法。当然他们也不止拉我一个人，我们一帮人都欠人家饭钱，其中就有陆平。后来我还和陆平说，咱们一块去还饭钱。新中国成立后，陆平回来找那个老板还账，结果找不到人，那个小饭馆也没了。

从北平到天津，我们走了一天。没一会儿就停一下车，日本人上来查车，态度蛮横得很。停车的时候，我们看到车外面的水沟里淹着一些老百姓的尸体。亡国奴的滋味很不好受。到天津后，我们晚上住在一个叫中法饭店的宾馆，日本人来检查时，枪“嘭”地立在地上，厉声问道：“干什么的？”我们答道：“学生，回家的。”他看我们什么东西也没有，就走了。有一个同学家住英租界，第二天早上，我们就到他家住下，开始筹集路费。开始我们决定去青岛，半路听人说船出了问题，不走了。我们就坐火车去济南。

济南设有专门的流亡学生接待处，就设在齐鲁大学，提供馒头、咸菜给流亡学生。因为我是齐鲁大学学生，就回宿舍拿一些东西接济流亡学生。一同回来的韩豁刚到济南就找亲属募捐钱，我们将这些钱分给流亡学生做路费。

不久，我从济南坐火车到了西安。当时国共已经合作抗日，抗日救国会、抗援会、学生流亡组织等很多，一路上没遇到什么阻拦。我们拿着党组织以抗联名义开的介绍信，直接找到八路军驻西安办事处，我们一交信，就有接待。在七贤庄，胡乔木同志给我们这些学生讲话，说去延安要做好吃苦的准备，吃小米有沙子，一起睡大炕，没工资，水也不多，洗脸共用一个脸盆。他把可能遇到的情况都跟我们说了，让大家有思想准备。

从西安出发到延安这一路，我们这一队有七八十人，选出了几位队长。我们热情高涨，从西安步行，每天不断地走，走了20多天，1937年9月我们到达延安。我清楚地记得到延安时的情景：我们到二十里铺的时候，知道快到了，大家都兴奋地唱起歌来，一直唱到陕北公学的院子里。后来来了两人给我们分队，安排我们吃饭、领衣服，当时发的衣服还是国民党的灰色军装。我们坐在陕北公学院子里时，大家互相问是哪里来的，都在找老乡或同学。有人问："谁是绥远人？"我说我是。那人问我："你认识郑天翔吗？"我说认识。就这样，我和天翔又相聚延安，在济南时，我们已约好他先来，我后走。

在陕北公学学习的这批学员来自全国各地，各年龄段的都有，有四五十岁的，有二十几岁的，也有十几岁的中学生，大部分是20岁左右的大学生。那时候我不满19岁。党组织安排了很多人直接去了前线抗日救国，也有一些人留在延安学习。我和天翔都留下了，我被分到陕北公学五队，天翔在四队。五队是女生队，有几十人，很多领导人的爱人都是五队的，后来很多人又重聚北京。如邓小平同志的爱人卓琳（浦琼英）和卓琳的大姐浦代英、二姐雷迅（浦石英），陈云同志的爱人于若木、于若木的妹妹于陆琳，李维汉后来的爱人吴景之，文化人士吴亮平的爱人杜凌远，胡乔木的两个妹妹。

在五队学习3个月后，我又被分配到高级班学习了半年，同时还担任陕北公学总支助理员，主要工作是和进步学员谈话、宣传党的政策、发展党员。高级班有四五十人，男女都有。陕北公学政治部的负责人是阿金，即金维映，她是我的上级，不时找我谈话说工作。我对她的印象非常好，她人很好，风度非常好。

1938年5月，党中央将抗大、陕公、鲁艺、党校的一些老师和学员调出来成立延安马列学院。马列学院是青年们十分向往的地方，大家都积极投考。我考入延安马列学院第一班学习，参加了5月5日的开学典礼。

中央领导多次来马列学院讲话。刘少奇《论共产党员的修养》、陈云《怎样做一个共产党员》，就是给我们作的报告。记得最清楚的是1938年5月开学后，亲耳聆听了毛泽东来校讲《论持久战》。江青有时也来听课，毛泽东讲话时她就搬个小凳子挤坐在最前边。

在马列学院一班学习半年后，1938年11月，组织上派我和天翔去抗战前线。此时我们已结婚。说起我们的婚礼，很有意思。那时候延安结婚没有具体部门管，也不登记，打个报告就行了。条件艰苦，我们也没有钱请大家吃饭。我叔叔宋志和也在延安，他是医生，有一点儿津贴，就给了我们两三块钱，我们两人就到机关合作社里简单吃了一顿饭。

1938年11月21日，敌机轰炸延安。第二天，我们俩跟随队伍离开延安，一起去晋察冀边区。我们徒步走了一个多月才到达边区机关所在地——平山。在从延安到晋察冀边区的行军路上，大概在忻县一带，我第一次见到彭真，至今记忆犹新。那天夜里，刚过正太路的封锁线，队里一个女同志突然病倒，可能会有生命危险，我们十分着急，但又不能马上送她到安全地带医治。这时，一辆卡车经过，我们也不知道车里是谁，队中年轻人也顾不上那么多了，便去拦车，才知道是晋察冀分局书记彭真的车。彭真很高大，穿着军装，很威武，他耐心地听我们说完情况，便把女同学带上另一辆卡车。在他的帮助下，女同学被送到安全地带，得到了救助。

我们到平山县后进行了分配，我被分配到晋察冀边区北方分局党校任教员、班主任，在这里工作了一年，正好遇上1939年日军对北岳区大规模“扫荡”，形势十分严峻。1940年1月，我任北岳区宣传部干事，在反“扫荡”中，我转到外线，在山西五台县负责办短期党校。1941年1月，我任区党委党校班主任和教员，在各地办党校，一直到1941年8月。

1941年8月，我到易县任县委宣传部副部长、部长。刚到不久，就赶上日寇对易县狼牙山地区抗日根据地连续“扫荡”。地方干部余药夫是五壮士跳崖时的见证人，他和其他战友一起救活了伤势严重的葛振林和宋学义。当时我就在易县，在转移的大队伍中。因为在易县有着同样的战斗经历，余药夫常和我联系、通信。葛振林与我也始终保持联系。

我在易县的1941年至1944年，正是抗战最残酷的时候。日寇实行“三光”政策，推行坚壁清野、囚笼政策以后，根据地在缩小，各县乡组织的党员培训班离敌人很近，我们都能看到敌人林立的炮楼，非常危险。我们生活十分艰苦，往往是棒楂粥里加杨树叶、柳树叶或野菜。因为反“扫荡”，身边不断有同志牺牲。战争中我也受过伤，左腿上留下很大一块伤疤，我现在腿脚不便也是因为受伤留下的病根。

1943年8月，聂荣臻司令奉命领队赴延安参加整风运动和出席党的七大，天翔作为聂司令秘书随行，10月上旬到达延安。天翔跟随聂司令走后没多久，我们就开始了反“扫荡”，广泛开展游击战，歼日伪军1.1万人，攻克据点碉堡200多处，取得反“扫荡”胜利。反“扫荡”斗争中，群众的支前伪装工作做得很好，我记得当地的妇女同志提着篮子送“鸡蛋”，其实篮子里装的是手榴弹。当地同志和老百姓给我们送情报和物资，尽管敌堡如林，但都成了“睁眼瞎”。

我在易县主管宣传工作，主要是抓学校教育、形势教育、办民校、扫文盲、妇女工作和组织政治攻势。那时我们一年要搞若干次政治攻势，在抗战的相应阶段，结合当时的形势，在准备反“扫荡”之时，或者是敌人进攻之前，有时结合反对阶级压迫，把这些工作集中在一起，做一个总提纲，把任务层层布置下去。

1944年5月7日，我在易县生下孩子，身在前线，生育很不容易，但这个在羊圈里降临的孩子比我想象中来得容易，我们因此给他取名易生。组织上照顾我，让我回延安，我坚持留了下来。8月，组织安排我任《晋察冀日报》边区版副主编。我在报社一边工作，一边带着几个月大的小孩，同志们给我很多帮助。

在《晋察冀日报》工作的两年里，我认识了不少领导和好友。邓拓同志是晋察冀日报社的开创者和老领导，他非常有才气，我非常敬佩他。我和他夫人丁一岚关系很好。丁一岚一辈子从事广播事业，曾在天安门城楼上现场主持转播开国大典盛况。我们一直有来往，直到她1998年在北京病逝。作为优秀的新闻家、政论家，邓拓长期从事党的宣传和理论工作，可惜“文化大革命”中惨遭迫害，愤而辞世，体现了知识分子“莫道书生空议论，头颅掷处血斑斑”的铮铮铁骨。

副社长胡开明是个很有水平且实事求是的干部。新中国成立后，他曾任河北省常务副省长。20世纪60年代，毛泽东批评胡开明的包产到户方案，说河北省的副省长叫开明，可惜前面还加一个“胡”字，是“胡开明”。为此，胡开明在“文化大革命”中吃了不少苦头。但历史证明胡开明没错。拨乱反正后，胡开明调任安徽省委常委，成为万里的得力助手。

郑季翘是副总编辑，他水平也很高，后来还任北平《解放》三日刊的编辑部主任。新中国成立后曾任吉林省委书记、五届全国人大常委会副秘书长，参加了1981年《关于建国以来党的若干历史问题的决议》的讨论和起草工作。

张春桥也是副总编。此前，他是北岳区党委宣传部宣传干事，他与同事李淑芳（后改名文静）确定了恋爱关系。当时他给我的印象是有些才气，为人很自信，没想到他后来成了“四人帮”的一员。

1945年8月15日，日本宣布无条件投降，我清楚地记得这个终生难忘的日子。我们的喜悦之情难以言表，连夜排版发布消息。当时在一起工作的有邓拓、吴浩、陈春森、秋围、陈肇、张磊、何继云等。每年此时，我总会心头起伏，想起那一日的情景：电台喜报日寇降，窑洞油灯齐放光。编辑记者排版忙，全村老少扭秧歌。

1946年1月，我被调到张家口任七区区委常委、宣传部部长。后来国民党打过来，我们从张家口撤退到后方，我先在灵丘县、北方分局党校工作了一段。10月，我回到易县，任县委副书记。我在易县参加了土地改革会议，在易县裴庄蹲点。和我一起蹲点的有一位老同志李舜琴，我们都主张不分地主的浮财，只分土地。李舜琴是大革命时期参加革命的老同志，掌握政策比较严格，不是很“左”那时候，武光领导我们这个地区的土改，刘杰是我们工作团的团长。那会儿许多人都“左”，掌握不好的话，就分地主的浮财，把地主家里的衣服都给分了。农民一发动起来，就不太好控制，分浮财、吊打、体罚，这些东西就会随之而来。所以，我们坚决不开分浮财的口子，因此裴庄没有发生死人的事情。地主那时候都挺害怕的，当然也有反抗的，藏大洋元宝、转移财产。后来，在晋察冀分局安排下，对“左”的做法进行了纠正。

1947年10月，我调到晋察冀一分区，任地委常委、宣传部部长。1948年，邓颖超调我参加华北局工作，任华北局妇委常委。9月20日至10月6日，中央在建屏县（今平山县）西柏坡召开解放区妇女工作会议，我作为华北局妇委代表参加。

大会期间，我去周恩来同志和邓颖超大姐家中做客。大姐询问我华北的妇女工作，周恩来同志向我了解根据地土改情况，又问天翔在晋绥党校的学习情况。三人谈了很久，到了饭点，大姐招待我吃晚饭，笑道“这是我们的家宴”，记得吃的是小米、玉米和炒鸡蛋。没多久，远在晋绥党校学习的天翔接到调华北局工作的通知，原来，周恩来同志和邓大姐在这次“家宴”聊天中了解到，自1943年天翔到延安参加七大、后又调往晋绥边区，一直到抗战胜利后，我们夫妇工作在两地已达5年。他们请李富春、安子文办理天翔的调动手续，调中共中央华北局任宣传科长。我和天翔不久相聚在华北局机关驻地——建屏县王庄。1949年1月31日，北平和平解放。离开北平12年后，2月中旬，我随着华北局机关从建屏县进驻北平。我们开始了新的历史征程。

1949年秋，天翔调去绥远任绥远军政委员会包头工作团团长，进驻和接管包头市，后任包头市人民政府市长，再后又兼任市委书记。一直到1953年，天翔调到北京市任市委委员兼秘书长，我们最终团聚在北京。在长达18年的离别和战火中，我们坚持通信，至今保存下来400多封信。1935年、1936年，我们在信上谈得最多的是鲁迅和抗日。此后无论在延安还是绥远，大部分都是通过地下交通或托人带信，谈的都是理想、形势和工作。我在边区时寄给天翔的信都是“聂荣臻转郑天翔”，信周转时间久了，信封也就开了，也就成了公开信，同志们总免不了一番哄闹。有人说，你们不像夫妻，更像同志、战友。其实，我们是同志、战友，更是夫妻、伴侣。我们是同志式的夫妻，有着共同理想和共同事业，这是一种多么浪漫和壮丽的结合。无论面临怎样的考验，战争、政治运动、“文化大革命”，我们始终心心相印，相濡以沫。这一切都缘于我们始终心系对方，有着共同信仰。

（来源：《百年潮》2011年第4期）

没枪声解放军就进城了①

◎ 殷陈氏　朱静蕙等口述　王凡　戎丹妍　白雁整理

时　　间：2014年4月22日

地　　点：南京

被采访人：殷陈氏、朱静蕙、朱明镜、睢文贵

人物简介：当年，他们有的是学生，有的是学徒，有的是工人，有的是家庭主妇，有的是地下党。如今，他们之中最小的77岁，最大的已经108岁。

她是家庭主妇、他是送奶工、他是地下党员……他们记忆中的1949年4月。

1949年4月23日晚，顺利渡过长江的解放军主力进入南京的西大门——挹江门，没有你死我活的拼杀，没有战争的硝烟，南京和平解放。当时的南京，有15个区、114.24万人口。百万南京市民，一起见证了南京的解放。在南京解放65周年之际，我们找到了亲历过“4·23”的南京市民。当年，他们有的是学生，有的是学徒，有的是工人，有的是家庭主妇，有的是地下党。如今，他们之中最小的77岁，最大的已经108岁。他们记忆中的1949年4月，是什么样子呢？

---

①文章来自人民网文史类口述历史栏目，标题及格式因需要稍有改动。

解放前夕有市民扒火车去上海

口述人：殷陈氏，女，生于1908年。南京解放时住下关栅栏门，无业。

我出生在1908年，南京解放那年我42（虚）岁。家里就老头子一个人工作，他在铁路上，是火车司机，开南京到上海的火车。1948年、1949年时，他经常几个月拿不到工资，然后一笔拿个50块钱。发了钱不回家，马上到下关去买银圆，因为银圆不会贬值。

那会儿日子过得很苦，我们租的别人家的草房，刮起台风来，简直不得了。家里有三个小孩，五张嘴要吃饭。吃很伤脑筋。街上有私人挑担子卖菜，我只能买得起便宜的。酱油、醋要到小百货店里去买，没钱的时候就只好赊账，等老头子发了钱再来还钱。时间长了，也不好意思老到店里赊账。1948年下半年，我把小女儿送到金坛我的娘家去了。

1949年4月，就在南京解放前一两天，听说国民党要跑了，解放军快要渡江来南京了，很多老百姓从下关火车站坐火车，要跑到上海去，那会儿上海还没解放。这都是因为国民党作反动宣传，老百姓不明白情况。火车站乱得一塌糊涂，有钱人就坐在火车里面，没钱买火车票的人，就扒火车，爬到火车顶上。车子上面挤满人，车顶上头也全是人。忽然，有乱枪响起，百姓们都吓得四散了，这趟火车最终没有开走。

后来，解放军就来了，给每个人发钱，让老百姓安定生活。过了两天，有人来喊我去开会。我从来没开过会，一开始还不敢去。开会成立了居民委员会，一共分成9个小组，二十几个人家一个组，我当了第八小组的组长。

南京刚刚解放的时候，还有国民党的飞机轰炸。我每天一早烧好饭，就带着两个小孩躲到附近的大庙乡。那里有个庙，飞机不来我们就在庙里活动，飞机一来就躲到山洞里面。很多老百姓都躲在那里，这样的日子过了个把月才结束。

那段时间我天天在愁怎么挣钱

口述人：朱静蕙，女，生于1914年，南京解放时住建康路，打零工。

我是南京人，从小家里很苦。我24（虚）岁才结婚，当时结婚很匆忙，因为日本人要来了，好多家里有女儿的人家都急着把女儿嫁出去，我母亲也是在这种情况下把我嫁出去的。等我嫁到丈夫家后，我才知道丈夫比我大16岁。

丈夫是过去一个大户人家的少爷，但后来落魄了。等我嫁过去后，日子更难了，日本人进南京前，我们就逃难去了重庆。等到1947年前后，我们才回到南京。

南京解放那年，我们家就我一个劳动力，我丈夫从回到南京后，就没找到工作，毕竟他年纪大了，过去又是少爷出身，很难找到工作，一家老小就靠我一个人养活。我那时也没什么文凭，虽然认识几个字，但是没正规上过学，所以就只能到处当临时工。我给人洗过衣服，打扫过房屋，缝过扣子，糊过火柴盒，这些活都是临时的，工钱也是当天结清。

就这样我每天在外面到处找活干，家里三个孩子都是丈夫管教，我挣回的钱也都交给丈夫管，自己身上没有一分钱。那时候我天天在愁怎么挣钱，周围发生了什么事情我也不知道，所以南京解放前那段时间发生了什么我都不记得了，只记得日子过得苦。

不过，在解放军进城后，有一天我上街，看到好多人在游行，大家都很高兴，说是庆祝解放了，我也就跟着看热闹。这时一个远房亲戚看到了我，她惊讶地说："静蕙啊，你原来已经回来啦？"我们俩就聊起来了，后来她知道我没有工作，家里条件很差，就把我介绍到工会，让工会给我介绍了一个工作，是在一家印刷厂折书，这下我终于找到了一份稳定工作。

所以我要谢谢解放军，如果不解放，我家就不知道会穷成什么样了。

南京解放前我入了党就等解放军渡江

口述人：朱明镜，男，生于1924年，南京解放时住莫愁路，地下党。

南京解放前，我悄悄加入共产党

我是西昌人，渡江战役那会儿我人正在南京。为什么会来到南京？中间有几个波折。

1946年，我在成都上大学，我们的学校叫金陵大学。我在校时，积极参加学生运动，是成都8所大学160个学生团体联合会主席。1946年，我们请中国劳动协会理事长朱学范来作报告。报告结束后，朱学范和我交谈，得知我已经毕业，就聘请我到联合会工作。当时，中国劳动协会理事长正要从重庆迁到上海，我也跟着一起到了上海。

到了上海，朱学范说，蒋介石要在庐山接见他，等他回来再给我安排工作。半个月后，他从庐山回来，告诉我，他和蒋介石的谈判破裂了，蒋要他打共产党，他不同意，他不能留在上海了，要去香港。当时，通往四川的铁路，有一部分已经被解放军占领了，我也回不了家了，我就请他帮我找一个工作，只要活下来就行。他问我，愿不愿意去台湾，我表示愿意。这样，经朱学范介绍，我去了台湾。

在台湾两年后，我回到了上海。我金陵大学的一个同学在嘉定县做县长，我就到他那里，他留我做了秘书。在上海工作后，有一次我到南京看望同学张世定（后改名为张一之），他当时是市五中的校长，是一名地下党，主要负责学生工作。他介绍一个地下党到嘉定去工作，而我则留在了南京，也秘密入了党。

我协助接管了总统府、中央博物院、图书馆

我到南京的时候，已经是1949年的3月了。介绍人安排我住在莫愁路那边的一个学校里。那时候，南京的粮食很紧张，吃红薯、土豆。蒋介石已经下台，李宗仁当代总统，派了代表团去北京谈判。谈判破裂后，解放军就渡江了。

4月23日，解放军进城了，背着枪，步行经过我住的地方。此前，我们已经整理好蒋介石党政军各部门人财物情况，就等接管政权了。4月28日，南京成立了军事管制委员会，我被指定担任其下属的文教委员会的秘书，办公地点在成贤街。文教委员会负责接管文化教育卫生单位，总统

府、图书馆、中央博物院、档案馆，都是我们接收的。接收的时候，先由留用人员把财产列出清单，然后签名、盖章、接收，仍旧交由他们管理。

新中国成立后，我们利用接管的资料，办了很多展览来教育群众，在总统府办的展览，就有10个。

解放前一天，我还在给农林部送牛奶

我出生在苏北盐城，1946年到南京来打工，当时我哥哥在南京农林部下属的一个奶牛厂工作，就把我也介绍进去了。每天的工作就是看护好奶牛，给奶牛打扫卫生，喂草，然后负责送牛奶。

1949年对我们厂来说是不稳定的一年，应该说从1948年下半年我们厂就开始动荡了。我们厂养的奶牛大多是供实验用的，直接属于中央畜牧实验所，奶牛大多是从荷兰进口的。随着国民党的节节败退，我们厂也开始准备撤退。在1948年底，厂里先是卖掉了一部分品质次一点的奶牛，然后又开始疏散工人，就在疏散过程中，发生了工人罢工的事件。

工人罢工主要是因为遣散费，当时厂里先给一部分工人发了遣散费，还有一部分工人没有拿到，没拿到的工人就不满了，为什么自己没能拿到遣散费呢？于是就到厂里要说法，而厂里给的解释是拿到遣散费的人是必须走的，没拿到钱的最后会跟着厂一起撤离。但后来厂里没能兑现这一说法，因为厂根本就没能撤走。

当时我也拿到遣散费了，但厂里并没有辞退我。因为我当时年轻，才十几岁，厂里可能看我年轻有力气，干活又勤快，所以把我留下来了。

我当时送奶的地方主要是农林部的机关单位，我们厂在中大丁家桥校区里，每天早上把奶送到大石桥附近。记得南京解放前一天，也就是4月22日早上，我还在给农林部送牛奶，好像没看到什么人撤离。后来才知道，当时农林部的领导已经被地下党做好工作，根本就不准备撤退。那天在经过湖南路的原临时政府参议院时，我看到里面一塌糊涂，人都撤光了，到处飘着纸，门口的宪兵也不见了。以前每次经过这里，因为有宪兵把守，从来不敢进，但这天我终于能到里面看看是什么样了。

第二天，解放军进城，大家都不工作了，我们也就不送牛奶了。我记得那天我们到旁边的一个医院（今天的东南大学附属中大医院）“看热闹”。那天医院来了好多穿“花军装”的士兵，后来我们才知道他们叫解放军。这些士兵大多身上有伤，有的是抬过来的，应该是打仗时的伤员转到这里的。

解放后，学校也派来了军代表，学校进进出出都要有证件，有学生代表把守，我们因为是里面的工作人员，学生也都认识我们，所以我们进出都不用证件。我们和学校学习畜牧专业的学生玩得不错，当时那些学生为了庆祝解放还练习敲锣打鼓，我也就跟着他们学敲锣打鼓。

解放之后，我们厂和遗族学校下属的一个奶牛厂被合并成一个厂，又搬到了遗族学校附近，我也就又跟着到这边来了。因为干活积极，所以入了团，还当上了团支部的宣传员。

怕遭人抢，父亲把家里囤的米面油都低价卖了

我母亲和父亲一共生育了8个子女，家里穷，养不起，有的送人，有的病死，最后就剩下我和妹妹两个。

我长大几岁，父亲和母亲有了一点点积蓄，就在珠江路盘了一家店，连住带卖馒头、烧饼。我家的店名叫崔顺兴大饼店。开店以后，我和妹妹每天也都忙忙碌碌地帮着干活。

抗战胜利后，我发现周围的陌生面孔突然多了起来。我家旁边开了一家大陆餐厅，还来了一个卖元宵的小广东，还有一家老鼎丰酱盐店，老板都是从外地来的。珠江路变得热闹了，街上的大兵也突然多了起来，经常看到国民党的宪兵，胳膊弯里挎个漂亮的女人在街上逛。再后来，就看到国民党的残疾军人，在小营那里围个圈子赌博。他们有的缺胳膊，有的断腿，一开始，我们很怕，看得次数多了，也就习惯了。

空闲的时候，我和小伙伴们常走街串巷地玩儿。在太平门附近，有个地方叫御史廊，御史廊以北常常看到死掉的大兵，裹在芦席里，草草埋掉。野狗会把他们的尸体拖出来，有时候，还会看到尸体的腿被狗啃得露出白森森的骨头。西华门那边，也就是今天熊猫厂的位置，当时有美军顾问团。我们到那儿去玩儿，看到门口站岗的人头上裹着头巾，高鼻子、深

眼窝、大胡子，据说是印度人。印度人很和气，我们小孩拽他胡子，他也不打我们。

1949年开年，风传解放军要来了，城里开始乱了。有人抢粮行，我们旁边的周家米行、顾家米行都遭抢了。我家当时开大饼店，父亲囤积了不少的油、米、面、煤炭，他的朋友就提醒他小心。父亲赶快采取措施，把家里囤积的东西都低价转卖了。

我们小孩子还是逮着空子出去玩儿。有一次，我跑到炮标去玩儿，捡到士兵练习打靶时用的一根长棍子。我拖着棍子跑，碰到几个国民党士兵，提着锅一类的东西，现在回想起来，他们大概是在撤退。有个士兵看到我，就问我要棍子，我不给，他就打我，还让我用棍子挑着锅跟他们走。我当然不肯，躺在地上哭，打滚。另外的士兵就说："算了，他太小。"我赶紧站起来跑掉了。

父亲担心，一旦解放军过了江，仗打起来，子弹可是不长眼的。他带着家人，在家门口的绿化岛下面挖了一个防空洞。防空洞快挖好时，父亲买来芦席，一家人随时准备躲进去。但是，不经意间解放军就来了，也没听见枪声，就来了。扛着枪、背着行李，从四牌楼那边走过来，经过我家门口，然后从中山门那边出去了。有个操着北方口音的解放军，看到父亲挖的防空洞就说："老乡，别挖了。你看，我们这都来了……"

解放军经过我家门口，从中山门出去了。父亲就继续做馒头、大饼，一家人正常过日子。

海军总司令部大门敞开，公文纸散落在马路上

口述人：雎文贵，男，生于1932年，南京解放时住下关热河路。

4月22日下午，我在挹江门，看到过去门禁森严的海军总司令部大门敞开，公文纸散得马路上全部都是，乱糟糟的。海军总司令部已经撤空了。这个画面至今在我的脑海中清晰留存。

我老家在扬州，小时候读过几年私塾。那会儿大家都说荒年饿不死手艺人，于是家人托关系把我送到南京来学理发。1946年前后，我来到了南京，在下关热河路的文华理发店当学徒。学徒没有工资，老板包吃包住，

三年满师后就可以自谋职业了。

那时下关热河路一带是商业中心，下关火车站旁边有个朝月楼，是个热闹的大市场，五金、衣服、玩具什么都卖，我没事会过去转转玩玩。我们理发店对面也有一个大的百货店，那位置就是后来的热河路商场。

1949年，解放前一段时间，有一批流亡学生随军南下来到南京，在大街上贴标语。学生们还跑到江南汽车公司，在汽车上面贴。标语的内容我不记得了，都是进步的言论。学生们还拿着旗子游行，在社会上造成了不小的影响。

4月21日、22日夜里，我们都听见狮子山的炮声，大家议论纷纷，解放军要渡江了。4月22日下午，街上特别混乱，有老百姓抢百货店、米店、布店，还有人去火车站的行李房抢行李。我亲眼看到老百姓去对面的百货店抢东西。有个人抢到一个脸盆，听说别人抢到了布，马上把脸盆摔了，又火速往布店跑去了。

也是22日那天下午，挹江门一家理发店的蔡老板把我们店里的人接到了他的店里，他是老板的好朋友。因为他们的店在城门里，比我们那边要安定。

那家理发店的对面正好是国民党海军总司令部，门大开着，公文纸散得马路上全部都是，乱糟糟的。我一下惊呆了，这个画面给我留下的印象深刻极了。海军总司令部已经撤空了，散在地上的估计是他们不要的文件，或者是撤退时慌乱中散落的文件。我不敢乱跑，有好奇的人进去里面看了。热河路上有个警察局，人也跑空了。

4月23日，南京解放了，我记得当天就有老百姓在街边敲锣打鼓迎接解放军进城。我跟着老板回到了下关的店里。街上的混乱已经平息下来，有戴着袖章的自卫队出面维持秩序，后来才知道他们是地下党。

（来源：《现代快报》）

记忆中的华北革命岁月

◎ 李世桐口述　王彦红整理

时　　间：2014年9月、2017年9月、2018年1月

地　　点：北京

被采访人：李世桐

人物简介：李世桐（1922—　），女，祖籍山东。1945年8月加入中国共产党，新中国成立前曾在华北局城工部、华北局党校、华北人民革命大学工作。1954年调到中央统战部工作，1982年离休。

为了更多了解李世桐在华北的有关情况，我们曾于2014年9月、2017年9月、2018年1月三次采访了李世桐。她虽然已经90多岁高龄，但身体很好，思路也很清晰，心态特别平和。讲起过去，她如数家珍。她不仅为我们清楚地讲述了她在华北的革命经历，而且把她珍藏了多年的"宝贝"无偿捐赠给了我们，为我们进行爱国主义教育提供了教材。

从天津到华北局城工部

1947年6月，我从国民党统治区天津市到冀中中共晋察冀中央分局城市工作部（简称城工部）。一天早上，我换上普通女子的装束——浅色的素布衣衫、棉线袜、黑布鞋，照照镜子觉得还可以；但是，头上略有弯曲的烫发无法弄得顺直，只好碰运气！我没有带自来水笔和笔记本，以防被国民党反动派搜查找事。我直奔火车站，登上了津浦线的火车。进入车厢

内，无几个旅客，冷冷清清。我在沧县下的车，站口只有一个路警和一个检票员，我交检了火车票，扬头走出了站口。

在沧县火车站附近，我看见了由城工部派来的交通员，便与他一起步行到了城工部接待站。我与负责人李振刚同志是初次见面，他唇上蓄八字须，说话温和。经他自我介绍，得知他早年是参加过长辛店二七大罢工的赤色工人，使我不由得对于这样一位革命老同志肃然起敬。他待人热情实在，给我安排的午餐是大盘的素烩饼和大碗的鸡蛋汤。这时，由冀中来了一位身穿军装、腰挎枪的中年领导，经李振刚同志介绍，便坐在炕桌上我的对面，直接问我最近天津市内学生运动及市内形势。我边吃边讲，待我吃饱了也讲完了，他挥手告别。随后，李振刚同志向我简单地讲述了城工部已经由冀西阜平县搬到了冀中河间县，距离平、津、保三大城市很近，进行三大城市工作就方便多了。

第二天清晨，我在交通员的陪同下上路，冀中地区大部分是平原，步行很轻快。年轻的交通员爱说爱笑，使我体会到“说说笑笑”也是步行远途可以解除疲劳的良方。大约是下午4时，走到了河间县大街墙外的广场，但没有顾上观览街景就走过去了。城工部已经搬到河间县大街附近的一个胡同里。交通员把我领到了一户有客房的大门口，给我们开大门的是一位50岁左右的大娘。说话很亲热，我也如同见到了家里人，就乐呵呵地边搭话边跟随她走进院子里了。大娘安排我住在一间南房，恰好夏天南房凉快，我挺高兴的。

冀中盛产小麦，当地人一般以面食为主，搭配杂粮，善做花样，吃起来很香。晚上，一般人家也能够点一盏有玻璃罩的小号煤油灯，挺干净也比绿线的碗油灯明亮多了。我住在这儿，城工部的服务员按时给我送饭、送水、送灯油，不会太麻烦大娘，我也就安心了。

将近下午的时候，路达同志（城工部负责与我联系的主要领导人）来和我见面，谈了工作之后，让我安心歇一歇，多看看党内的学习文件和解放区的报刊，有事情就找他。此时，一位城工部同志突然进来说：“有情况（指有敌情），要快些准备转移。”路达同志立即起身对我说：“出发时会来叫你！”

就在这一天的下午4时晚饭后，我和城工部人员出发了。除了必须带的东西需用大车，女同志带儿童的可以坐大车，其他人一律步行。当地人见此异常情况并不惊慌，还向我们摆手相送。由于他们有强大的冀中军区保护，而且他们长期在党的领导下，练会了打游击的本领，是会对付国民党反动派的。我们一行人由河间县出发，往西走，一直走到天黑，在路过的一个村子边暂停下来休息，饿了就吃干粮，渴了就喝凉水，困了就闭眼打盹，不觉得时间却过得很快。天快亮时，正式得到消息：国民党一股反动军向我突袭，被我军击溃了。于是，我们起身返回，傍晚的时候，平安地回到了河间县原地。

进入华北联大学习

歇了两天，路达同志又来看我，对我说："组织上想送你到华北联大（华北联合大学）政治班去学习，有事情必须通知你回来的时候，由校方安排你立即回来。"我听完路达同志讲话，感觉很意外，但也很惊喜，想了一会儿，便回答："我听明白了，一定照办。"路达同志一边看着我，一边从他灰土布的上兜里摘下他的黑色自来水笔送给了我。我激动地说了声"谢谢"。

华北联大在冀南的巨鹿县，不算很远，也是平原地区，我自己背上衣包，离开河间县，大约走了3天，找到了在巨鹿县杜科村的华北联大校址。我向一位同志询问："学校的校牌在哪里？校传达室在哪里？"那位同志笑答："这个大学是不挂牌的，也没有传达室，我带你去校务室吧！"我一边跟他走，一边听他喃喃地说：又来了一个"洋包子"。他指着门让我进去，我知道是校务室了，便向室内一位站立着说话的同志递交了城工部的介绍信。他打开看了看，就微笑着帮我提衣包，送我走到相距不太远的一个四方形的大院落，就是华北联大政治系的所在地（注：后来我知道送我到政治系的是黄达同志；新中国成立后，他曾任人民大学校长）。

华北联大政治系是4个月办一个班，属于短期的培训城市工作的干部。当时是七班正在开课，我被插入七班。班主任陈净人是老党员，也是一位知名的老教授。班长是林念祖，后来知道他是燕京大学的高才生，英文很好，抗战后期就是党员；叶剑英元帅1946年在军调部担任中共代表时，他在美方担任翻译，暗中给叶帅送情报，挺有贡献的。全班同学都是用的化名，大、中学历都有，互不问来历。学习方式以自学为主，小组会讨论，大会全班辩论，发言很热烈。老乡听到说："又吵包子了。"（意思是又争吵了），有时好奇地进去听听，称赞："不赖！不赖！"（意思是很好）。

当时，我们在联大每逢召开全校大会，政治系上大课，名人到校演讲，例如著名女作家丁玲同志来校演讲，我们去参加听讲；文艺系举办演出会也去观赏，陈强、田华、郭兰英等著名的艺术家，那时候都表演得很精彩。我们每日两餐，小米饭、水熬菜也吃得很香。每日晨起和傍晚，大家跑步、唱歌、敲锣打鼓扭秧歌是一大乐趣，有时房东大娘也跟在后面取乐。我们参加生产劳动，自力更生磨米罗面；帮助当地农民干活也是不可少的。总之，感觉学习、生活丰富多彩，思想也开阔多了。

我的学习只是刚开头，路达同志突然于8月28日来信说："现因有事需你回来，机关正函告校方，即希准备回来为盼。"我向班长打了招呼，便离校赶赴冀中城工部。路达同志找我的事情是：李杰同志是由老区来天津开展工人工作的，如何帮助解决居住，保障安全问题，商讨意见一致后，我便返回学校。但是，七班同学已经毕业了，不知去向。

八班、九班先后开学一个多月了，我插入八班学习。时已冬天，学校发给我一套八路军穿的灰粗布棉军服及灰粗布棉军帽、一双白粗布袜子、一双黑粗布厚底棉鞋。我手捧着，感动得流泪。女同学们热心地帮我把头发剪短了，说穿军服，短头发精神，也省得脏衣服。我感觉革命大家庭真好。

但是，又意想不到的是，城工部部长刘仁同志突然有急事找我，由校方通知我速去。我日夜兼程到了沧县城工部所在地。但是，刘仁同志脸色阴沉，并有些急躁，严厉地批评我：把头发剪得太短，像个"假小子"。他迟疑了一会儿，让我换装拍半身照片，再作考虑。他连续给我拍了两张上半身照片，让我去休息。我呆闷地住了几天，知道外面（指蒋管区）来人了，刘仁同志脸上略有笑容。我也略知天津地下党出事了，天津市地下城工部部长张淮山同志被捕，查无实据，已经由北平国民党监狱里释放回天津，现在天津地下工作一切就绪。刘仁同志让我返校，亲自送我出大门口，握手相别，这也是我在工作上和刘仁同志的最后一次见面。

1948年初，我随八班同学毕业，1948年1月10日，成仿吾校长颁发了他签名的毕业证书，毕业证书上印有："团结前进、刻苦坚定"八个大字。成仿吾校长是著名的文学家、教育家，毛主席称赞他：是长征中党内的大知识分子。

当时，党中央正需要大批干部南下，八班、九班多数同学到平山西柏坡，参加了"中共中央组织部南下干部训练班"学习，3月初训练班结业就南下了。后来，据一些同学说，他们多数是在北平、天津等国民党统治区读书的青年学生，在参加1947年"五二〇"反饥饿、反内战、反迫害学生运动的斗争之后，为了追求真理，向往革命，冒着生命危险，突破敌人封锁线，毅然决然投奔到晋察冀革命根据地，聚集到解放区的最高学府——"华北联合大学"进行学习，愿意把革命进行到底！

在晋察冀中央局工作

1948年3月初，我由华北联大分配到中共晋察冀中央局。1948年"三八"妇女节的上午，我赶到了坐落在阜平县城南庄的中共晋察冀中央局，很幸运地被分配在周扬同志身边，担任文秘工作。当时主要是接手摇电话、整理书报、登记收发信件、抄写文稿，以及接待来访人员等。周扬同志精力充沛，说话、走路敏捷，每天都很忙碌，经常参加以彭真同志为首的中央局工作会议；接待各地来访的名人作家、杰出的乡土作家；与宣传部的工作人员交谈工作。除此之外，就是抓紧时间日夜写作。

当时我住在新房村，这里是《晋察冀日报》的驻地，很多文化名人都住在这里。我居住的是一个大院套小院的北方四合院，三面土坯瓦房。这个小院住着很多人，周扬夫妇住一间，当时正在阜平细沟搞土改的邓颖超大姐住一间，我住一间，关系很融洽。我每天的工作就是抄抄写写，开会的时候由于没有会议室就在食堂开，日子过得忙忙碌碌，简单而又快乐。

当时我们一起过党组织生活的有彭真同志的爱人张洁清同志，也有周扬同志的爱人苏灵阳同志，以及宣传部的干部。张洁清同志是彭真同志的机要秘书，其他还有诗人、翻译家、作家等。工作上各干各的，没有多少好交谈的，谈谈形势、生产劳动、个人生活。因为都是从延安来的，往往容易谈起延安往事，但对往事各有看法，又容易发生争论，我只当听故事。

初夏的时候，毛泽东、朱德、刘少奇、任弼时、周恩来等中央领导同志都从太行山迁移到晋察冀，分住在晋察冀军区和晋察冀中央局临时腾出的房子。毛主席喜欢晚上看戏，然后办公，睡眠很晚。我们年轻人可以沾光看戏了，感觉挺幸福、挺乐和的。

毛主席头发黑亮发光，双目炯炯有神，面色非常红润，身材高大魁梧，走路步伐大，双手摇摆有力，非常有伟人气魄。当时石家庄最著名的京剧团被邀请来，毛主席和江青在彭真和张洁清陪同下，和大家一样坐在凳子上观赏节目。李和曾演出了京剧《三国演义》《梁山好汉》等优秀剧目，博得毛主席和全场观众的热烈掌声。

1948年“七一”庆祝党的生日那天，晋察冀和晋冀鲁豫两个大区合并了，党委机关名称是：中共中央华北局，政府机关名称是：华北行政委员会，军队名称是：华北军区。召开了庆祝大会，然后准备往河北省平山县搬家了。

毛主席及其他的中央领导同志的住所在平山县西柏坡已经修建好了，顺利地搬过去了。在阜平住久的一些同志，如周扬同志搬家就比较费事一些，需带的书籍、信件、文稿等就有几箱，编号登记，整理数日才算完毕。还有衣服、日用等必需品，装满了一大车，交给运输人员运往平山了。我在周扬同志热情招呼下，跟着乘坐了吉普车。

进入华北局党校工作

我到达平山西柏坡不久，就转入平山县高村华北局党校。但是，傅作义仍坚持为国民党反动派效劳，飞机轰炸平山，我随着华北局党校临时迁移到灵寿县，一个多月后，又迁回平山县高村原地。

当时刘澜涛任华北局党校校长，赵振声任副校长，教务长是聂真同志。

在华北局党校，我在校务处工作，处长是李一之。当时条件非常艰苦，学员或教学人员都穿着褪了色的灰布制服或土黄色的裤子，分住在农民家中，听课是在广场听大课，没有课堂也没有会议室，农民小屋的土炕上，是唯一的读书、讨论和写笔记的地方。平时大家都勤奋地学习着、工作着，进到村子里见不到几个人，只有上大课时，几千名学员结队从四面八方的各村集中而来，才知道这是一所规模颇大的党校。

这个党校，是为适应革命形势迅速发展的需要而建立的，目的是培训大批党的干部，准备接管城市和建设新中国。学期一般为4~6个月，要学习马列主义哲学、政治经济学、党史、党建等，后来还侧重了党的路线、政策、新民主主义的经济和政治，以及城市接管政策等。当时，根据学习计划，随时请中央领导和华北局的领导来讲课。

当时，大家的心情活泼而愉快，学习生活丰富多彩，最令我难忘的是在这里收获了我的爱情。

我的爱人是校务处处长李一之，河北唐县人，1918年出生，在保定六中毕业。毕业后回家乡参加抗日斗争，后来到晋察冀中央局办公厅，负责刘澜涛的秘书工作。因此，在阜平时我们俩就相识了。在华北局党校，由于工作的原因，我和李一之接触更多，久而久之产生了好感。在同事们的撮合下，我们俩确定了恋爱关系。1948年冬天，我们在华北局党校驻地高村举行了婚礼，赵振声为我们做证婚人。当时也没有什么仪式，就是赵振声请我们和校务处十几个人吃了一顿饭。

婚后不久，也就是12月6日，我们为了更好地进行革命工作，写下了成为模范的革命夫妇而努力的《公约》:“在政治上互相帮助力求进步，原则问题要坚持，细琐问题要谦让。在工作上互相督促情绪饱满，工作踏实，不能因生活问题影响工作或学习，相反地，在相互帮助下，更加倍努力。在生活上互相体贴，互相照顾，互相谅解，不能纠葛。保证做到：一、每天记日记，包括生活检讨、工作经验、学习心得，互相交看提高；二、听报告要做笔记；三、养成规律的生活习惯，学习科学的工作方法，遇事思考，不得马虎；四、生活朴素，作风老实，办事认真，实事求是。以上共守公约与保证条件，每周做检讨反省。为模范的革命夫妇而努力！”

1949年1月，傅作义与我党和平谈判，达成协议，宣布他率领的部队全部接受和平改编。不久，我们开始学习党的整风文件及进入城市需要遵守的规则，准备进入北平城。2月，迁入北平。

在华北人民革命大学的日子

华北局党校进入北平之后，根据形势的需要，临时改名为“华北人民革命大学”（以下简称革大）了，采取“大量招生与严肃改造知识分子”的方针，紧急培训解放区急需的干部。

革大当时位于北平海淀区西苑，是原国民党青年军的兵营，有4个大院。学校的建制很齐全。校长由华北局副书记刘澜涛兼任，胡锡奎任副校长、聂真任教育长、侯维煜任教务处主任、崔田民任政治处主任、荀昌武任组织处主任、李一之为校务处主任、陈守中为办公室主任。全校分为4个部、1个天津分校，分布在不同地点。一部在北平城内的原中国大学，主任是赵征夫。校部在西苑，集中了其他三个部。二部主任是李培之，副主任是王唐文。三部主任是闫子元，副主任是谢飞。四部主任是焦善民，副主任是王叔文。天津分校的校长是毛铎（后由黄其琮接任）。每个部都有科、室，工作人员多是曾在平山华北局党校学习的学员，大都是地县级干部，还有华北大学毕业的学员。各班的干事多是区级干部。还有华北大学毕业的干部。

革大的学员有1万多人，本校7000余人，天津分校3000余人。每个部下设10个班，每个班有140至150人。学员多是中等文化的失学、失业的知识青年，还有在旧社会财经、贸易、文体、教育部门做过事的人员。都是公开招生，供给制待遇。

大学的生活很艰苦。睡的都是稻草垫子，打通铺，吃饭在露天，吃的是红高粱米、土豆。教职员工和学员们同学习、同生活、同劳动。很快，大家就一起搭起了一个露天大礼堂，在这里听报告、开大会。每次听课，大家都各自背着一个实木的靠背椅，特沉，大家就垫着椅子的大扶手边听边做记录。

刘澜涛任革大校长期间，不仅亲自给学员上大课、作报告，还请一些德高望重的领导同志和专家学者作报告、讲大课。记得1949年5月，朱德总司令来校检阅学员队伍。学员们都是第一次见到朱总司令，情绪非常高涨。他给大家分析了当时的全国形势，告诉大家，北平解放后，全国面临大好形势，中国人民解放军要继续挺进华东、华南，并向大西南、大西北进军，解放全中国。大家听后特别兴奋，鼓掌声特别热烈。哲学家艾思奇同志也多次跟大家讲社会发展史，给大家以深刻的辩证唯物主义和历史唯物主义教育。当时的天津市委书记黄敬同志作报告，讲的是要树立革命的人生观等问题。刘澜涛号召大家，要立志做一个新中国的建设者，期望大家要树立革命的世界观、人生观，客观认识自己、改造自己，以适应作为一个革命建设者的需要，为新中国建设承担起重任。讲课人除中央和华北局领导人外，还聘请了华北局党务工作领导人和马列学院（即中央党校）的资深教授。他们无论思想境界还是理论水平都很高，听后令人醒脑开悟，印象深刻，难以忘怀。

1949年7月，革大第一期1.2万多学员，经过3个多月的学习毕业了。他们的课程少而精，以劳动创造世界、阶级斗争和国家学说三个问题为主，再配以中国革命基本问题及政治形势、国际主义、党史、党纲、党章等的学习。经过学习，绝大多数学员树立起了历史唯物主义的新观点，确立了新的思想立场、观点和分析问题的方法。在校学习期间，还安排了劳动锻炼、尊重劳动人民的教育，初步改变了旧社会知识分子轻视劳动和对劳动人民自高自大的错误观点，办学的效果非常好。毕业的学员们除了少部分留在华北新解放区或被分配到中直机关和华北局机关外，大部分学员被分配到了全国各个解放区开展工作。

当时，根据需要，华北局特别将革大一部办成了党校，专门培训华北地区和中直机关县级以上干部。分7个支部，一支部至五支部培养地方干部，六支部和七支部培养革大毕业留校的学员。后来，这批毕业的学员中有不少留在了党校工作。

革大还开办了一个“政治研究院”，院长是魏震，副院长是武振声，学员主要是民主党派和无党派人士。

革大（包括天津分校）一直办到1951年冬结束。两年半的办学历程，培养了大批干部，解决了当时党和国家急需的干部人才，也使一大批知识分子走上革命的道路，其中有些同志后来成为了党和国家高级领导干部，在各个岗位上为人民辛苦工作，为国家作出了重大贡献。

革大第一期结束后，刘澜涛、胡锡奎同志向中央报告了学校的教学情况和经验。毛主席还专门指示推广革大经验。之后，华东、中南也先后办起了革命大学。

1951年冬，革大宣告办学结束的同时，以“革大一部”为基础，当即恢复了华北局党校，校长仍由刘澜涛兼任，教育长是侯维煜，副教育长是陈守中，教务主任是赵征夫，干部科长是戴铮。而革大副校长胡锡奎则根据上级指示，带领革大50多名地、县级干部及工作人员200多人前往华北大学（1948年由华北联合大学和北方大学合并而成）共同建立起了中国人民大学。

此后，华北局党校又继续办了四期，一直由副教育长陈守中主持工作。

1954年7月21日，根据中央指示，华北局党校并入马列学院。8月，华北局党校正式撤销，合并到了马列学院（中央党校前身），成为马列学院三部。

捐赠革命文物发挥余热

在三次采访李世桐的过程中，李世桐除了为我们讲述她的革命历程以外，还努力为我们找寻在革命过程留下来的宝贵革命文物。

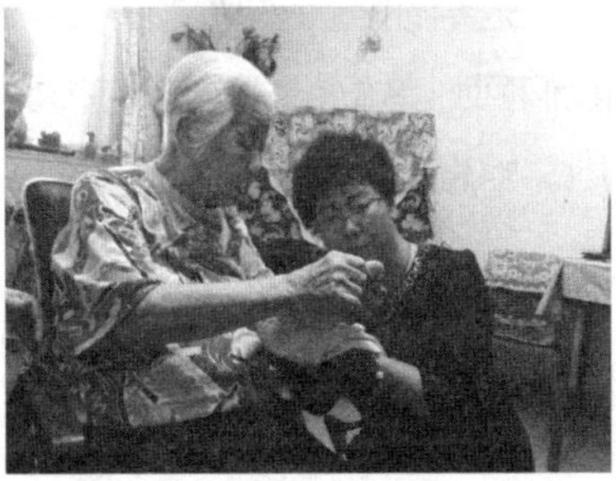

◎ 李世桐老人说，这袜底一针一线都是群众对党的深情

在第一次的采访中，她捐赠给我们自己当年用过的一个书包和一双布袜，搬了几次家都舍不得扔掉，一直保存在她身边60多年。

她说："书包，是我从天津秘密到华北解放区后，在华北城工部工作的同事也是一同参加读书会的同学梅冬送的。当时，梅冬看到我连个书包也没有，就把这个送给了我，并对我说，这是抗日战争时期缴获日本鬼子的，很珍贵，希望我好好保存，更好地工作。后来梅冬去了延安，我留在了华北。我带着这个书包，从华北城工部泊头，到阜平城南庄，到平山高村，到北京，直到现在，陪我度过了几十个春秋。这个是帆布质地书包，带子原来是皮质的，后来由于时间久，皮带磨损坏了，我就从旧军装上剪下布条重新缝了一条，缝缝补补几十年，一直保存，因为这不仅是深厚友谊的象征，更是抗日战争胜利的象征，所以我说这是自己的宝贝。""还有一双布袜，是我在平山县高村华北局党校工作时，当地老乡送给我的。袜子是白色粗布缝制的，做得很精致，袜底儿是一针一线纳的，细细的针脚，特别整齐。我当年一直穿着，很合脚，磨破之后我自己又补过，针线活明显不如老乡。这件东西体现了老百姓对咱的感情，千针万线，每一下纳进去的都是深情啊！""这两件东西，很珍贵。今天你们来了，我虽不舍，但决定捐赠给西柏坡，算是给这两件宝贝一个好的归宿，也让后人记住历史，历史不能忘，我们祖国的明天才会更好。"

在第二次采访中，李世桐除了更加仔细地给我们讲述她的经历外，还捐赠给我们一本当年"华北人民革命大学"的相册。照片有60余张，学校领导班子，各个班的合影，各个班的学习、工作、生活情况等等，无所不包，还原了一所活生生的华北人民革命大学。她说："照片虽然有一些因为历史的原因已经没有了，但剩下的这些已经足足能还原当时革大的面貌了，送给你们，作为教育下一代的教材吧！"为了能让李老留一个念想，我们回到单位，把李老的相册留下，又为李老重新复制了一本，送给了她。她直夸照片复制得好！

（采访人：范新平、史进平、周艳芝、王彦红等）

回忆父亲吴德峰的革命岁月

◎ 吴持生口述　史进平整理

时　　间：2016年4月19日

地　　点：北京

被采访人：吴持生

人物简介：吴德峰（1896—1976），湖北省保康县石磐岭人。1924年加入中国共产党，长期从事情报秘密等特殊工作，被国民党刊物称为中共特务之“老奸巨猾吴德峰”。吴德峰曾任国民党时期的武汉市公安局长，新中国武汉市首任市长。1946年7月至1948年11月，任晋察冀中央局敌工部部长、阜平县委书记等职务，后到西柏坡接受中央领导指示筹备南下。第一、第二、第三届全国人民代表大会代表，第一届全国人大法案委员会委员，第四届全国人大常委会委员。第三届政协常委。中共七大正式代表，第八次全国代表大会代表。1962年9月当选为第八届中央监察委员会委员。1976年12月11日因病在北京逝世。

吴持生（1939—　），出生于西安，当时抗战转入相持阶段，故取名“持生”。她从小就跟随父母转战南北，受到父母的关爱最多。曾任化工部五矿复合材料集团公司总经理。晚年致力于研究、宣传父母亲的革命经历，著有多篇回忆文章。她认为父亲“有坚定的共产主义信仰、信念；对党、对革命事业有执着、无私的奉献精神；对敌人、对艰难险阻和对突发事件，有着随机应变、临危不惧、机智多谋、百折不回、坚忍不拔的毅力；具有博闻强识、勤奋好学、思维敏捷和逻辑推理分析预测、组织能力强的特点。在工作中认真负责，为人刚正不阿。在生活中，严于律己、廉洁奉公、不为名利、不计较个人得失的品德，是儿女们永远学习的榜样”。

秘密交通的创始人之一，被国民党称为“老奸巨猾吴德峰”

父亲出生在一个封建地主、官僚、大房产主家庭。但当时中华民族处在生死存亡的危难关头，西方帝国主义列强妄图瓜分中国，国内军阀混战，民不聊生，各种矛盾激化。当父亲接触到马列主义思想时，他坚定了信念，认为只有共产党才能救中国。父亲于1924年在董必武、陈潭秋的介绍下，加入了中国共产党。

1925年，父亲服从党组织的安排，决定以秘密党员的身份参加国民党，利用家族在社会上的地位和威望，担任了武汉市公安局局长，从此走上了地下秘密战线。大革命失败后，革命进入低潮，父亲革命意志丝毫不动摇，毅然抛弃了荣华富贵、国民党的高官厚禄，跟着共产党，继续踏上艰苦的革命征途。

1930年10月，父亲被任命为中央交通局局长，为保卫党中央和中央机关的安全，为加强中央与各革命根据地的联系，为开创党的秘密交通工作，作出了杰出贡献。他认为，做秘密工作必须对党的事业有坚定的信念，为了革命事业能够不为名、不为利、不怕苦、不怕累、不怕牺牲生命。而一名交通人员，首先要政治坚定，不怕牺牲；其次要熟谙业务，英勇机智。他说，只有政治上立场坚定，忠于党的事业，在任何情况下不暴露身份，宁可牺牲生命也不叛党，才可能做一个合格的交通人员。

在周恩来等中央领导人指导下，父亲提出交通工作要制度化、规范化，每个工作人员在日常生活和执行任务中，“即使很小的违反秘密工作纪律的行动，都要给予严肃的处理”，并制订《秘密工作条例》：1. 不允许发生任何横向关系；2. 机关所在地，只允许上级了解下级，下级不允许了解上级的、隔级的和兄弟机关的；3. 党内不该了解的人和事不问，不该看的文件不看，未经允许不得传播自己所了解的事；4. 坚守岗位，不允许与群众斗争，不许照相；5. 写过的复写纸、印过的蜡纸和有机密文字的纸屑要及时烧掉。

西安事变发生后，周恩来考虑到父亲吴德峰丰富的对敌斗争经验，要求随去西安，负责直属中央领导的秘密情报机构。西安作为中央驻地延安的门户，情报工作有利于我们党了解各方面的动向，拓宽党的视野，从而有效地掌握全局，科学地进行决策。父亲一方面加强情报组织建设，一方面按照隐蔽精干、长期埋伏、积蓄力量、以待时机的方针，建立多层次、多角度的情报工作网络。他同各方面人物打交道，对西安各阶层进行系统的、详细的调查研究和思考，从社会上的三教九流，到国民党军、政、党、特、校官以上的头面人物，掌握他们的政治观点、思想状况、生活习惯以及社会交往情况，并将自己的这些思考写成文字材料，报告中央，受到毛泽东的高度评价。

1946年8月，父亲从军事调处执行部调任晋察冀中央局敌工部部长。在阜平城南庄，父亲的一项重要任务就是做好敌军情报工作，特别是要防止敌人打入进来。他发现联系网中有一个保定姓赵的商人经常提供一些情报，但此人提供的情报不是过时的，就是假情报。这个人引起了他的注意，怀疑是国民党打入进来的特务。但是，这个姓赵的住在国民党控制区，一下也不容易审查清楚。父亲为了不打草惊蛇，研究了一个办法，派敌工部的张光秘密去保定找他，并要他夜行晓宿回解放区商议重大行动。此人到了敌工部所在地阜平县海沿村，父亲接见了他，告诉他有重大行动暂时在黑山村住，与张光同吃同住，不许与外界接触。一周后，父亲告诉他重大行动暂缓，先回保定待命。此人一走，敌工部就中断了与他的联系。10天后，在保定孙连仲部队的内线同志报告，赵某果真是国民党特务，此次阜平之行后，被怀疑是共产党的反间谍被处死。父亲对敌工部的同志们说：“这是以疑治疑之计。因为赵某是行商的，外出跑十天半月购货是不会被人怀疑的，如果是特务走了十天半月与特务组织断绝一切联系，回来后报告不出任何情况，敌人就会怀疑他被我们策反后又放回去作反间谍。”

父亲在做情报工作时，非常注重政治工作。他认为政治工作最关键最根本的问题，在于掌握思想教育，认为思想的进步必将导致行动的进步。他说，这一条是他从大革命时期参加党的工作以来，特别是参加党的第七次代表大会以来，最最重要的一条认识上的收获。他举了红军走上井冈山和二万五千里长征的例子，说在这样艰苦卓绝的环境里，全党能够团结一致，克服困难，依靠什么呢？就是依靠深入细致的思想工作，使大家理想统一，信念一致，深信共产党经过千难万苦，最后终将取得全国性的胜利。父亲认为，有了思想的一致，还要有组织纪律的约束。“没有组织保证和纪律约束，那不是一盘散沙吗？”“我们各级组织的领导层里，有小核心、中核心、大核心，像敌工部里，我和几位处长就是小核心。”

在阜平任县委书记，俯下身子参加土改、纠“左”、整党

1947年春，刘少奇、朱德率领中央工委向华北转移。由于受中央委托，一路对各地的土地改革进行了翔实的考察，看到各解放区土改“非常零碎，没有系统”时，指出“没有一个有系统的彻底的群众运动，是不能彻底解决土地问题”的。在晋察冀军区驻地阜平城南庄，刘少奇在晋察冀中央局干部会上讲话，分析了全国大势和土改问题，并对晋察冀的土改工作进行了批评。之后晋察冀开展了“五月复查”运动，搞起了“村村点火，户户冒烟”，到处“搬石头”、挖浮财的“左”的倾向，虽然时间不长，但在晋察冀却造成了很不好的影响。

中央工委发现问题并很快制止。初夏，组织上通知父亲兼任阜平县委书记，其主要工作就是认真贯彻中共中央《五四指示》，纠正土改中“左”的倾向。他的基本做法：一是通过清算地主的方式解决农民的土地问题，二是通过征购的方式转移地主一部分土地给农民，三是通过献田献地的方式解决农民的土地问题，等等。通过紧张的工作，既初步地满足了农民的土地要求，又避免了“左”的倾向。

1947年7月至9月，中央工委在西柏坡召开了全国土地会议，总结了土改工作经验教训，制定了新的土改政策。父亲参加了这次会议，对土改有了更深刻的理解，他在日记中写道：“全国土地会议从7月17日开始，到现在已经50多天了。这样集合全国各解放区代表来讨论土地问题的会议，在党的历史上还是第一次。”会后，他到农民家里调查情况，到田间地头向群众讲解党的土地政策，组织全县认真土改，使阜平县土地改革工作进一

步顺利地开展。

随后，阜平县召开了土地会议，身为县委书记的父亲总结了三条：一是认真贯彻中央所公布的《中国土地法大纲》和作出明年春耕前完成这一任务的决定；二是进行了“三查”运动，解决了很多思想问题，暴露了好多隐瞒成分问题和地富思想；三是使好多同志立场明确了，对党的政策也有了明确了解，打下了今后土改工作的组织基础。

1948年4月，毛泽东、周恩来、任弼时等来到阜平，召开了当地县区村干部土改座谈会，了解土地改革和整党工作。父亲汇报了本县的具体情况、各阶层对土改的态度、党员的表现、群众的意见要求等。中央根据汇报和调研，制定出了《一九四八年的土地改革和整党工作》，明确了土地改革需要逐步完成的各项工作，为解放区土地改革进行了政策指导。

阜平县的土改在父亲的带领下，取得了显著的成果。一方面开创了贫雇农参加会议的形式，由贫雇农对干部进行批评和监督；同时采取尊重中农自愿原则和自报公议方法，团结了中农。这样，通过有步骤的、循序渐进的土地改革，农民获得了土地，真正成为自己的主人，生产劳动热情空前高涨，拥军参军形成热潮。自1947年到1949年，阜平有1300余人参军参战，有组织的较大规模支前活动5次，派出民工3350人。阜平担架队多次受到表扬和嘉奖，“仅凉城战役中就荣获部队奖旗两面，地方奖旗三面，有17人被评为功臣，一连和四连被评为模范集体”。而且，农民在参与土改的过程中，通过组织活动、历练，思想觉悟逐步提高、成熟起来，一些贫雇农骨干成为村内基层政权的中坚力量。

父亲在土改过程中一直强调对党员要加强教育，结合土改进行整党。县委对支部教育工作作出部署：建立传授站31个，规定每月初一、二、三、二十一、二十二、二十三为上课日。二十三到三十日由领导干部到传授站作报告，给党员讲授课程，学习党的方针政策，学习文化知识。1947年至1948年底，县委组织干部党员学习《中国土地法大纲》和保证土地法实施的八条“党员守则”，及《怎样分析农村阶级》中央文件，使党员文化知识、思想觉悟、党政方针领悟等方面都有了很大提高，为党领导土地改革获得成功，为党的队伍壮大集聚了力量。

在西柏坡关心同志，精心准备南下

随着淮海战役取得胜利，解放区的范围向湖北、湖南发展。中央决定调集大批干部南下接收新解放区。父亲以其丰富的城市工作经验被中央选中，决定让他带队南下。

◎ 1948年吴德峰与夫人戚元德、小女儿吴持生在西柏坡合影

1948年10月，父亲奉命到中央机关所在地平山县西柏坡村，他受到了毛泽东、周恩来、任弼时的亲切接见。中央指示，要他准备南下，到武汉参加接管工作，并担任解放后的武汉市的首任市长。

在与中央领导的谈话中，父亲根据自己过去的工作经历、性质，提出在党内搞些力所能及的党务工作。毛主席、周恩来再三强调说，全国解放了，我们取得政权后，政权工作尤为重要。并说父亲20年代就在武汉市，任过公安局局长，武汉是战略重镇，是交通枢纽，也是历史名城，父亲对武汉情况最熟悉，最有发言权，武汉解放后，成立特别市，就担任首任市长，全面负责武汉市的工作。

接下来，父亲在西柏坡差不多两个月的时间里，相对其他时期比较轻松，他一边休息、学习，会朋友，一边准备南下。这时，父亲很多时间住在西柏坡附近的南庄中央招待所，有时住在中组部的小米峪招待所，有时到西柏坡来找中央首长谈工作。

在西柏坡，父亲见到一位曾在西安八路军办事处认识的同志，名叫张志玲，当时在中央秘书处工作。父亲一向很关心年轻人的成长进步。这次在西柏坡相见，便让张志玲萌生了随父亲南下的念头，多次找到父亲，交流思想，汇报工作。父亲知道张志玲爱读书，多次写信鼓励，还整理出15本书托人给张志玲。在谈到学习读书时，父亲教导他说：重要的书要多看几遍，看到好的重要的句子可以用红笔画线，不好的用蓝笔，不懂的用绿笔，似懂非懂的用一种记号。第二遍可以细读，哪里不懂的仔细看或问人，同时可以批注，用几个字将某段的中心意思批注在书上面。他以毛泽东读书方法为例说，最近毛主席在开会时讲了话，最后归纳成几句话说"军队向前进，生产长一寸，加强纪律性，五年全胜利（此句正式发表时改为'革命无不胜'）"。我们也要学会归纳。第三遍读时将这些内容连贯起来读。当然这是说读重要的书，像马列主义、毛泽东选集等理论书，要这样读，一般的书，可以用读第二遍的方法读。

因为张志玲过去曾和父亲谈到要做新闻工作，父亲因此说：向文学方面发展，要多看小说，多读多看才能有多方面的知识。要看《三国演义》《水浒传》《红楼梦》。《三国演义》里面有军事、政治、经济、策略各种知识，但它里面没有统一战线；《红楼梦》的结构、人物刻画很成功；《水浒传》的文字还可以，不过每一个故事都是"逼上梁山"那一套。他说，要学一门外国语，英文学一年就可以看东西。他说，要注意身体，要多运动一下，看一两点钟书，要休息一下。要动手写写，对书要敢于站在正确的立场上指出错误。读书有一个重要原则，不要乱、杂，一个时期只读一类书。

经过一段时间的准备后，父亲一行12月7日从西柏坡出发，踏上了南下之路。临行前，父亲召集南下人员开会，进行了任务分工，并在会上强调：南下是艰苦的，大家要有心理准备；在途中，要多听少讲，不懂的要多问；要有保密意识，如果有人问从哪里来的，就说是华北局来的，不要说中央长、中央短。同时强调，在接收和管理大城市的过程中，一定要加强学习，因为那将是中国共产党人迈向成功的第一步。

（采访人：杨宏伟、康彦新、史进平）

热血青春献军工　白发情深忆当年

◎ 商钧　王肇文等口述　周艳芝　王彦红　高星整理

时　　间：2016年7月26日至29日

地　　点：山西省晋西工业集团

被采访人：曹世昌、王七子、赵振江、张三开、赵庆荣、乔玉清、智仁成、王振中、赵官章、张计官、张贵槐、李玉堂、商钧、王肇文、张世贵

人物简介：西柏坡时期晋察冀边区第三十三兵工厂老兵工。

从西柏坡出发，向西南约40公里可以到达平山县北冶镇，这里因为更加接近太行山腹地，所以山势雄峻，林木繁盛，河网交叉，风光秀美，一派钟灵毓秀的自然之美。当我们置身其间，思绪却总是随着眼前的景象回溯到70年前。那时，晋察冀边区第三十三兵工厂3000多名血气方刚的军工战士，分散在北冶一带的山水村落之间，为着解放战争的胜利，挥洒着青春，挥洒着汗水，挥洒着热血，有的甚至献出了宝贵的生命。他们以自己的别样经历，书写了永载史册的别样青春。

1947年夏，正太战役胜利结束。晋察冀南部地区形势趋稳，资源也较为丰富。为充分利用这些有利条件，晋察冀边区工业局在建屏县（今平山）北冶村成立第三兵工生产管理处，史克中任处长，陈琅环为政委。1948年3月，晋察冀边区工业局将第三生产管理处与冀晋兵工生产管理处合并组成第三十三兵工厂，厂部设在北冶村，厂长史克中，党委书记陈琅

环。总厂下辖十个分厂，主要分布在北冶一带的各个村子：14分厂，设在三家店村，主要生产工具；15分厂，设在木盘村，主要生产手榴弹；16分厂，设在沕沕水村，水力发电厂；17分厂，设在山西阳泉，主要生产弹壳；19分厂，设在苍蝇沟村，主要生产火药；32分厂，设在唐家会村，主要生产重82型炮弹；38分厂，设在木盘村，主要生产子弹；41分厂，设在南冶村，主要生产82型迫击炮弹；43分厂，设在罗汉坪，主要生产120型炮弹；宝华铁厂，设在阳泉，主要生产机床。

第三十三兵工厂在平山期间，中共中央就驻扎在西柏坡。中央对这些兵工厂的生产和发展给予了高度关注，朱德总司令曾经多次到各个兵工厂，深入车间，察看生产情况。当时生产的武器，为解放石家庄和太原等城市提供了重要的武器来源。1949年4月，太原解放。7月，晋察冀边区第三十三兵工厂搬迁至太原，随着时代的发展需要，几经变迁，成为现在晋西机械工业集团。

2016年7月26日至29日，在晋西工业集团老干部处的帮助下，我们走访了17位曾在晋察冀边区第三十三兵工厂工作过的老兵工，他们当中年龄最小的84岁，最大的92岁。当我们走近他们，倾听他们记忆深处清晰而真实的往事时，从内心深处对他们的青春致敬。

驻扎在木盘村的第15分厂

当时条件相当艰苦，可以说每天都在同死神打交道

曹世昌，1928年4月出生，曾在15分厂木柄材料烘干工序上，后来调到完成部。

我叫曹世昌，是平山县东岗南村人，今年88岁了，1946年11月，18岁的我到山西灵丘县张家湾的15分厂参加了革命工作。当时厂长张明德。1947年4月，搬到河北省平山县木盘村进行生产。一年后1948年3月又迁至山西省平定县三都村，此时厂长由马树坤接任。我所在的分厂，当时主要生产手榴弹。开始我被分配到木柄材料烘干工序上，后来调到完成部。

那时生产条件简陋，困难重重。由于没有电，大部分工序是手工操

作。有一两台旧车床也是靠人力摇大轮盘去带动。工房除了有几间老百姓的房子外，大多数是自己搭的临时工房，也就是四根柱子顶个棚，四面八方都通风。夏天还凉快，冬天冻得手都伸不开，环境相当艰苦。生产手榴弹是危险的火工操作。由于基本靠手工，稍有不慎就会发生危险，可以说大家每天都在同死神打交道。可是这点苦同在家乡时过的苦日子比起来根本算不了什么。大家都不怕条件差，不怕困难多，明知有危险，还是照样干。我和工友们还因地制宜，因陋就简，自力更生，想了很多土办法，为了穷苦人翻身解放，为了建立新中国，没明没夜地为前线赶制手榴弹。

我刚去时分配在烘干工序上，负责烘干手榴弹木柄、拉火线、拉火碗和拉火管。烘干木柄的所谓烘干窑只不过是自己动手挖的一个小土窑，用木棍支个架子，再把用斧头砍成四棱八瓣的木块分层码在上面，然后用火慢慢地把它们烤干。我负责看火。火太小干得慢，火过大又容易烤焦，火候很难把握。我就虚心向师傅请教，起早贪黑，细心琢磨，很快就掌握了其中的要领，烘干得又快又好，受到工友们的夸赞。手榴弹的拉火药是工人自己用氯酸钾、桃酸、雄黄、赤磷等配成的。拉火碗、拉火管也都是用手工捣成或手工卷成的。拉火碗、拉火管和拉火线用手工涂上拉火药以后，再送到烘干室烘干。烘干室也只是老百姓的一个土炕。在炕上支些木棍，再把拉火碗、拉火管和拉火线摆在上面，然后点火烧炕，将火药慢慢烘干。别看它简陋，当时就是靠它解决大问题的。

完成部是装配手榴弹的，是一项很危险的工作，没有机械设备，完全靠手工操作。装导火线和雷管是用卡丝钳先把导火线插入雷管二分之一，然后用钳子“咬”上几下，卡住不能掉。劲小了“咬”不住，劲大了或者“咬”得靠后一点儿，就会引起雷管爆炸。别看雷管不大，一旦爆炸，手就会被炸掉。如果再引起操作台上堆放的其他雷管爆炸，后果不堪设想。导火线、雷管、拉火线装入木柄后，还要把它们放到蜡锅里去蘸蜡。稍有不慎，雷管掉到高温的蜡锅里，就会引起爆炸。木柄蘸蜡后，最后一道工序就是把它同填满炸药的弹壳装在一起，也是手工操作。由于木柄旋得不规矩，稍粗一点儿就装不进去，只好用木锉转着锉，合适了才能装进去。有一次，我正在锉一个木柄时突然冒烟了，是导火线燃烧起来了，眼看要引爆手榴弹，情急之下我立即把手榴弹从窗户扔到了屋外，手榴弹在院子里炸响了。现在想想，幸好当时的窗户都是用纸糊的，才能把手榴弹顺利地扔出去，不然后果真是很严重。后来，我们在做比较危险的工序时，就在地上挖一个大坑，一旦发现手榴弹情况不对，马上把手榴弹扔到大坑里，这样即使手榴弹炸响也伤不到人。

当时我在厂里负责装火药

王七子，1929年4月出生，曾在建屏县木盘15分厂负责装火药。

我叫王七子，平山县土岭村人。1947年我到建屏木盘村15分厂参加工作，主要生产手榴弹，我负责装火药。

当时我们的厂子驻扎在木盘村，非常偏僻，村里只有两三户人家，我们的厂房也是借用老百姓的房子。当时厂里有100多人，具有一定的生产规模。生产工序有铸壳、装尾翼、装炸药、实验等。制作手榴弹手工活比较多，手榴弹木把儿都是老百姓在自己家中加工，加工好后兵工厂收回来。手榴弹壳是在山西平定加工好后再送到木盘村15分厂来。

手榴弹生产出来后，我们把不合格的产品，挑出当试验品，检验手榴弹的威力。当时，每天能生产几十箱手榴弹，每箱中有二三十个手榴弹，生产工作非常紧张，前线需求量很大，我们在车间生产、装箱，外面就有老百姓拉着毛驴等着装运，把手榴弹运往前线。

驻扎在唐家会的第32分厂

我有幸几次见到朱德总司令

赵振江，1931年1月出生，曾在32分厂修理股、机工股工作。

我叫赵振江，是河北保定顺平北神南村人，1931年1月出生。1946年参加兵工生产工作，1947年春天工厂搬到山西灵丘下寨村，当时厂长赵秉哲。我在学习修理之后调入车工股，负责75山炮弹拱环上带这一工序，我与一个日本战俘马义三倒班。

1947年秋的一天，我刚上班不久就看到朱德总司令带着一个警卫员来厂里视察，他冲我走了过来，问我：“小鬼，你这工序重要吗？”我说：

“重要，我要边膏油边上环。”说完，总司令又到其他车间继续察看生产情况。第二天我刚接班不久，正在上环时发现有人帮我膏油，一看发现居然是总司令在帮我干活，随即他的警卫员担心总司令的安全跟了过来，他才又继续到其他车间察看。当时总司令经常到兵工厂视察生产情况，随行的往往只有一个警卫员，没有陪同，也不讲排场。不久，总司令又来工厂视察工作，还对大家说道：“我给你们厂20天时间，要2000发炮弹解放石家庄，按时完成任务奖你们4头猪。”当时大家听了总司令的讲话，干劲十足，为了完成任务我们把两班人分为三班倒，昼夜加班生产。即便在当时缺材少料的情况下也提前完成了任务。任务完成后总司令真奖励了我们四头猪，工厂厂长陪着总司令来慰问我们，当时大家在院子里席地而坐，总司令对大家说：“大家辛苦了，感谢大家完成任务，我们要解放石家庄，大家等着我的好消息吧！”

石家庄解放后，1948年2月，厂子搬到了建屏县（今平山）唐家会村。当时搬家全靠步行，从下寨出发后经过阜平、城南庄、陈庄，走了4天到达唐家会，途中还路过西柏坡，当地保密情况做得好，我们并不知道西柏坡就是中央驻地。32分厂在唐家会时约有400名工人，我们机工股有七八十人，唐家会住房紧张，我们住在附近的南坡上。

搬到唐家会后朱总司令又一次来厂视察，亲自观看了75山炮发射质检实验。由于75山炮不适用于攻打有围墙的太原城，为解放太原，朱总司令要求32分厂开始生产“皮薄馅大”发射后走抛物线轨迹的82型炮弹。当时82炮弹的生产量非常大，运输跟不上，许多炮弹在厂内积压存放，由于库存量大、操作不规范引发了一场大火。当时情况是这样的，做好的炮弹引信放在一个大油桶内，不远处支放着熬沥青的大锅，有一天刮起大风，熬沥青的锅被吹翻，火苗引燃了大桶里的引信燃起了大火，“轰”的一下，引信的冲击力一下子炸通了屋子的三面墙，幸好存放的炮弹距离较远，才没有武器损失。当时紧急情况下，为了保护炮弹不被引燃，党员干部带头把炮弹转移出来，我们在炮弹仓库外站成人墙时刻防备火势向仓库蔓延，紧急转移七八个小时后，炮弹基本被转移完毕，大火也被扑灭，大家这才松了一口气。

1949年4月太原解放，32分厂也胜利完成了解放太原炮弹的生产任务。之后，工厂安排文化较高的工人随厂迁往太原，这部分人有的进入华北兵工工业学校（现中北大学）学习，有的在厂工作，没有迁往太原的工人原地留守学习。到达太原后，原三十三兵工厂的7个工厂合并为西北制造厂，大约有700名员工。原本安排我继续学习深造，但由于携带家属，迫于生计，我暂停上学回厂工作。

驻扎在南冶村的第41分厂

我参加了第41分厂的建厂工作

张三开，1929年5月生，曾在41分厂工作，钳工。

我是山西五台人，1929年5月出生，1947年1月参加革命工作。当年夏天，我徒步到达了平山南冶41分厂，参加了建厂工作。

这一带的兵工厂是由抗日战争时期的修械所发展而来，工厂1941年搬到平山卸甲河，1945年日本投降后，工厂一分为二，一部分人留在卸甲河继续生产，一部分人搬到张家口重建工厂，1946年因战争形势变化工厂搬到山西灵丘，1947年又迁往平山、建屏一带建厂。

到达南冶后，我开始参与兵工厂的筹建工作。工厂厂房是由当地的天主教堂改建而成。主要生产设备来源于河北省井陉煤矿、山西省阳泉煤矿和阳泉铁矿调运过来的机器，我当时和胡国栋等一些同志还参加了运输机器的任务，交通运输工具是大马车。为方便设备的运输，从山西灵丘调来了10辆马车使用，我们前后用了一个月时间从井陉拉了20台车床回南冶，还从井陉拉了一台发电机送到了沕沕水。运送的车床每台重七八百公斤，三匹马拉一辆车，每架马车上放一个车床，设备装卸也全部依靠人力，我们在车边上支上两根滚木，几个人一起把机器推上推下。从井陉出发，途中经过温塘、回舍到达南冶，来去各需两天时间，中途盘山路很多，不下雨时道路上有很厚的浮土非常难走，下过雨后路上泥泞也很难走。那些设备很久都没有清理过，机器上的油非常厚，拉回设备后，我们先用铁钎清理油垢，再打墩子固定安装设备。

设备拉到南冶后聂荣臻、姚依林等十几个人曾陪同朱德总司令前去工厂视察，我看到总司令衣着穿戴非常简朴，上衣、裤子和鞋子上都打着补丁，总司令见到我们后说道：“同志们好！希望41厂早开工，多造炮弹，希望同志们加油！”

当时我们分厂厂长叫施锡荣，厂部下设工程科以及机工、钳工、翻砂、铁工、检验、完成六个股，我们仅靠十几台车床、两台蒸汽机、一台锅炉、一台炼铁炉制造炮弹。在41分厂刚建好时还没有通电，需要四个人一组人力摇大轮去带动车床进行生产，非常费力，后相继通上了井陉拉来的电和沕沕水发的电，生产效率大为提高。

1947年10月工厂开始试制82型炮弹，开始时一个月能够生产几百发。1947年12月份开始正式生产炮弹供给部队，后来每个月的生产量达到了几千发。那时的生产任务非常紧张，一天工作9个小时，中午半个小时吃饭，后来我们生产炮弹实行定额制，每人每天生产出140发炮弹，工作更加紧张。这时，厂里的工人已经从建厂时的100来人增长到了三四百人，其中有一部分是从山西灵丘撤回的人。

我们的工厂生产在南冶，仓库在蔡家庄，炮弹生产出来后每四个装为一箱送到库房里。运送工作都是老百姓负责，老百姓拉着毛驴、骡子运送炮弹，一头毛驴能驮两箱，一头骡子能拉四箱，有的人还自己人力扛一箱，厂里付运输费给老百姓。

在沕沕水电厂建立之前南冶已经有了电

赵庆荣，1926年12月出生，当时是厂里的电工。

我1926年12月出生，井陉矿区贾庄镇西王舍村人。1947年2月参加工作，在凤山煤矿厂（现在的三矿）学电工。后来在南冶41分厂当电工。在去南冶之前，我们从井陉往南冶拉了一趟高压线，所以，在沕沕水电厂建成之前，南冶已经有了电。

1947年解放战争由战略防御转入战略进攻，为了适应形势的需要，提高兵工厂的生产能力，晋察冀边区领导决定：一是在平山县沕沕水，建一座水力发电厂；二是从井陉矿至平山县南冶村架一条3300伏的高压线路。

这条空架高压线路全长70余里，分两段施工。一段从井陉矿至米汤崖村，由井陉矿电工负责施工。另一段由米汤崖至南冶村41分厂，由商钧同志负责施工。全线路架设工程由陈宝成科长领导。根据领导安排，我参加了米汤崖至南冶段的施工。记得当时是6月份，我从井陉三矿带着9名电工到米汤崖，和阳泉来的总共20来人。记得当时一起的有高志、徐善志、杨春锁、乔二贵、张宝顺等人。我们先做了线路的测量、挖坑等准备工作。7月份我们正式开工了。我们这段工程难度大，全是在山上走线，电杆全竖立在很高的山梁上。当时天气热得实在使人难熬，又没有防护用具，一个个晒得黑黝黝的，但没有一个人叫苦。随着线路迅速向前进展，我们每七八天就得搬一次家，但不论到哪个村，老乡们觉悟很高，都给予了很大的支持和帮助。

为了提前完成任务，我们每天工作10余个小时。每天天一亮，就出去干上两个小时，再回来吃早饭，下午干到太阳落山再回去吃晚饭。在山沟里吃菜吃水都很困难，早上起来洗脸，常常是十几个人用一铁盆水，等把脸洗完了水也没有了，盆底剩下一层厚厚的泥浆。衣服经常没水洗，外出干活出汗又多，又硬又臭。当时穿的是毛底鞋，由于每日上山下山走河滩，不到一个星期一双鞋子就磨烂了。

我们这段工程提前完成了。陈宝成科长告诉我们说，从井陉矿到米汤崖村的工程，没有进山就停工了。于是我们又返回去从井陉县胡仁村开始干了另一段工程。

这项架线工程总共干了不到3个月就顺利完成了。我们全体回到了41分厂。干完之后，领导还奖励了我们每人一身衣服，记得是一件粗布蓝道道衬衣，还有一个裤衩。拉完线之后领导分配我留在南冶41分厂搞电气维修工作。9月份41分厂送电了，工厂大大提高了生产力。

当时条件很艰苦，生产任务很重，但却很愉快

乔玉清，1928年8月出生，曾在41分厂工作。

我是河北省衡水安平县人，1928年8月出生。1943年9月参加革命工作，曾在三十三兵工厂41分厂工作过。

1947年春末夏初，我随着原来工作的冀中军区第八厂来到建屏县，被分到了南冶41分厂。我们到时厂里已经正常生产，也通上了电。主要生产82型炮弹。生产炮弹的流程主要有三大部分，引信、弹体、尾翼，每个部分还有不同的配件。我所在的组是为炮弹的尾翼做一些零活、零件。

在南冶时一般是八小时工作制，但经常加班加点。由于当时解放战争形势一日千里，炮弹供不应求，我们是昼夜加班。尤其在解放太原时，我们在车间里边生产，运送炮弹的毛驴就等在装配车间外边，迫不及待地把炮弹运往战场。

在南冶工作时我20来岁，虽然工作很累、很苦、任务很重，但是觉得山区的生活很新鲜、很愉快。下班了，哪里有什么新鲜事，我都跑去看看，沕沕水发电厂开业时，我还专门跑去看了发电。

我们在南冶工作时，不再实行供给制，不再发军装，穿的衣服需要自己买布、加工，我自己不会做衣服，就请村里的老乡帮忙做，我记得那里的老乡曾帮我做过一件棉衣，又厚又暖和。

当时我们吃饭有大食堂，工厂实行昼夜倒班制，所以食堂昼夜都有人，不像现在几点到几点开饭。我们凭饭票打饭，饭盒自己带，不限量随便吃，食堂一般做的是馒头、窝窝头、稀饭、炒菜等，也经常做肉给我们改善伙食。

那时工厂盖了简易的宿舍，大通铺，冬天的时候出去送炮弹的人会拉一些煤回来，我们就烧煤取暖。

在南冶工作期间领导和群众之间的融洽关系令我印象深刻，领导都非常平易近人。记得1948年秋天，朱德、任弼时等人到南冶视察，他们来时坐了一辆旧吉普车。到了厂里，朱德总司令站在厂部台阶上给大家讲话，他用浓重的四川口音说："同志们辛苦啦！现在我们条件差，但很快要把这里建成新世界，同志们要再艰苦一段时间。"任弼时带着他的女儿任远志一起来的厂里，我们厂有一个叫任毅太的工人，他过去曾经在任弼时家里当勤务兵，跟任远志很熟悉，小姑娘就抱着任毅太不放手，很是亲热。那天，总司令还跟工人们一起照了张相片。

那时经常会有领导来工厂视察，聂荣臻、罗瑞卿等都来过很多次。他们到车间里看看这里、问问那里，而工人们则仍然正常干自己的工作，官兵之间非常信任、平等。

我在南冶工作了一年多的时间，1949年4月太原解放，7月中旬我随厂迁往太原。

老乡与我们心连心，是老乡给了我第二次生命

智仁成，1930年2月出生，曾在建屏县41分厂检验股工作。

我是山西定襄人，1930年2月出生。1948年2月，经当时在建屏县三家店修械厂的股长霍隆河介绍，我与堂弟智金堂一同到建屏县南冶41分厂工作。

到了工厂后我在检验股，堂弟智金堂做零活。我们厂当时主要生产的是82型炮弹。在南冶工作时我曾得了伤寒病，当时厂里把我送到了北冶的兵工处医院。当时的条件下缺医少药，医院的医生们都以为我已经病死了，就把我送到了太平间。太平间里的老大娘发现我还有气息，就找人帮着把我抬出来，撬开嘴巴给我灌水，帮助我出了一身大汗，才脱离了危险。后来我返回老家休养了一个多月，又返回南冶继续工作。

驻扎在罗汉坪的第43分厂

我当时担任工具股股长

赵官章，1926年11月出生，曾在第43分厂担任工具股股长。

我是山西五台人，我二哥赵官槐很早就参加了革命，他在晋察冀军区供给部工作。1939年，我13岁时二哥介绍我参加了八路军，同二哥一起在河北阜平县羊道村晋察冀边区供给部二连当战士，负责为八路军生产简单兵器、修理枪支。我学的是钳工。为了驱逐日本鬼子，我和战士们一起加班加点，修理枪械，生产枪弹，有力地支援了抗战。

日本人投降后，我们被派去张家口接收敌伪工厂。1946年国民党发动内战，傅作义攻打宣化张家口，我们兵工厂被迫撤回平山阜平一带，重新组织生产，支援解放战争。

石家庄解放后，我被派去接管石家庄，接收63军修检所。从石家庄返

回时，我们原工厂已搬迁到平山罗汉坪（1947年9月，工厂从阜平县连家沟搬至平山县罗汉坪），名称为三十三兵工厂第43分厂，厂长是齐跃庭，指导员名叫梅田。我当时是工具股股长。当时厂里主要生产120型和82型炮弹，按工种分为工程、会计、材料以及机工、钳工、木工、锻工、完成、检验等9个股。我所在的工具股负责给生产车间做工具、样板等物品，当时我们股有二三十人，全厂有500余人。这时，我二哥赵官槐在苍蝇沟的第19分厂火药厂担任厂长。43分厂、19分厂，还有这一带的其他几个厂都受驻扎在北冶的晋察冀边区工业局第三生产管理处管理。

由于兵工生产的特殊性，很多兵工战士献出了宝贵的生命。1949年，为了纪念各厂牺牲的军工战士，我们铸造了一座纪念塔，当时我们厂里就有铸工，矗立在塔顶的铁人是我们自己铸造的。近年来，随着时间的侵蚀，军工纪念塔早已破旧不堪，晋西机器厂出资在旧塔东北角重建了一座白色纪念塔，希望后人能够铭记为兵工生产献出生命的战士。

1949年7月，兵工厂由建屏迁往太原。

我当时是厂里的车工

张计官，1929年出生，曾在43分厂当车工。

我是山西五台人，1929年出生。1947年，建屏县郄家庄子弹厂招工，我的同村老乡罗富来在晋察冀边区工业部第三生产管理处工作，写信让我来建屏工作，我和同村的张良贵、张二槐、张继怀等四五个人一起步行到了郄家庄。开始就是学徒，做肥皂、推磨、轧面，什么活儿都干。后来，郄家庄着火，把厂房烧了，9月就到了罗汉坪。

罗汉坪当时主要生产120型炮弹，也有130型，厂里一共有500人左右。我当时是车工，用元车车炮弹。车工股约有100人。生产炮弹主要是为了打石家庄、太原。朱德、贺龙等首长经常到我们厂里视察，鼓励大家好好生产，多出炮弹，运往前线打胜仗。

当时我们住在罗汉坪的山坡上，自己盖的工房，经常在半山腰上检验炮弹。开始都是手摇发电机，到罗汉坪不久就通上了电，我们就开始了昼夜倒班工作，生产力也得到巨大的提高。

当时的生产条件非常艰苦，开始都是手工生产，动力是靠年轻力壮的人员摇大轮，我的一个叫付宗义的战友就是在摇大轮时，操作不当，皮带下来，他被打伤，后经抢救无效去世，当时年仅十七八岁。后来在离开罗汉坪前往太原之前，我们在罗汉坪修建了一个军工烈士纪念塔，纪念塔上的碑文是当时的会计李文林描写，上面记载了二十几位军工烈士，我的战友付宗义的名字也在上面。

太原解放后，我们从井陉坐火车随厂迁往太原。

我当时在完成股，负责装炸药

张贵槐，1930年7月出生，曾在43分厂负责装炸药。

我是山西五台人，1947年9月，到达了建屏县参加兵工工作，当时建屏的兵工厂在招工，工厂正在建设，同村老乡赖生智（赖若愚的叔叔）当时是罗汉坪军工厂木工股股长，他带我来到了罗汉坪。

我当时被分配到了完成股，有30来个人。刚到厂时，还在建厂子，1948年初工厂开始生产，刚开始生产效率很低，每天生产30来发炮弹。朱德总司令到我们厂里视察时，我从厂房中出来刚好遇到他。他摸着我的头说："小鬼，你们每天生产多少发炮弹？"我说："30来发。"总司令说："那不行喽，解放华北、解放太原全凭你们啦！"之后不久，工厂用上了电，同时又招了一批工人，我们完成股增加到七八十人，开始两班制倒班，每天工作12小时，早6点到晚6点一班，晚6点到早6点一班，这样每天能生产几百发炮弹。当时我们生产的是炸城墙的120型炮弹。

我在生产时负责向弹体装炸药，当时炸药中还掺放一些苏联黄色炸药707，威力非常大。装炸药是用漏斗把我们自己生产的黑色火药装进弹体里去，压力机把火药压实，再把707炸药放入另外的一根管中放进去，然后用螺旋封口，安装引信，炮弹就安装完成了。这样点燃引信后，引信中有雷管，雷管引炸707炸药，再引燃土炸药爆炸。我们的黑火药是在小觉一带生产，用木炭、硝酸、硫黄生产。引信在唐家会做好运来。

当时炮弹的外运靠人力背、牲口驮，一头毛驴一次可以驮两箱，一头骡子可以驮四箱。炮弹在车间之间运送都是用独轮车，一次能放十几发炮弹。

当时特务活动猖獗，经常暗中到军工厂搞破坏，我们完成股也被特务们破坏过，有人从墙外把火扔进来，点燃了炮弹旁边的包装纸，工人们不顾个人安危来救火，保护了炮弹的安全。

生活上当时实行薪金制，不再是供给制，每人每月100斤小米，除交90斤作为伙食外，还剩10斤小米的零花钱，折合成晋察冀边区币按月发放。当时食堂做的大都是小米干饭，萝卜片菜。菜是有限的，每顿饭给打一瓷碗菜，小米饭可以吃饱。每个星期改善一次伙食吃一次馒头。为了那一顿改善的馒头，我曾经早晨饭不吃，中午吃过7个馒头。

1949年4月太原解放后，兵工厂就停止了生产，组织大家学习了几个月。7月，我们到井陉坐火车随厂迁往太原。

由一名通信员到一名钳工

李玉堂，1931年5月出生，曾在43分厂当钳工，焊接弹尾。

我是山西五台宋营口人，1948年5月参加革命工作，先是在阜平连家沟兵工厂当通信员，厂子不大，500人左右。厂长是梅田，曲阳县人，老八路。那个地方都是平房，下雨漏雨不能住了，我就躺在桌子下面的长凳子上睡觉。后来厂长考验我，把自己的工资扔纸篓里，我把钱一张一张拣出来，又给了他，他看我老实可靠，就让我搬到他的房间一起住。

当时厂里主要生产82型炮弹、120型炮弹。一次，时间已经是秋天，厂里一个老乡股长让我去山西灵丘下寨的兵工厂取东西，我随身带了一把东洋刀防身，只身前往。其间道路难走，山势险恶，一侧就是万丈深渊，只能一个人过去，来去都是靠两条腿走路，用了6天时间。回来时背了两只大木箱子，过河时把鞋子冲走了，只好光着脚。

后来厂子搬到建屏县罗汉坪，我开始还是通信员，后来通信员多了就开始做钳工，张三开是我师傅，赵官章是工长，生产炮弹。一年多以后，工厂迁往太原。

1949年，我到华北兵工职业学校学习。当时校长是梅田，他说你文化低，上学吧，这样，我就到罗汉坪的兵工职业学校学习了。我在那里上了

3年学，1949年秋到1952年，当时在罗汉坪、南冶和唐家会轮流学习，后又到山西兰村上了半年，后来长治需要建兵工厂，我们就到长治的兵工厂工作。

驻扎在沕沕水的第16分厂

我见证了沕沕水发电厂的诞生

商钧，1924年出生，曾担任16分厂厂长兼指导员。

我是河北保定人，1924年出生在保定郊区的西曹村，1941年到河北省宣化市龙烟铁矿厂工作，1946年加入中国共产党。1946年至1949年先后任晋察冀边区工业交通学院机电班学生会主席、晋察冀边区工业局第三生产管理处16分厂（沕沕水发电厂）厂长兼指导员，太原解放后随厂迁往太原。我见证了沕沕水发电厂从筹建到运行的全过程。

1946年张家口周边局势紧张，我响应党组织号召，和宣化市龙烟铁矿厂的技术骨干一起来到了位于建屏县的晋察冀边区工业交通学院学习。当时学院设在秘家会村，开设了机电、水利、土木建筑、会计等专业。进入学院学习的人主要有两部分：一部分是张家口一些学校的在校生；另一部分就是从工人中选出的干部。教师都是很有名的教授，像北大工学院院长黎亮，德国AEC洋行的电气总工程师陈宝诚、卢成铭、周士富、钱瑞仁等。我被分配到机电班。在那样的年代，我能够师从这样一些专家，确实是非常幸运的。

在那个时候，我们缴获敌人的枪炮很多，但是弹很少，因此平山一带的兵工厂生产的都是炮弹、手榴弹、信号弹、子弹等，生产工艺完全是手工式的，当时没有电，靠人力摇，四个小伙子用手摇一个辘轱，带上皮带，带上两个元车，车手榴弹把子、炮弹环、弹线等，边上还坐四个小伙子等着接替。没有电力，人代替马达，非常费力，效率低下。

1947年，为了满足兵工生产的需要，决定在沕沕水建立一座发电厂。这项艰巨的任务当时就压在了晋察冀边区工业交通学院头上。沕沕水发电厂的设计、施工、制造都是由学院完成的，300多人参与了发电厂的建设，设计师、工人等所有的工作人员基本全是工业学院的师生。当时，土木、机械、电气为水电厂的三大主体工程，土木科科长卢成铭，技术干部萧清海、董枫、秦树荣；机械科科长周士富、技师龚运章、技术班干部梁英；电气科科长陈宝诚、技术员章冲、王子侠，工程队长兼技术员是我。

1947年6月，沕沕水发电厂开工建设，预定工期6个月，当时解放区物资匮乏，条件有限，遇到的困难我们都要自己想办法克服。建设过程中，想要把缴获来的柴油发电机变成水轮发电机，水轮机的设计制造是关键，机械科科长周士富参考德、日的一些资料，自己动手设计了一台博尔通式的水轮机，由井陉煤矿机修厂制作完成后竟然一次就试车成功，在当时来说，真可谓是个奇迹。

一方面是正在建设的沕沕水发电厂，另一方面是急需用电的兵工生产厂。为了尽快提升兵工生产效率，在沕沕水发电厂发电前，我们兵分两队、架线30公里，从井陉矿的火力发电厂架一条线路给建屏兵工厂送电，1947年7月南冶的炮弹厂就用上了从井陉拉来的电，电量为30千瓦。

1947年12月，沕沕水发电厂即三十三兵工厂的第16分厂基本建成，开始试发电，我留任厂长。然而，发电厂的发电机功率为194千瓦，还必须与井陉拉来的30千瓦电合并才能够满足兵工生产需要。在当时解放区简陋的条件下，我们克服艰难险阻，最终将我们自己制造、手动调速的水轮发电机组与一个自动调速的汽轮机组，实现了手动并网。并网后，兵工各分厂原来手工工序都用上了电，极大地提高了边区各兵工厂的生产效率。晋察冀边区工业局为嘉奖参加沕沕水发电厂工程的建设者，特记集体大功一次，赠“边区创举”木质纪念匾一块。

那时，党中央驻扎在离我们不远的西柏坡，朱德、任弼时、董必武、滕代远、聂荣臻等都经常到各兵工厂视察工作。尤其是朱德总司令，经常来厂里视察，有时到兵工厂参观只带一个随身警卫员。1948年1月25日，朱总司令乘坐一辆吉普车亲自前来为沕沕水发电厂开张剪彩。我们让总司令亲自启动了手轮，手轮是用来调速的，转动手轮是一项技术活，转动时需要一边观测仪表盘一边调整手轮速度，事实上当时是我与另外一名工人共同帮着总司令转动转盘开始发电的。

那时的军与民、干部与群众的关系非常和谐，领导也没有架子，总司令到沕沕水发电厂剪彩时随行的只有一辆吉普车、一位秘书和一位警卫员，没有其他领导和工作人员陪同。剪彩后总司令很随意地与老乡、工人聊天、讲话，为同志们介绍我们党下一步的工作、计划。

在保障正常的兵工生产以外，当时我还接到了另一项任务——为西柏坡中共中央送电。我安排外线电工王肇文等几人去给西柏坡架设电线。通上电后，为了安全起见，我还去西柏坡检查电路情况，并在西柏坡住了一个晚上。第二天确定没有问题以后，才返回厂里。我记得中央大院里人来人往很热闹，在门口检查线路时还看到了刘少奇同志。

沕沕水发电厂是中国共产党自力更生建成的第一个发电厂，不但为我党的兵工建设提供了动力，而且结束了中共中央手摇发电办公的历史，为解放战争的胜利作出了不可磨灭的贡献。

我是沕沕水发电厂的外线电工

王肇文，1926年出生，曾在16分厂当外线电工。

我是山西阳泉南窑庄村人，1926年出生。由于家中贫困，我只进学堂念过几天书，就开始在山上背铁矿石挣钱。1937年，我11岁，跟随哥哥到阳泉铁矿厂当劳工，后在矿上学了电工。阳泉解放后，我响应党组织号召到解放区工作，到达了驻扎在建屏县北冶村的晋察冀边区工业局第三生产管理处，被分配到了沕沕水发电厂工作。

沕沕水发电厂就是三十三兵工厂第16分厂，那时发电厂还没有建好，厂里的电工分为外线、内线两组，外线电工负责在外铺设高压电线，内线电工负责在各厂内开关机器、观测仪表盘等。

我到发电厂后，被安排做外线电工，由于沕沕水发电厂还没有建好，为了保证正常的军工生产，1947年5月和6月，商钧（后担任沕沕水发电厂厂长）带领我们从井陉向平山铺设高压电线，给那里的兵工厂输送电力。

由于特殊的地形，从井陉向平山铺设电线是很困难的。那时的电线杆都是用大树来充当，我们走到哪里都是依靠当地老百姓的支持来工作，从老百姓手里买到树木后，我们用绳子把树捆住，再用杠子把树抬起来，8

个人才能抬起一棵树，有的山上没有路，抬一棵树短则用一天，长则要用两三天时间。施工途中都是大山，两个山头间距有一二百米，为了高效，商钧想办法提出：两个山头立双杆，走大孔线，这样既省材料又省工。为了赶工期，我们白天挖坑、抬树、立杆，利用晚上时间整理从各地收集过来的电线。当时的电线规格不一，每股线里有的只有一两根线，而有的则有六七根线，为了节约材料，我们就在晚上把电线合并整理为每股线路四根线。

当时我们这一组大约有10个人，外线电工在各地架设高压电线的同时，各厂内部的线路也都铺设好了。两三个月后，我们就已经把电线从井陉铺设到了南冶41分厂，南冶通上了电。1947年底，沕沕水发电厂建成。于是我们又把从井陉拉过来的火力电网与沕沕水新建的水力电网并网，并把电输送到三十三兵工厂下属的各个分厂。待各工厂都通电后，把电线又铺设到北冶的管理处。这些线铺设好后，我们去阳泉为17分厂铺设电线，17分厂用的是阳泉本地发的电。

到1948年初，电已基本能全部覆盖各兵工厂，三十三兵工厂的生产力得到了很大程度的提高。在完成给各厂送电任务后，厂里接到了为西柏坡铺设线路送电的任务，厂长商钧派我带队给西柏坡铺设电线，我们五六个人，从距离西柏坡最近的三家店开始铺设，经过洪子店把电送到西柏坡。三家店到洪子店是我们铺设的电线，而洪子店到西柏坡是解放军铺设的电线，两方同时进行，到1948年夏天，西柏坡就通上了电。

现在说起来我们用那么短的时间就都通上了高压电，实际上当时解放区物资匮乏，通电困难重重。比如说当时的电线都是旧线，有铝线有铜线，这两种线接到一起很容易氧化出事故，商钧同志就提出在铜线和铝线接头处采用在电杆上弧度接线，即使氧化断了也好处理。当时没有变压器油，一般油水分太大不能用，经大家研究，将当地盛产的核桃油，采用大锅熬，将水分熬没有了，变压器就可以用了。当时物资匮乏，类似这样的问题，我们用土办法解决了很多。

当时生活条件非常艰苦，工厂附近连磨面用的水磨也没有，距离我们最近的水磨在河对面，每隔一段时间我们就要过河去磨面，这样才有面粉吃。有一次一连下了七八天大雨，我们的面粉吃完了，一位技术人员王子林提议大家一起过河去水磨那里取面粉回来吃。连续下了多天大雨，河里水流湍急，王子林等几个水性好的人员先下河，结果由于水流快、河水深，李文龙和马万英两同志都被河水冲走了，后来分别从南冶、唐家会等地找到了他们的尸体，其中一具尸体是日本战俘马义三在河道旁边找了两三天才找到的。

驻扎在山西阳泉的17分厂

张世贵，1930年10月出生，曾在17分厂当铸工。

我是阳泉人，出生于1930年。1947年春，阳泉市解放后，原阳泉市西郊的一个煤机厂被晋察冀边区第三生产管理处接收，组建成第三生产管理处第17分厂。该厂主要负责82毫米迫击炮弹壳体毛坯的铸造。毛坯合格后再运往河北建屏的兵工厂进行机械加工、装药、装配完成。1948年2月，我到17分厂参加工作，我是铸工，被分配在砂芯班进行82毫米迫击炮弹壳体用砂芯的制作。当时工种主要有钳工、铣工、铸工。

当时为了解放太原城、解放全中国，全厂掀起了一个轰轰烈烈的生产高潮。全厂职工群情激昂，干劲十足，革命热情空前高涨。工人们一致表示，为了支援前方多打胜仗，早日解放太原，我们就是不吃饭、不睡觉也要保证生产任务的胜利完成。很多同志每天早上班晚下班，甚至昼夜不停连轴转，千方百计完成自己的生产任务。在同志们革命热情和忘我工作精神的感召下，为了尽快地掌握砂芯制作技术，发挥自己应有的作用，我也自觉早来晚走，积极投入到砂芯制作中去。然而事与愿违，尽管我从早到晚不停地干，累得满头大汗，也做不成几根合格的砂芯，不是局部疏松，就是整体的强度差，重约20公斤的砂芯一脱模就散了架。跟不上热火朝天的生产形势，我自己心里很着急。为了在最短的时间内学会这门技术，我下决心老老实实地求教于有经验的老师傅，从如何配砂，如何制芯，如何脱模等，一点一滴学起。经过不辞辛苦的反复练习，终于有了收获。由我制作的砂芯不仅质量提高了，再也不散架了，而且数量也由每天十几根逐步上升到三四十根，最高时达到50余根，超过了和我一起工作的其他同志，得到同志们和领导的好评，我感到十分高兴。

后来，由于长时间的劳累，加之当时工厂的生产条件和环境比较差，又没有什么劳动保护措施，好多同志的身体垮了下来，有的累得吐了血，再也不能坚持工作了，我也是其中一个。1949年初，工厂把我们送往总厂医院进行治疗。住院期间，我们听到太原解放的消息，真是高兴极了，为自己对祖国的解放事业所做的工作而自豪。在医护人员的精心治疗下，我的身体逐渐得以康复。1949年5月底又回到厂里，和同志们一起继续生产。

1949年，华北兵工局在建屏县的罗汉坪、北冶、唐家会三个地方创办了华北兵工培训班，专门培训年轻的兵工人员，学习文化课程和兵工专业技术。当年夏秋，我响应党的号召，到达建屏县唐家会学习。当时校长是原三十三兵工厂一个分厂的李厂长，教务主任是薛耀龙，当时唐家会有3个班，我们班中有二三十人，主要是学习文化课程，数学、语文等，专业方面学习了机械和制图等。学习了一年半的时间，1951年初我被选入太原华北兵工局技术处工作，华北兵工局解散后到达晋西集团。

（采访人：周艳芝、王彦红、高星）

父亲刘哲的军人生涯

◎ 刘淑敏口述　史进平　王芳整理

时　　间：2016年11月3日

地　　点：西柏坡纪念馆

被采访人：刘淑敏[①]

人物简介：刘哲（1921—1971），河北省武邑县刘家庄人。1938年参加八路军，1939年加入中国共产党，参加过抗日战争、解放战争、抗美援朝战争，1955年被授予少校军衔，多次荣获国家荣誉。1971年10月9日在石家庄病故，年仅59岁。

2016年11月3日，老革命刘哲后人向西柏坡捐赠文物仪式在西柏坡纪念馆举行，当场捐赠文物包括刘哲1955年授衔少校军礼服一套、参加抗日战争的三级独立自由勋章、参加解放战争的三级解放勋章、参加抗美援朝战争获得的朝鲜自由独立二级勋章等军功章及刘哲妻子周芬荣获的解放勋章共计15件（盒），及刘哲保存的七大党章、战争年代用过的皮质背包、图片等共20余件。

◎　刘哲

刘哲家人一行10人集体到西柏坡纪念馆

①刘淑敏，刘哲大女儿。

亲手将这批革命文物捐赠给西柏坡纪念馆。刘哲大女儿刘淑敏代表家人介绍了父亲刘哲、母亲周芬的革命经历。

◎ 刘哲大女儿刘淑敏讲述父母的事迹

在旧军队的日子

父亲刘哲13岁的时候，因家族困难不能继续求学，就到天津聚顺木厂学徒。当时正值国内军阀混战时期，就萌生了这些军阀为什么不去抵御外辱而闹内乱的思考，同时看到当兵的可以吃得饱穿得暖还挺威武，产生了当兵的念头。

1929年，18岁的父亲离开天津返家，探望他在老家的母亲。此时，国民革命军冯玉祥的队伍到武邑县招兵，66个白洋收一个兵，由于生活困难，加上在天津时羡慕当兵的生活，在当年8月参加了国民党新兵独立第一军。

当兵后，正是阎锡山、冯玉祥倒蒋时期，部队由河南向西退，天天行军吃不上饭，到11月的时候还穿不上棉衣，产生了退缩思想。但因岗哨太严，看守很紧，没有离开。新兵团后来改为国民党二十九军三十八师二二四团一营四连，父亲成为一名副兵。在旧军队里，他看到当时当兵的随时受到当官的打骂，正兵可以随意欺压副兵，自己曾数次挨打受骂，心里非常气愤。在1930年的一天，与人商议逃跑，后被发现逮捕，组织领头者被打死，他自己也被吓坏了，从此后安分守己不再敢逃跑。

在那里待了一段时间后，父亲刘哲被调到二十九军军部手枪队，升任班长，曾在赵登禹兼任团长的北京南苑军事教导团受军事训练6个月，在作战战术、技术等方面进行了专业训练。1937年2月，他被调到四队任排长，一直到七七事变，部队南撤，自己因家有老母生病，需回家看望照顾，就回到家乡。

他后来在回忆自己这一段经历时，说在国民党二十九军所受的思想教育主要有三个方面：一是崇尚中国传统，努力工作，可以升官发财，光宗耀祖；二是严格军队纪律，培养绝对服从的习惯；三是仇恨帝国主义，尤其是对日本的仇恨更大。因为当时国民党部队没有政治工作的保障，对父亲刘哲影响最深的是“升官发财，孝敬父母”，谈不到什么改造社会，建设国家。

1937年9月，父亲由二十九军逃跑到家，因祖母病得很重，到1938年1月初就病故了。当时家中生活困难到出卖全部土地，用卖地的钱发葬了祖母。

这时，在家乡一带，因战争频发，到处是招兵买马的，一个自称为河北民军第二路总司令的名叫赵云祥的人招兵时，因听说父亲是由二十九军下来的，就把父亲叫去帮他招兵。因见这个二路军不是正规部队，就推托丧母守孝又返家。不久，赵云祥又派人将他叫去，见面即说干也得干，不干也得干，在无可奈何的情况下父亲答应了干。去了以后第三天，就命令父亲到骑兵连当连长，实际上只有15个人，这些人口里说的是抗日，实际上是勒索老百姓。父亲一看不是抗日队伍是土匪，再加上就在本县境内，觉得这样做下去会遭到群众唾骂，于是不到一个月就逃跑脱离了这个队伍。回到家后，怕他们再找，决定到交河县找八路军去。总的来说，那时父亲对革命与正义的理解，一个是贫困生活中长起来的，有阶级同情心，另外在二十九军的训练，仇日情绪比较厉害，这是他走向革命道路的一个重要因素。

抗日战争时期

因为听说八路军是抗日的，所以父亲1938年4月跑出来，他当时一个想法就是要参加八路军，抗日救国，因为日寇侵入中国生死存亡已摆在面前。在心里，虽然坚决参加了抗日军队，但在客观上却有一种顾虑，就是有全家被杀死的可能，因此他参军时就写了个假名字，叫刘贺斌。这个假名字在1947年3月经晋察冀军区批准，才改过来，更名的原因是他在党长期教育下，觉悟提高了，认为应该把真名字告诉党。

父亲参加八路军后，在冀中一分区二十一大队，进步很快。他从最初的战士通信员做起，后当班长、司务长、排长、连长等。他所在的抗日游击队二十一大队后编为主力兵团十六团，经过了反“扫荡”、百团大战、石德路战役、反摩擦（讨伐石友三）、反蚕食斗争，他在政治上提高了，工作能力上也得到了很好的锻炼，生活上也比较严格和正规，这就给他此后的进步打下了基础。

由于父亲是旧军人出身，对八路军部队这一套管理工作感觉是不同的，是新的，因此非常虚心肯干，学习很认真，接受新东西比较快，也能与群众打成一片，执行命令坚决，工作有些成绩，不断地受到表扬。这受益于部队对他的培养教育，这一时期，他对共产党的政策、革命的目的有了较明确的认识，知道革命是为谁——是为广大群众谋幸福，奋斗目标是实现共产主义社会，所以于1939年3月6日在冀西易县岑西加入了共产党。

父亲在自己的自传材料中剖析自己，说因为取得了一些成绩，某种程度上就产生了骄傲自满、好高骛远、向上爬的思想。所以他想通过上学得到提拔，这样就促成了1942年5月进入抗大学习的原因。

1942年5月，他进入抗大二分校，是抗大八期，当时抱着学习6个月即可回部队得到提拔的想法，但到校后却宣布学习2年到3年，这样从内心来说有些不满和思想抵触，而且生活上也特别苦，每天吃萝卜条子干饭，觉得像是罚了无期徒刑，甚至说“不几天就饿死了，让上级给准备棺材吧”等等怪话。这种思想组织上发觉后，彭德怀老总亲自来校批判解释，和父亲一样的战士们情绪才稳定下来，全身心投入学习。

1943年3月，他们抗大二分校转移到延安，经过一个月的建设就开始整风。这次整风是我党的思想改造动员，也是父亲在思想上改造与进步的关键。他在整风中学习和研究了什么是主观主义、宗派主义、自由主义等文件，将自己的历史及工作思想过程进行了全面的反省，把几年来的工作进行了检查与总结。他在自传材料里写道，自己在整风学习中，认识到过去的工作虽有些成绩，但工作方法有些是不合适的，在取得成绩的时候有骄傲的情绪，意识到一切工作都应从实际出发，联系理论，联系群众，发扬民主作风，克服自己的工作可以了的思想。

整风结束后，接着就是开始文化学习和生产运动。经过两年多的生产和文化学习，自己受到了劳动锻炼，文化学习也在努力积极中得到提高，深刻地感觉过去只是盲目地为了抗日，没有明确自己的人生观，在抗大二分校的这段时间里，明确和树立了革命人生观，在思想上、作风上、工作方法上都有了明确的认识。

解放战争时期

1945年8月15日，日本投降后，中央决定让学员回到部队，分赴各地。他们学校组织了东北干部团赴东北，父亲是其中之一，由黄永胜司令员、张秀山政委带领，于8月21日从延安出发，奔赴东北。

回到部队，对于父亲来说，是盼望很久的事情，他觉得是个喜日子，那种高兴劲儿就无法形容了。他们在路上经过40余天的行军，于10月间到达了承德市，但父亲不幸病倒了，一直病到11月底才出院。出院后，因为国民党向东北发动了抢胜利果实的进攻，组织上决定不让父亲到东北，而是到热河三旅七团三营任副营长。

当时，他们住在河北东北部平泉，这个地方是红山文化的发祥地之一，春秋战国时的“老马识途”，汉末三国时的“望梅止渴”等都出自平泉，生活相对安稳。国民党此时在抢夺胜利果实的同时又假装谋求停战。在短时的和平中，党为了培养一部分军队干部，让他们结合工作岗位进行理论学习。1946年1月份左右，国民党又向热河进攻，于是他们由和平环境投入到战争环境，父亲调任晋察冀军区警卫营副营长，重整武装投入战争。

父亲在自传中说，由于自己有充分的心理准备，就是有阶级存在就有战争，一个革命战士在任何时候也不能放下自己的武器，在后来国民党进攻，撤出张家口的时候思想上未受任何影响。这一时期，父亲到达了阜平，遇到了母亲周芬，不久就解决了婚姻问题。但结婚不久，父亲还是觉得前方工作比后方工作光荣，所以向组织要求到前方打仗去。

1947年8月，父亲调到三纵队（现在的63军）警备营工作，到1948年1月进入晋察冀军政大学学习。到校后他们先是进行三查三整的整党整军工作，在这次三查中，父亲更进一步认识到自己思想意识上、阶级观点上存在着的差距，如回家时听到群众谈县里要组织担架南下，老百姓不愿意，自己未作任何解释和分析；另外在土改时看到打骂地主，自己嘴里没说，但从思想上觉得很可怜，觉得这些都表现出自己的阶级立场模糊，应该更努力学习。整党结束后，转入战术学习阶段，虽然时间很短，但他认为这对于自己战术的提高与认识很有帮助。此时，大城市在人民解放军的强力进攻下，相继解放，到1948年8月没毕业，就出校到华北第一步校工作了。

华北第一步兵学校成立于1948年年初，是晋察冀军区根据晋察冀、晋绥部队普遍战斗力不强的现状，成立的一所培养部队营以下基层干部的军事学校。父亲在华北第一步校任二大队五队队长。1949年1月北平解放时，学校成立平津纠察总队，父亲在北平的卫戍纠察队。因他长期在农村，一进入大城市，觉得哪里都很新鲜，很好奇。但因为进城前，有党对他们进行的入城教育，工作中又是维护纪律的执法者，所以思想还是比较坚定，想坚决不让坏的东西侵入。

一直到1950年1月，父亲在自传中说，自己在这一年中产生了两种思想，一种是羡慕城市生活，看戏看电影都方便，走路有电车、公共汽车，游玩有公园，虽然生活上还是供给什么吃什么。另一种是长期处于农村，对旧社会里的城市生活又有些看不惯，尤其是看到城市的妇女烫发擦口红不顺眼。更严重的是看到被解放的旧军官，如傅作义等，对他们不但不加以约束，反而当了中央政府的一级负责人了，走路小汽车坐着，吃饭要到北京饭店，从思想上不服气。所以当时有人说什么“老革命不如新革命，新革命不如不革命，不革命不如反革命”，他自己也是这样认为的，后来经中央委员薄一波几次作报告，才将他们的思想打开，才对党的政策理解透彻。

1949年10月1日中华人民共和国宣布成立，这是父亲永远不能忘的一天，是全国人民最激动的一天。父亲说，中央人民政府的成立，是我党经过了几十年奋斗的结果，自己亲自参加了开国典礼大会，亲眼看见了中国人民解放军陆海空坦克、炮兵的强大，感受到了一种不可摧毁的力量，更加强了他革命到底和胜利的信心。

新中国成立后抗美援朝

新中国成立后，1950年1月华北第一步校改为十九兵团军政干部学校，父亲仍在学校工作，一直到抗美援朝开始，重新奔赴前线。

1951年4月，父亲为了保卫祖国走向了抗美援朝的最前线，入朝后分配到兵团特务团任参谋长，到11月底部队整编时又调到65军工作。再一次从学校转入战场，父亲内心是高兴的，他入朝后工作积极谋划，认真负责，而且自己从带兵与美帝作战中总结经验，取得了很好的战绩。

1956年4月，父亲回国后任65军工农骨干集训大队大队长，后因长期在战争年代中的体力透支，身体健康状况一直欠佳，于1958年转业到河北省地质局水文地质工程地质大队任党委书记，一直工作到1971年，因病医治无效，于10月9日在石家庄病故，享年59岁。

父亲说自己一生的军人生涯，尤其是作为一个行伍出身的旧军人，经过了艰苦的蜕变，是终身改造与进步的过程，是自己随着形势与任务的发展不断提高思想意识的过程。几十年的革命斗争锻炼了他，在党的正确领导培养下，懂得了理论实际的结合、群众路线的工作方法，这些都是我党的优良作风。

件件文物寄深情

父母亲的革命人生是中国庞大历史版图中小小的一块，但正是一个个小小的拼图，才拼凑出了祖国的大好河山。这20余件文物是父母革命一生的见证，希望纪念馆能更好地收藏和保管，让后人不忘历史，先辈风范得到传承和弘扬。在这里我为你们一一讲述文物的信息。

1. 55式校官礼服、帽子

55式礼服是父亲刘哲1955年授衔后穿过的服装，国衔军字1260号。父亲只在授衔时穿过一次，在“文化大革命”期间，人们穿着礼服照相，丢失了衬衣、领带、手套。1955年配发的礼服，陆海空样式基本一致，有礼服大檐帽，西服领大驳头双排扣，配白衬衣，系藏青色领带。55式军服是迄今为止外观最华丽（以校、将、元帅礼服为甚）、设计最精美（由美术大师徐悲鸿主持设计）、用料最高档（帽徽为全铜材质，领章面料为呢子）的，堪称解放军军服史上的经典之作。当年，参加授衔的校官总数约为3.1万人，加上后来补授衔的，总共不超过3.2万人。历经近60年的沧桑，遗失损坏，加上“文化大革命”期间的损失和破坏，现存完好真品是少之又少，极其珍贵。

2. 民国胜锠厂制宝剑牌皮背包

父亲刘哲在战争年代用过的皮质背包，宝剑牌，由民国有影响的皮革制造厂胜锠厂制造。此皮质书包在整个战争年代一直陪伴他，见证着他不平凡的革命生涯，见证着他政治和工作能力上的一步步提高，见证着一个坚定的马克思主义者、一个真正的共产党员的成长之路。

3. 三级独立自由勋章

◎ 部分文物

1957年6月18日，由中华人民共和国国防部授予父亲刘哲的三级独立自由勋章。证章编号：23565，1957年，证书命令编码第146号。这种独立自由勋章是授予人民解放军在抗日战争时期的有功勋人员的一种证章。1955年2月12日，中华人民共和国主席毛泽东发布主席命令，颁布第一届全国人民代表大会常务委员会第七次会议通过的决议和条例，决定授予中国人民解放军在抗日战争时期（1937年7月7日—1945年9月2日）参加革命战争有功人员以独立自由勋章。三级独立自由勋章是授予抗日战争时期的营、连级干部。独立自由勋章图案外形为八角星，中间为红星照耀下的延安宝塔山，质地为银镀金，通径5.3厘米，颜色为整体金色。

4. 三级解放勋章

1957年6月18日，中华人民共和国国防部授予父亲刘哲的三级解放勋章。证章编号：05565，1957年，证书命令编码第146号。解放勋章授予在解放战争时期（1945年9月3日—1950年6月30日）参加革命战争有功而无重大过失的人员。三级解放勋章授予当时的团级、营级及其相当干部。解放勋章的中心图案是红星和天安门，象征中国共产党领导人民武装夺取全国胜利。

5. 朝鲜自由独立二级勋章

1953年10月25日，由朝鲜最高人民会议常任委员会授予父亲刘哲自由独立二级勋章。朝鲜自由独立勋章分为一、二两级，抗美援朝时期一级自由独立勋章授予中国人民志愿军兵团司令员以上级别的军官，二级授予中国人民志愿军准师以上级别的军官。固定方式为圆盘，章体为银质。

6. 朝鲜三级国旗勋章

1953年10月25日，由朝鲜最高人民会议常任委员会授予父亲刘哲三级国旗勋章。朝鲜国旗勋章是朝鲜民主主义人民共和国最高勋章。朝鲜一级国旗勋章，多授予志愿军首长和战绩特殊的志愿军指战员。二级国旗勋章，主要授予志愿军的中、高级指挥员和战绩突出的志愿军指战员。三级国旗勋章，多授予志愿军中战功卓著的指战员。

7. 中华人民共和国解放奖章

1956年2月15日，中华人民共和国国防部授予母亲周芬的中华人民共和国解放奖章。证书编号46829。解放奖章根据1955年毛泽东的主席令、全国人大常委会通过的决议和条例颁发。解放奖章授予在解放战争时期参加中国人民解放军两年以上，或虽不满两年但因作战负伤残废的连以下人员。

8. 解放东北纪念章

解放东北纪念章是东北解放后，中国人民解放军颁发的第一枚解放纪念章，于1948年由东北军政委员会颁发。该纪念章为铜质，直径4.6厘米，有铜环连接绶带，图案上方为“八一”军旗，正中绘有东北三省地图，左右两边刻有齿轮、麦穗及和平鸽羽翼，下方有红五角星，中间还写有“解放东北纪念”和“1948”的字样。构图寓意人民解放军在中国共产党的领导下，在工农兵的支持下胜利解放东北，还将解放全中国。此章设计严谨，蕴意丰富，制作精细，具有鲜明的时代特征。

9. 华北解放纪念章

新中国成立后，华北人民政府和华北军区为表彰解放华北区参战人员，经报请中央人民军事委员会批准，颁发了“华北解放纪念章”。华北解放纪念章为铜质奖章，奖章由两部分组成，章面图为嘉禾图案簇围着一名英姿飒爽的解放军战士，持枪守卫着“万里长城”和“八一军旗”，奖章下方铭刻“华北解放纪念”六字；奖章另一部分由横幅红面黄杠的绶带组成，与章面连成一体，奖章后面刻有“1950”字样。奖章整体看上去金光闪闪，威武豪迈，气壮山河。

10. 抗美援朝和平纪念章

此纪念章为朝鲜停战期间，1953年10月25日，中国人民赴朝慰问团赠给将士的纪念章。和平鸽系世界著名画家，西班牙毕加索所画，是抗美援朝纪念章中的珍品。该章为铜质，外形为五角星状，上方书“和平万岁”，中间主图是一只和平鸽，四周是红色烤漆，章的外环边与和平鸽表面均镀金。章背铸有“抗美援朝纪念、中国人民赴朝慰问团赠，1953年10月25日”的文字。因为此章上有“和平万岁”四字及象征和平的“和平鸽”，所以，当时人们把它称为“和平万岁”纪念章。

11. 中华人民共和国中央人民政府成立纪念章

中华人民共和国中央人民政府成立纪念章是开国大典筹备会颁发给参加开国大典代表的纪念品。它见证了中华人民共和国的诞生，因为存量极少，已成为弥足珍贵的历史文物，具有重要的历史意义和收藏价值。中华人民共和国中央人民政府成立纪念章，红铜质，表面鎏金涂漆，通径2.8厘米，上方是一面迎风飘扬的五星红旗，寓意中华人民共和国成立，正中是天安门和华表，上方刻有“1949.10.1”日期。外圈镌刻“中华人民共和国中央人民政府成立纪念”繁体汉字。此章设计严谨，制作精细，具有鲜明的时代特征和民族特色。

12. 华北步校京津纠察纪念章

华北步校京津纠察纪念章是和平解放北京后，给维持北京社会稳定人员颁发的奖章。父亲的这枚编号为1601。上边的人物眼神生动，衬景图案为天安门、工厂、五角星，背面显示1949年制。平津纠察总队成立于1948年底，是“平津卫戍区纠察总队”的简称，共分第一、第二两个总队，其中一总队进驻北平，二总队进驻天津。这支部队是监督军事单位、接管国民党军事机关的队伍，对维护平津军事秩序、社会秩序和治安秩序等都起到了非常重要的作用。

13. 北京苏联展览馆开展纪念章

北京苏联展览馆（现在的北京展览馆）是新中国成立以后，20世纪50年代初期北京建设的最大的现代化大型建筑。北京苏联展览馆始建于1953年10月，经过一年的施工，于1954年10月正式投入使用。第一个展览是苏联举办的“苏联经济及文化建设成就展览会”。“苏联展览馆”的馆名，是毛泽东题写的，1958年以后，改名为北京展览馆。为庆祝开展，后制作纪念章。

14. 亚洲妇女代表会议纪念章

亚洲妇女代表会议纪念章作为亚洲各国妇女为人权斗争的历史见证，具有深远纪念意义。1949年12月10日，当时新中国刚刚诞生不久，经努力克服诸多困难，首届亚洲各国妇女代表大会成功在北京开幕，共有来自苏联、中国、朝鲜、越南、印度、印尼、缅甸、马来西亚等23个国家代表出席会议。会议通过了5个宣言和决议，对团结亚洲妇女，争取国家民族独立、人民民主，保护妇女儿童权利等问题都取得了共识。为纪念会议的成功，我国制作了纪念章，赠给了与会各代表。纪念章，铜质涂漆，主图刻绘有地球、亚洲地图、和平鸽及中国国旗，铸有“中华全国女工敬赠”

铭文。

15. 石家庄优秀钢铁战士纪念章

随着中国第一个五年计划的胜利完成，北戴河会议通过的当年钢铁翻一番的决定和第二个五年计划的指标，表明了党内急于求成的“左”倾思想发展到了新的高峰。1958年9月1日，党中央发出公报，号召全党全民为生产1070万吨钢而奋斗，掀起了全民大炼钢铁运动。石家庄的大炼钢铁运动是“大跃进”运动的重要内容之一。此纪念章为石家庄市政府颁发的勋章，铝合金，圆形，是一枚独立纪念章。

（采访人：史进平）

回忆在晋察冀的学习情况

◎ 董良羽口述　张军锋整理

人物简介：董良羽（1938—　），湖北省黄安（今红安县）人。1938年生在延安，前国家副主席董必武长子，1948年解放前夕，进入小学住校读书，1957年考入哈军工雷达专业，毕业后分配到七机部研究所，后调回北京，在北京空军司令部参谋部工作，退休时军衔为大校，目前还兼任董必武思想研究会副会长。

◎　西柏坡中央机关小学

中央机关大院当时有十几个孩子，父母都在忙工作，所以办公厅就派了一个女同志，就是蒋英阿姨把我们拢在一块，看管着，教我们一些东西。

在西柏坡的日子，我记得黄油吃得最多，因为战场上连战连捷，缴获的东西也多，缴获来东西有一些送到西柏坡，我记得有巧克力、大便纸、扑克牌、面包，有的是美国箱子装着的，还有扑克牌，塑料的，我们觉得挺新鲜。

在西柏坡，蒋英阿姨上课教我们认字，没有系统的教材，没有系统的教学计划，实际上就是把大家弄到一块，不乱来，不影响大人工作。印象中，除了蒋英阿姨之外，还有一位姓李的戴眼镜的女同志，我们叫她李老师，教我们点英文，而且每个单词的字母都要背下来，如G–O–O–D，M–O–R–N–I–N–G。

西柏坡的那段日子对我的一生影响很深，当时我父亲只要有空，就要我学习，练毛笔字，背《前出师表》《后出师表》《正气歌》《千字文》……这些东西，历史传承，到现在我还记得。

后来到北京，我就上了荣臻八一小学，当时叫荣臻小学，是华北军区办的。这个学校的学生也是父母在前方打仗，孩子没人管，集中起来的。这个学校开始在阜平。

我1938年出生，1947年10（虚）岁，所以对当年的事情有些有印象，像在西柏坡，记得吃完晚饭以后，会跟着康克清妈妈到山上捡蜗牛，顶蜗牛；有时还跟主席，到田野里、山沟里转一转，散散步。

在平山支前经历

◎ 王彬生口述　张军锋整理

人物简介：王彬生（1934—2015），河北省平山县南庄村人，1947年入团，村里第一任团支部书记，1950年到中央办公厅警卫处工作，曾任中央组织部审干局副局长。

光荣的南庄村

我出生在平山县南庄村，母亲是南庄村的妇救会主任，在抗日战争的时候，就带领村里妇女做军鞋、做军衣，当时是军衣被服厂做一部分，老百姓做一部分。我亲自看到家里摆放着做的鞋，一大摞一大摞的。我们南庄村有光荣的历史，我统计了一下，战争年代谁家有当兵的，最后回来了，还是残废了，还是死了，统计下来是42个，是抗日战争时期的抗日模范村。因为曾在南庄发生了一个惨案，丧尽天良的日本鬼子用刺刀杀了我们村70个人，炸死了2个，一共72个人，那一天我们家就死了仨，我二大娘，还有一个姐姐和一个妹妹。带着这种仇恨，全村人一直英勇抗敌，拥军支前。

1947年我入团，是村里第一任团支部书记，到1950年，又在村里建立了少先队。在解放石家庄时，我在后方医院当看护，待了大概有一个月。我自己一人看护着四五个人，给他们打饭、打扫卫生，另外是把换下的衣服拿到河边，河边有专门组织的妇女给伤病员洗衣服。村里安排很多人去支前。有的是在后方看护伤员，还有的是送炮弹，记得我还赶着毛驴把炮弹送到平山城，卸下来，连夜又返回来。

在中央办公厅工作，从警卫处到机要室

1950年，我在建屏县第四完全小学学习的时候，中央办公厅要几个人工作，报名的人很多，我们村2个、夹峪村2个、东黄泥1个，我们5个人被选上，几天后就从正定坐火车到了北京。

我进京后被分配到警卫处办公室搞服务工作，四五个月后，到任弼时的爱人陈琮英那儿工作，一段时间后又调到了机要室。当时中央警卫处是汪东兴的处长，机要室是叶子龙的主任，叶子龙是毛主席的机要秘书。我搞机要收发，每天工作量特别大。另外毛主席、刘少奇等中央首长都是晚上办公，我们晚上比白天工作量还大，晚上也在上班，在那儿特别辛苦。

为新政协召开尽“绵薄之力”

◎ 刘焱口述　王彦红整理

时　　间：2017年6月15日

地　　点：天津

被采访人：刘焱

人物简介：刘焱（1926—2020），1926年生于云南楚雄，1946年于北平中法大学参加革命，次年加入中国共产党。1947年8月，进入南开大学文学院哲学教育系学习，并于同年10月起担任南开大学“南系”地下党支部书记，开展工作。1948年11月，成立中共南大总支，刘焱被任命为合并后的中共天津市学委委员兼南大总支书记。在上级党组织的领导和统一部署下，南开大学地下党组织在建设地下交通站、开展上层统战工作、搜集天津军事情报、保护校舍校产等方面，做了大量艰苦而富有成效的工作。特别是秘密安排护送大批民主人士去解放区、参加新政协等工作，为新政协的召开作出不可磨灭的贡献。1949年9月参加天津第一届政协会议。10月1日，作为天津各界代表观礼团成员之一，见证了新中国诞生的盛况。

2017年6月15日，我和同事一行到天津市平津战役纪念馆参观学习。20年后再次重温这段历史，仍然让我感到震撼！那一次次指挥员动人心魄的指挥，一个个战士们冲锋陷阵的场面，一张张带血的立功奖状，一位位英勇倒在血泊中的英雄……仿佛把我带到当年硝烟弥漫的战场，让我的心情久久不能平静。漫步在英雄们写满光荣的历史长河中，每一幅照片、

◎ 刘焱

每一张地图、每一件文物都弥足珍贵。但一个小小的笔记本却格外引起了我的注意。在众多展品中，这个小小笔记本并不引人注目，敞开的内页中密密麻麻的文字也似是普通工作记录，但据讲解员介绍，这个笔记本是南开大学地下党组织的记事本，是当时南开大学地下党组织负责人刘焱亲自记录和捐赠的，它记载了当年南开大学地下党组织的一些事情，并且说这位老前辈仍然健在。这个消息对正在抢救性征集文物资料的我们来说非常珍贵。于是我们赶紧要了老人的联系方式。参观结束之后，我们立即与老人进行电话联系，得到允许后，打车直奔老人的住处。当天17点，我们在南开大学见到了这位曾为新中国成立作出重要贡献的老前辈。他身体清瘦，走路有些蹒跚，但思路非常清晰，对当年事情的记忆也异常清楚，就连当年自己编的接头暗号诗句也记得清清楚楚，他为我们讲述了当年南开大学地下党组织工作的珍贵点滴。

负责南开大学地下党组织工作

我1926年生于云南楚雄，1946年于北平中法大学参加革命，次年加入中国共产党。

1946年南开大学北返复校后，中国共产党为适应复杂险恶的斗争环境，按照“转地不转党”的原则，在校内先后建立了分属中共中央华北局、南方局和冀热辽分局三个系统领导的地下党组织。1947年8月，我在党的指示下，报考南开大学插班生，录取后进入文学院哲学教育系学习，并于同年10月起担任南开大学“南系”地下党支部书记，与沙小泉担任书记的“北系”党支部协调配合，开展工作。

那时，抗战胜利不久，全国人民经历多年战乱痛苦，普遍要求和平、民主、团结，而蒋介石却坚持内战、独裁、分裂。他在美帝支持下，发动全面内战，在国统区加强镇压，实行白色恐怖，激起了全国人民特别是广大爱国青年学生的强烈反对。南开师生和全国许多省市的师生一起，先后发动了席卷全国的“抗议美军暴行”“反饥饿、反内战”“反迫害、争人权”等学生运动。在激烈斗争中，南大地下党组织不断发展壮大。

1948年11月，根据中央指示，为迎接解放，加强统一领导，天津市各级各系统地下党组织均合并，南大三个系统地下党组织合并后成立中共南大总支，下设4个分支，我被任命为合并后的中共天津市学委委员兼南大总支书记。在天津解放前我任南大地下党组织负责人期间，在上级党组织的领导和统一部署下，南开大学地下党组织在建设地下交通站、开展上层统战工作、搜集天津军事情报、保护校舍校产等方面，做了大量艰苦而富有成效的工作。特别是秘密安排护送大批民主人士去解放区、参加新政协等工作，为新政协的召开尽了自己的“绵薄之力”。

安排护送大批民主人士进入解放区

1948年秋，我曾参与秘密安排护送民主人士楚图南、王冶秋等大批民主人士去解放区，参加新政协的筹备工作。

记得大约是1948年6月，中共南大地下党组织的上级领导人向我传达说：今年“五一”，党中央发布纪念“五一”劳动节口号，号召各民主党派、各人民团体、各界爱国民主人士，团结起来，迅速筹备召开新的政治协商会议，成立民主联合政府。我向支部作了传达。

两个多月后，上级党组织又向我下达任务，准备近期送几位民主人士去解放区。那时，去南方解放区较困难，南方局系统从1947年冬起，就在南开大学建立了一个地下交通站，负责人是我们南系党支部委员、南大青年教师胡国定，上级党组织还从上海派来交通大学的胡萌（胡晓槐）、从解放区派来经验丰富的老交通员孙大中，协助胡国定工作。几天后上级党组织通知我，此次去解放区的民主人士是楚图南[①]和王冶秋[②]，他们现在已抵天津，还告诉我他们在津住址和联系办法。我将上级下达的任务和要求向胡国定作了传达，并与胡国定商定，为慎重起见，派交通员孙大中亲自护送他们去解放区。经过几天准备，我找南系另一支部委员，专门负责做假证的林起，帮助楚图南、王冶秋做了两个假身份证。交通站帮助楚图南、王冶秋化装成商人，然后在孙大中陪同下赴冀中解放区。大约一个星期后，孙大中返回说，已安全到达。

其后不久，交通站还送闻一多夫人高真[③]和李何林[④]夫妇去了解放区。

后来我得知楚、王二人，曾参加1949年9月在北京召开的中国人民政治协商会议。新中国成立后，楚图南曾任全国人大常委会副委员长，王冶秋曾任国家文物局局长。

“文化大革命”中，我被下放天津西郊农村张窝，大约是1975年秋，北京两位外调人员突然找到我，专门询问楚图南赴解放区的历史，我如实

---

①楚图南（1899—1994），云南文山人。民盟负责人。楚图南从天津到达解放区后，由中央派车接到了平山县的李家庄。李家庄当时是中共中央统战部所在地，一大批爱国民主人士聚集在这里。在此期间，楚图南和广大民主人士为即将召开的新政协建言献策，不但听取了周恩来等中央领导的讲话，还对蒋介石1949年元旦求和声明、对中共拟定的战犯名单、参加新政协的单位和个人的名单等发表意见。另外，楚图南还应邀到西柏坡，受到毛泽东的接见，并请来了刘少奇、任弼时等同志，一道询问关于云南和西南的政治情况，谈到争取这些省区地方势力站到反蒋爱国方面的可能性。1949年初北平和平解放后，在李家庄的各民主党派同志经由石家庄到达北平。2003年8月23日，楚图南之子楚泽涵将父亲珍藏的三件珍贵文物无偿捐献给西柏坡纪念馆：一件是1948年东北书店出版发行、东北铁路印刷厂印刷的《毛泽东选集》；一件是楚图南1948年从上海乘船经天津、沧州进入解放区时特意准备并随身携带的旅游手册一本；一件是1949年秋楚图南在北京参加新政协筹备会期间用过的皮包一个。

②王冶秋（1923—1987），又名野秋。安徽霍邱人。1924年加入中国社会主义青年团。曾任共青团北京市委秘书、霍邱县委书记。1932年参加左联。1941年加入中国共产党。后在冯玉祥处任教员兼秘书。1947年后任北方大学、华北大学研究员。新中国成立后，历任文化部文物局副局长、局长，国家文物局局长、顾问，中共十一大代表，第三至五届全国人大代表，第四、五届全国人大常委会委员。

③1948年3月，闻一多夫人高孝贞带着孩子奔向解放区，为过封锁线，改名为高真。1948年8月7日，出席华北临时人民代表大会，被推选为大会主席团成员。

④李何林（1904—1988），鲁迅研究奠基者，中国现代文学研究学科的奠基者。原名竹年，安徽霍邱人，中共党员。1924年肄业于南京国立东南大学。1926年参加国民革命军，1927年随军北伐并参加八一南昌起义。1928年在鲁迅的未名社投身革命文艺活动，历任天津师院、中法大学、华中大学、北京师大及南开大学教授、中文系主任，鲁迅博物馆馆长，鲁迅研究室主任，北京师范大学中国现代文学博士研究生导师。

作了回答，并写了证明材料。大约一个月后，我见到报道：楚图南率中国人民友好代表团访问日本。

参加天津第一届政协会议

1949年9月上旬，在天津市首届各界人民代表会议上，我被选为该会常设机构（也可说是天津人民政协前身）——天津市各界协商委员会委员。

在此之前的1949年春天，我曾被南开大学全校同学选为代表，先后参加天津市学生代表大会和华北学联执委会，先后被选为天津市学联主席、华北学联副主席。此次我率学生代表团参加各界代表会议，会上选举黄敬、黄火青、杨成武、吴砚农、王亢之、杨石先、李烛尘、周叔弢等19人为天津市各界协商委员会委员，我也被选为委员之一。

此次代表会议，是在天津解放不久召开的，各方面条件较差。会议是在湖北路一个只能容纳400多人的小礼堂召开的，代表们早来晚走，回家食宿，只中午招待一顿便餐。至今我还记得，一天中午开完会后，我们学生代表团正集合队伍，准备分散到附近会议指定小餐厅吃饭，黄敬市长主动加入我们队伍，一同步行到餐厅，沿途说说笑笑。吃饭时黄敬同志询问学校情况，征求学生对会议的意见，气氛非常融洽亲切。解放初期党的高级领导联系群众，毫无架子，与群众打成一片的优良作风，我至今难忘。

不久，中国人民政治协商会议在北京胜利召开，成立了中央人民政府。10月1日，在天安门举行了开国大典，我又作为天津学生代表被推举为天津各界代表观礼团成员之一，赴京观礼，见证了新中国诞生的盛况。

1955年3月，中国人民政治协商会议天津市第一届委员会召开，这是在天津各界人民代表会议的基础上建立的。当时我是中共天津市青委委员，共青团市委常委，被各界代表会议推举为天津市第一届政协委员，参加了会议。

一个珍贵的笔记本

你们在平津战役纪念馆看到我捐赠的那个笔记本，是我在南开时日日随身携带的记事本，这个小本的封皮上贴着一张标签——“南开地下党记事本”。这个小本子虽然看起来并不起眼，但却是当年南开大学地下党工作者们为建立新中国作出贡献的见证，它记录下了南开大学地下党总支于全国解放前秘密召开的十几次会议纪要；1949年3月我参加全国第十四次学生代表大会时，到会来宾叶剑英、罗荣桓、许德珩、李济深、李德全、郭沫若、马叙伦7人的亲笔签名；解放初期南开大学动员参军参干的部分人员统计数字；天津解放时南开大学在校中共党员和民青成员组织系统名单表等内容。

1947年，经南方局决定，在南开大学建立了地下交通站，由在数学系任助教的地下党员胡国定负责，掩护并输送地下党员、中国民主青年联盟成员（简称“民青”）和进步群众到解放区去，为此，制定了一整套严密的办法。我当时便在记事本上记下了一首实为地下党联络暗语的七言打油诗：“高棠李爱何时了，清河骡马街头找。小楼昨夜又东风，故园花落知多少。”当时冀中沧县泊镇是解放区，党的各级城工部门都设在那里。护送人员去解放区时，要事先做好化装、伪造身份、编造说辞等充分的准备工作，然后到天津南市清河大街上的骡马大车店雇从天津到泊镇的大车，到目的地后找中国建设公司经理高棠[①]接头，说是“李爱”介绍来的。除此之外，还要给每个去解放区的人编排一个由百家姓和天干地支组成的特殊接头暗语，比如1月份去的人叫“赵子甲”，2月份去的人叫“钱丑乙”，以此类推。在掌握暗语的同时，去解放区的人还要领到一张“路条”，这些路条是国民党银行发行的小额钞票，由胡国定统一保管和发放，解放区的同志掌握这些钞票的号码以便接头时核对。据统计，从1947年秋到天津解放，经由南开大学地下交通站输送去解放区的革命师生和民主人士，累计400余人。

在这个记事本的最后几页，有一张“天津解放时南开大学在校中共党员和民青成员组织系统名单表”，这是一份按照实际工作领导关系绘制的、共包括159名地下党员和民青成员的名单。这是1949年1月15日天津解

①高棠即荣高棠，解放后先后任团中央书记处书记和国家体委副主任，当时的公开身份是中国建设公司经理，实际上是中央青委派驻泊镇的城市工作负责人。

放后两三天，南开大学地下党总支按照中共天津市委的指示上报的名单底稿原件。解放前由于白色恐怖极其严重，地下党组织实行严格的组织纪律和保密制度，按照纵向单线联系原则，支书一般只联系支委，支委再联系小组长或党员，支委下面各自联系的党员、民青成员也互相保密，仅支书一人知道全支部人员的名字。这张组织系统名单表，是我们了解天津解放前后南开大学地下党组织及其活动的一份重要历史资料。

新中国成立后，我一直将这个记事本悉心保存，“文化大革命”期间，我被打成“右派”，记事本连同其他书籍、文件、照片等资料被一起抄走，直到“文化大革命”结束后才辗转回到身边。就连我自己也没想到，这个当年工作备忘录式的记事本，却被历史赋予了更大的意义，“文化大革命”后在帮助地下党员甄别平反和落实干部政策中发挥了重要作用。天津市公安局有位原南开地下党员，在“文化大革命”中被打成假党员，甄别平反时专案组找到我进行调查，我说“该同志确是共产党员”。当调查人员提出“他的入党介绍人，其中一个是他姐姐，都不为他作证，你凭什么说他是共产党员”的严厉质询时，我坚定地回答：“我对党负责，对他本人负责，这是实事求是，因为我有工作笔记为证。”正是凭借记事本上白纸黑字的记录和因工作需要锻炼出的超强记忆力，我才能有理有据地为地下党员们做出身份证明。20世纪80年代，13位曾参加过地下党组织和民青的工友纷纷找到我，反映他们能否享受“离休”待遇的问题。我根据中央文件中“建国前从事地下革命工作人员享受离休待遇”的规定，专门给南开大学党委写了报告，并提供了这13位工友的身份证明，学校党委审查后，使13人全部享受离休待遇。事后，工友们专门给我送来匾额以表谢意，因为这不仅是生活待遇的改善，更代表着他们获得了学校和历史的认可。

（采访人：康彦新、王彦红、南洋）

家父杨至成曾到西柏坡

◎ 杨子江口述　王彦红　任岁英整理

时　　间：2017年7月25日

地　　点：西柏坡纪念馆

被采访人：杨子江

人物简介：杨至成（1903—1967），1903年11月30日（光绪二十九年）出生于贵州省三穗县八弓镇木界村的一个侗族家庭。1923年参加革命，在重庆入川滇黔联军，任军需官。1925年夏，随联军赴粤，参加北伐。1926年春随联军到广东，考入黄埔军校第5期。1927年在武汉中央军事政治学校转入中国共产党。1927年8月参加南昌起义。1928年4月随朱德、陈毅到井冈山，任工农革命军（后称中国工农红军）第四军二十八团一营四连连长。1934年10月随红一方面军长征。1938年冬因病到苏联就医，后入苏共远东局党校、伏龙芝军事学院学习。解放战争时期，任东北野战军军需部部长，组扩建军需工厂、兵站、医院和仓库，为部队进行辽沈、平津战役提供了物资保障。1949年起任华中军区、中南军区军需部部长，中南军政委员会轻工业部部长，高等军事学院副院长等职。1955年被授予中国人民解放军上将军衔，获一级八一勋章、二级独立自由勋章和一级解放勋章。1967年2月3日于北京病逝，享年64岁。

2017年7月25日，开国上将杨至成之子杨子江作为嘉宾应邀到西柏坡纪念馆，参加了由西柏坡纪念馆、辽沈战役纪念馆、淮海战役纪念馆、平津战役纪念馆和渡江胜利纪念馆联办的《新中国从这里走来——纪念建军90周年解放战争经典战役联展》首展开幕式，并在开幕式上作为代表致辞。

◎ 杨子江接受采访

开幕式结束之后，参加仪式的领导和嘉宾参观了展览。参观过程中，我有幸采访到杨子江。身为将军后代，杨老一点也不张扬，他性情温和，为人谦逊低调，一如平民百姓，非常平易近人。我们边走边聊，他为我讲述了父亲杨至成当年到西柏坡的有关情况，使杨至成的形象在我脑海中由陌生到清晰，进而深刻、高大、令人钦佩！

父亲见证了新中国的后勤事业

父亲一生大部分时间在搞后勤工作，从1928年1月担任朱德为师长、陈毅为党代表的工农革命军第一师师部副官长起，一直从事后勤工作40余年，是我军后勤事业的创始人之一。父亲在主持后勤工作前，是冲锋陷阵的老红军战士，他参加了南昌武装起义、湘南起义，随后跟朱德上了井冈山。他与后勤结缘始于四次在前线受伤。湘南起义中，父亲右腿负伤。此后起义部队改编为中国工农革命军第一师，父亲被任命为师部副官长，这是他第一次接触我军后勤。在井冈山保卫战中，父亲和敌人拼刺刀身负重伤，朱德提名让在医院养伤的父亲担任留守处主任，让他负责管理伤病员、部队的给养和医药供应工作；1929年在大余战斗中，父亲左脚受伤后被任命为红四军军部副官长；1932年7月广东南雄水口战役中因抢救伤员腹部受伤，被任命为红军总供给部部长，从而成了“红军大管家”，从此正式成为专职后勤的领导人。

1934年10月，父亲杨至成随红一方面军长征。1938年冬因病到苏联就医，后入苏共远东局党校、伏龙芝军事学院学习。解放战争时期，任东北野战军军需部部长，组织扩建军需工厂、兵站、医院和仓库，为部队进行辽沈、平津战役提供了物资保障。1949年起任华中军区、中南军区军需部部长，中南军政委员会轻工业部部长，高等军事学院副院长等职。

在40多年的后勤工作生涯中，他出生入死，历尽艰险，为中华民族的解放，为新民主主义革命的胜利，为社会主义事业的欣欣向荣，进行了不屈不挠的斗争，建立了众多勋劳，受到党、军队和人民的尊敬。

毛泽东、朱德、周恩来齐夸“四野”军装搞得好

在新中国成立前夕，父亲到西柏坡参加了全军后勤工作会议，并且为毛泽东、朱德、周恩来等中央首长们都做了大衣，拿到大衣，首长们齐夸“四野”军装搞得好。

1948年11月，辽沈战役胜利结束，东北全境获得解放。父亲奉命率军需生产部机关进驻沈阳市，一方面接收国民党军队留在这里的军需工厂和军需仓库，一方面筹划部队进关南下的军服保障任务。

11月下旬和12月初，东北野战军奉中央军委之令，开始南下，向华北进军。这时，父亲接到通知：12月下旬中央军委将在党中央和中央军委所在地——河北省平山县西柏坡召开全军后勤工作会议，请他和后勤部的有关领导同志参加。此时，后勤部部长钟赤兵已调任特种兵炮兵纵队政委，由周纯全、李聚奎担任后勤部第一部长和第二部长。

父亲听到这个消息，心里很激动。因为很快就可以见到毛泽东主席、周恩来副主席和朱德总司令等中央和军委首长了。自从他1938年离开延安去苏联疗养学习，已经整整10年了。除1939年在苏联见过周副主席一面，一直无机会再见首长们的面，如今这个机会可算来了！

父亲想：“现在，我们的条件改善了，家大业大了。光一个东北野战军，一年的冬装就是120万套，而且里外三新。师以上干部穿上了华达呢、皮靴，战士的军服用上了卡其布，质量远远高于其他野战军。在这种情况下，我们更不能忘记毛主席和其他中央领导……”想起延安时毛主席等中央首长们穿着补丁摞布丁的衣服，而且难于御寒，让负责后勤的他很不安。于是他决定，这次去开会要为中央首长每人制作一件皮大衣带去，好让他们保护好身体，指挥全国轰轰烈烈的解放战争。

第二天，父亲就把这个任务布置了下去。因为他过去给毛主席、朱总

司令当过副官长，知道他们的身材尺码，对其他几位首长的情况也比较熟悉，于是他列了一个尺码，交代工厂要选择优质面料和羊皮，精心缝制，不许马虎。

衣服做好之后，父亲用一辆中吉普装着亲自押运着去西柏坡。给他带路的是华北军区派的参谋李德，李德说自己年轻，要坐在后厢里看着服装，让父亲坐驾驶室。但父亲不肯，说自己要亲手把这些服装送到中央首长手上才放心。到了西柏坡，见到分别十年的首长们，大家都很高兴。父亲向首长们汇报了东北军需生产工作情况，并将大衣送到他们手上。首长们听了父亲的汇报，知道东北野战军的士兵和军官都分别穿上了洋布和卡其布军装，穿上了皮鞋，冬天有保暖的狗皮帽，里外新棉衣。又看了父亲及同去开会的东北野战军人员身上的军装，夸赞东北野战军的军装搞得好。

1949年3月，毛泽东、朱德、刘少奇、周恩来、任弼时等从西柏坡进入北京。在西苑机场检阅部队时，穿的就是父亲送的皮大衣。

父亲向毛泽东汇报了贺子珍、毛岸英、毛岸青在苏联的情况

在西柏坡，父亲还向毛泽东汇报了在苏联见到贺子珍、毛岸英、毛岸青的情况，让主席看了毛岸英、毛岸青送给自己的照片。主席瞅着照片，向父亲表示了谢意。

父亲和毛泽东、毛岸英、毛岸青的友谊在中国共产党党史、中国人民解放军军史上是有一定影响的。

1933年9月，李德从苏联辗转来到瑞金，博古命任总供给部部长的我父亲杨至成直接负责李德的生活，李德要喝牛奶，又要吃面包、香肠和鸡蛋。“直肠子”的父亲得罪了这位共产国际派来的军事顾问。那时候条件艰苦，哪有这东西啊。最初父亲千方百计给他准备，慢慢地很看不惯李德作风，最后干脆什么都不管，李德就急了，找碴说他的下属在采办中贪污了公款，父亲被降职为队列科长。

1934年，毛泽东和夫人贺子珍搬到了瑞金县城以西云石山上的寺庙里，只担任中华苏维埃共和国主席的职务。贺子珍回忆这段日子：“由于

王明路线的执行者给毛泽东加上的种种罪名，一直到长征时都没有撤销，在离开中央苏区前，任何人都不敢同毛泽东说话，他也不去找任何人。”已经被降职的父亲却不怕，偏偏就去看望了这位老领导。一天下午，毛泽东正坐在一棵大树下与寺庙住持聊天，看到我父亲来了，他略微一愣，说：“我现在朋友不多了，你竟然还敢来看我。”两人相互慰问鼓励，就聊了起来。父亲去看望毛主席，当他是老领导，也是真正的朋友。

在长征途中，父亲还曾为毛主席准备了一顿“救命饭”。红军行至草地，筹备的粮食基本耗尽，毛泽东把自己的食物让给工作人员，自己却饿虚脱了。周恩来赶紧找来我父亲，主席吃了他带来的食物才慢慢恢复体力。直到新中国成立后，毛主席还记得这顿饭，他邀请我父母共进晚餐，幽默地说：“你管了我很长时间饭，这次我管你一顿饭。”还有一次，毛泽东与中央领导及开国上将合影，他把原本在最后一排的我父亲拉到身后，紧挨着自己站。合影完成后，毛主席递给我父亲一根烟，笑着说：“老杨你这好多年不见了。”

毛主席对我父亲很信任。1938年，我父亲等一批红军将领前往苏联学习。从延安出发的时候，毛主席仅与我父亲一人交代，到达苏联后稍微照顾下两个儿子毛岸英与毛岸青，并给他一封亲笔信希望能转交给同在苏联的贺子珍。父亲在苏联待了8年，他曾同毛岸英、毛岸青住在一起，并周到地照顾他们的生活。彼此之间产生了深厚的友谊。父亲回国之际，毛岸英、毛岸青分别送给父亲一张背面签有他俩名字的近照，毛岸英写的是：送给亲爱的杨老爷子，请你不要忘记我们在莫斯科的同居生活。毛岸青是用俄文写的，背后留言是：送给亲爱的杨老太爷，请你不要忘记我们在莫斯科的同居生活。

周恩来说，后勤工作的正规化建设，“二杨”要起带头作用

1948年12月22日，全军后勤工作会议在河北省平山县西柏坡正式召开，父亲杨至成参加了此次会议。

会议历时23天，于1949年1月14日结束。会议由军委后勤部部长杨立三主持，各大军区和野战军的后勤负责人参加。会议在总结解放战争以来

后勤工作经验的基础上，对今后加强军队后勤建设，特别是落实1949年全军后勤工作任务的问题，进行了深入的研究和讨论。

会议肯定了过去实行的“统一领导，分散经营”的后勤工作原则，并根据形势发展的需要，确定逐步实行统一集中供给的后勤工作原则；制定了我军历史上第一个全军统一的供给标准制度，确定了全军统一的服装样式，确定了1949年的军工生产任务。会议还讨论了各级后勤的组织形式和供应体制，通过了《中国人民解放军各级后勤组织大纲（草案）》，制定了军需工作概则草案，运输工作概则、条例、制度，军械工作暂行条例和武器弹药统一名称等业务工作的规章制度。朱德、刘少奇、周恩来等中央领导人亲自参加会议并发表重要讲话。

党中央对杨立三、我父亲的工作态度和能力极为信任。会上，周恩来说：“我是后勤工作的总头，部队要现代化、机械化、正规化，后勤任务很重，两杨责无旁贷。”针对一些同志不安心后勤工作，周恩来说：“老同志要带好头，首先是二杨、二周，责无旁贷。你们不搞后勤谁搞啊！”

周恩来所说的二杨指的是杨立三和我父亲杨至成，我父亲时任东北野战军军需生产部部长；二周指的是周文龙和周玉成，周文龙时任华北军区后勤部部长，周玉成时任华北军区财务部部长。他们都是资深后勤工作者。周恩来的话是对我父亲和其他同志在军队后勤战线所做工作的肯定。

1949年1月3日，毛泽东、朱德、任弼时等中央领导同参加全军后勤会议的代表一起出席了新年晚会。

首长们的讲话和对我父亲的信任令我父亲深为感动。他在发言中说：“这次会议开得太及时了，它将对保障进军全国、夺取解放战争的彻底胜利起到重要的作用。”

这次会议宣示了我军后勤体系的建立，也标志着我军后勤正规化

◎ 1966年，杨至成全家福

的开始。

中央首长安排任务，赶制五万套冬装支援华北野战军

这次会议上，还给父亲安排了另一个任务。鉴于东北野战军被服生产能力强、质量好，中央首长遂确定，由东北野战军后勤部为华北野战军生产五万套棉服，以支援杨得志、罗瑞卿兵团及时换发冬装。父亲接到指令后，及时组织有关工厂进行赶制，连续奋战五昼夜，就完成了任务。并指派车辆，及时将这些冬装运往指定地点，交给了华北部队。杨得志、罗瑞卿为此专门致电东北野战军军需生产部，对他们的热情支援给予了高度赞扬。

（采访人：王彦红）

一个平凡老兵的自述

◎ 魏洪栋口述　刘杉　高星整理

时　　间：2017年8月10日

地　　点：内丘县中心敬老院

被采访人：魏洪栋

人物简介：魏洪栋（1928—　），邢台内丘人，1947年10月解放石家庄时被国民党在学校抓为壮丁，石家庄解放后被我军收编，后参加过定兴、徐水、保定、榆次、临汾等多场战役，因表现突出被提拔为连级干部并入党，1949年被选入华北军政大学学习，新中国成立后进入中央军委总参谋部下设的军训部工作，1953年转业回原籍成为一名教师。

◎　魏洪栋

2017年7月26日，魏洪栋委托长子魏演勇专门从内丘县来到西柏坡纪念馆，无偿捐赠了他在华北军政大学学习时用过的20多本书籍。为此，8月10日，笔者来到内丘县中心敬老院，拜访这位为新中国的成立经历过战火硝烟的老人！令我们感到欣慰的是魏老虽已90岁高龄，但身体依然健硕硬朗，面色红润，眼不花、耳不聋。经过简短介绍和说明来意之后，我们拿出提前准备好的采访提纲递给魏老，本以为年代已久，且魏老上了年岁，不会忆起太多事情，出乎意料的是魏老看过提纲以后，便打开了话匣子，从上午11点到12点整整一个小时给我们讲述了他读书、当兵、打仗以及工作的经历。听着魏老的讲述，我们一次次为之感动，禁不住对这位平凡老兵产生了无限的敬仰。今天我们把魏老的讲述加以整理以示后人！

参加解放军

1946年我18岁，由于家境还算好，家里把我送到石家庄上学，当时石家庄还没解放，都是私立学校，我所读的学校叫意公中学。1947年10月，解放军包围了石家庄，我和我的同学在学校被国民党抓为壮丁。由于战局紧张，被抓后我们就直接上了战场，因为没有受过任何训练，所以就被安排在北兵营给前线搬运弹药。后来趁着战场乱势，我们偷偷藏到了正太饭店的地道中，几天后解放军从正太饭店的地道中发现了我们并收编。我被编入晋察冀三纵队野战八旅独立团当战士，我所在的独立团团长是衡水深县（今衡水深州）人穆栋材，政委是衡水安平人杨寿增，政治部主任是山西人潘玉峰。我们被收编后的第一件事就是接受动员，记得当时是潘玉峰给大家做的思想工作，印象比较深的是他讲参加解放军是为全国人民解放，为老百姓办事！当时就觉得这些都说到我们心坎里去了，而且被国民党抓为壮丁是被迫无奈的。很快我们在思想上对解放军有了新的认识，成为一名真正的解放军战士。

当时我军的条件非常艰苦，我们整个团只有3匹马，行军时每人要背100发子弹、4个手榴弹、6斤小米和2双布鞋。急行军时一跑就是上百里，冬天每次行军身上穿的棉衣能被汗水湿透好几遍，一冬天都洗不上一次澡，身上又脏又臭，一年四季露宿战场，只有赶上夏天过河时才能洗洗，所以每个人的身上、棉衣缝里都长满了虱子，虱子多了反而也感觉不到咬了。那时部队中的伙食还不错，一日三餐都是小米饭，吃小米饭很顶用，我们行军一走就是100里，都不觉得饿。战斗之余，部队就组织我们参加射击、体操、跑步等训练，晚上进行思想政治学习。当时部队四处行军，会遇到各种状况，有了困难离不开当地老百姓的帮助。有一次我们部队在临漳县过河，河水一米多深，水流湍急，一个人在水中站都站不住，为了保护部队安全、顺利地过河，当地组织水性好的老百姓手拉手排着队组成人墙，站在水中，保护部队过河，防止不会游泳的士兵发生意外，被湍急的河水冲走。就这样，我们还要几个人手挽手拉着，枪都是放在头顶上顶着，预防弄湿！

激烈的一战

参加解放军后，我所在的部队在石家庄、保定、太原一带打了许多场仗，印象最深的是1948年元旦前后在保定易县中高村打的涞水战役。这一仗是为配合东北我军的冬季攻势，晋察冀军区发起的平汉铁路破击战。战役开始后，傅作义害怕保定失守，调兵向平汉铁路北段增援。当时我所在的部队潜伏在保定易县一带的中高村待命，记得当天杀了一头猪给战士们改善生活，突然接到命令，要求我部阻击，我们迅速挺进到傅作义部将要经过的中高村附近的山上，隐蔽起来，做好阻击准备，包括中高村的全体民兵也作为担架队一起参战。那时命令来了，叫走就走，说去哪儿就去哪儿，士兵不能随便问，包括首长的姓名有的都是保密的，一问就是犯纪律！中高村地处山区，这里是一条日本人在抗日战争时期修的土公路，公路两侧都是山，我们就隐蔽在两侧的山上。因为正值寒冬腊月，天气非常冷，天空还飘着小雪，四处一片雪白，为了不让敌人发现有我们的部队埋伏，我们就把军装反过来穿，那时的军装外表是土黄色的，里子是白色的，所以把白色的里子露在外面，与四周环境保持一致。

我们的阻击对象是傅作义的王牌军，这个军全部使用战车、汽车、炮车等武器，没有一个步兵。敌人和这些装备武器在山中间的这条土公路上绵延了足有二三十里，很是壮观。一个军有三个师，其中排在中间的一个师武器、弹药最多，于是当中间这个师行军到山体中间时，我们把前后山口全都围堵住，配合两侧山上的伏击，集中力量攻打。这一仗战士们不眠不休连续打了三四天，打得非常激烈。在交火中，我军也有伤亡，士兵受伤后，随时都有当地的民兵担架队把伤兵抬下战场。由于条件艰苦，所用的担架也非常简易，是用两根木头和绳子制作而成，当时就是“全民皆战”。

战役结束后，战场上留下许多武器，机枪、步枪、小钢炮、迫击炮、弹药等轻型武器都被我们缴获运走，由于局势所迫，又处于山区，战车等大型武器无法运走，我们就点火把所有大型武器全部烧毁。这一战中国民党第三十五军基本全军覆没，军长鲁英麟撤到高碑店火车站后，借故支走身边的警卫员，用手枪自毙身亡。后来我从《晋察冀日报》中看到报道，说是这一战后傅作义专门召集各军军长开会，安抚大家说：“胜败乃兵家常事，不能因为打了败仗就自杀。”当时我军是屡战屡捷，每天都有喜讯传来，战士们也是越战越勇，对最后的胜利充满了信心！

我也在这一战中头部受伤，还立了功，我们排长穆小右、指导员杨崇顺口头传达了上级对我的表扬。此后，我入了党，还被提了干。

华北军政大学深造

1948年6月11日，华北军政大学成立，毛泽东亲点时任人民解放军参谋长的叶剑英担任华北军政大学的校长兼政委。这所学校源于抗大二分校，后由晋察冀军区的军政干部学校、步兵学校和晋冀鲁豫军区的军政大学、陆军中学、青年教导团合并组成。学校分两个总队，一总队设在抗日战争时期日本人在北京长辛店二老庄修建的兵营里，二总队设在石家庄。1949年部队上决定抽调一批年轻有文化、有战争经验的党员到华北军政大学位于长辛店的一总队学习，因为我符合条件，于1949年4月有幸进入军政大学位于长辛店的一总队学习，总队里的两位领导都是参加过长征的老干部，指导员叫罗定志，另一位总队领导叫张世杰。

学校给我们安排的课程比较紧张，军事课程是从各部队抽调的军官、指导员来讲课，文化课是各名牌大学的教授来给我们讲授。校长叶剑英每个星期都会来学校，把学员们集中到一块儿给大家开会，朱德、彭德怀等中央领导也都来过我们学校看望大家。在学校里，除了军事训练，就是学习文化，而且学习的课程涉猎面很广泛，像地理、历史、生物、政治、经济等好多课程都要学习。虽然几十年过去了，当时学习的课本我一直好好保存，像《党的政策重要文件汇集》，朱德著《论解放区战场》《关于时局与任务的重要文件汇集》《建国文件汇集》《中共中央关于土地改革中各社会阶级的划分及其待遇的规定（草案）》《中苏友好同盟互助条约及其他》《红五月纪念史料》，列昂节夫著的《政治经济学》，薛暮桥著的《政治经济学》《管理工作参考材料之二——炊事方法》等30多本书籍和我的学习笔记都还留在身边，而且这些书籍大部分都是我们华北军政大学政治部和校务部编印的，是我在华北军政大学学习的全部回忆，所以我非常珍视，时常拿出来翻一翻。现在我年纪越来越大，这次在孩子们的建议下，整理后都捐赠给了西柏坡纪念馆。当时军政大学的学习气氛既严肃又活泼，学员们都非常珍惜在这里的学习机会，训练、学习都很努力，你追我赶。另外还设有奖励机制，成绩优秀就会给予奖励，由于我每次的训练、考试成绩都很出色，军政大学给我颁发了立功证书。

在华北军政大学期间，我对朱德总司令的印象尤其深刻，他每次来都穿着粗布军装，洗得都发白了，帽子也洗得变了形，帽檐都塌了下来，看起来就像一名老兵，完全没有领导架子，学员们都议论朱总司令真是俭朴，就连他乘坐的吉普车玻璃上还有被击穿的两个子弹眼儿。朱总司令每每看到学员都会招手致意，还说大家好。一次，朱总司令给学员开会，有学员问他："现在学校每月给我们连级干部发7斤小米，将来的生活是不是能有所改善呢？"总司令回答说："以后能让你们一个人挣的钱够养一家四口人。"

学校每个星期给安排6天课程，每周日休息1天，到了休息的时候，我们几个学员就结伴到北京城内的一些景点参观。长辛店离北京40里地，坐公交车一人要3毛钱，那时我们学员每人每月发放5毛钱的生活费，所以无论去哪里都是跑着来回，谁也舍不得花这3毛钱坐公交车。利用休息时间我们参观了万寿山、动物园、故宫、北海公园等许多景点，门票大都是一毛钱一张，现在想来也很怀念这段时光。

在军政大学的学习居住条件还是很好的，学员的宿舍大部分都是大屋子，能住十几个人，床都是木板的，属于日式那种固定在地上，包括墙壁也都是木头的，被褥都是配发的，我们房间里还有一个大蚊帐，所有的人都能睡在蚊帐中，像脸盆、暖壶等其他生活用品也都是由学校配发的。吃的也很好，每天都有细粮，像白面馒头什么的都能吃到。

我为开国大典担任警戒

1949年10月1日，开国大典在天安门广场举行，部队上从军政大学选调学员为开国大典做警戒工作，我有幸被选中，分配在菜市口、琉璃厂一带做外围警戒。

那是在开国大典前夕，军政大学接到上级任务通知，说是要选调出一部分优秀学员担任开国大典警戒，当时大家听到这个消息都特别兴奋，都想去参加这一项光荣的任务，同时又都感觉很有压力。兴奋的是这是为开国大典做警戒，多么光荣啊！感到有压力是因为听说开国大典那天不排除会有特务分子要破坏捣乱，甚至会有敌机来轰炸。虽然有担心和压力，我被选中后，激动得好几天都睡不着觉！心想如果没有参加过多次战争，没有战斗经验，在军政大学的学业水平不好，还不一定能被选上！

开国大典那天共有三道警戒线，第一道是手端冲锋枪的战士，第二道是警察公安人员，我属于第三道，所有担任警戒的都是参加过多次战争，有战斗经验的干部。我们第三道警戒在最外围，一旦发生意外，首当其冲的就是我们，那时就想，我们都是从战争的硝烟中冲出来的，为新中国的成立洒过血，流过汗，这次更是做好了再为新中国流血流汗的准备。

我所在的警戒分队是在菜市口、琉璃厂一带的街道进行巡逻，大家都是荷枪实弹，虽然心情激动，但都警觉地观察着四周的动静。当巡逻到西直门外的树林时，看到树林里架满了高射炮，每个高射炮都架在一块铁板上，由几个战士推着，严阵以待，场面很是壮观，随时处于临战状态。

那时天安门下面人山人海，当开国大典开始后，毛主席宣告中华人民共和国成立的话音刚落，天安门广场上的人群就沸腾了，喊着："毛主席万岁！"我们虽然离得比较远，听不清毛主席的讲话，但心情特别激动，心都快跳出来了，当时真想冲到天安门广场去看一看，看看毛主席。最后，敌机没敢来，开国大典顺利结束了。直到今天，每每想起或说起我曾经担任新中国成立开国大典的警戒任务，都感到无比光荣。

参加开国大典后的11月我被提拔为军政大学一总队四大队六队管理排

长，直到1950年5月我离开军政大学进入北京军委招待所，7月又调入东四七条39号院军委军训部任司务长、管理员。39号院原本是王怀庆的府邸，院落非常大，房间也很多，军训部的日常办公、家属居住生活都在这个院子里，上上下下几百人都不显得拥挤。当时，朱德总司令也经常来军训部指导工作，他给我们的印象一如新中国成立前那样朴素，每次到了吃饭时间，我们后勤会给总司令单独炒几个菜，但是总司令坚决不肯吃，坚持和战士们吃一样的饭菜。那时的中央首长在生活上比普通人还普通。离开军训部后，我辗转进入建华兵工厂当经理，1953年组织安排我转业回到原籍，成为一名教师。

（采访人：刘杉、高星）

不朽的记忆

◎ 单还来口述　李卓洁整理

时　　间：2017年10月14日

地　　点：河北省石家庄市平山县三汲乡单杨村

被采访人：单还来

人物简介：单还来（1928—　），平山县三汲乡单杨村人。1945年7月参军，在解放战争期间曾经参加过青沧战役、解放正定、清风店战役、石家庄战役、保北破交战役，曾在部队中历任战士、副班长、步枪班班长、机枪班班长，1948年5月因参加保北破交战役受伤退伍，后一直在家务农。

我是怎样参军入党的

◎　单还来

1928年我出生于河北省平山县三汲乡单杨村，当时属于两河区。由于连年的战争村里已经几乎没有青壮年男性了，剩下的都是些老弱病残。每个村征兵多少是区里分配名额，部队上也不是什么样的人都要的，身体上任何一个部位包括智力有毛病的都是不要的。我是1945年7月份参军，那年正好18岁。开始参加的部队叫平山大队，后来经过几次改编，最后被编入到四纵队三十五团，我后来就一直在四纵队三十五团直到负伤退伍。我参加部队后不久就上了战场，前期主要是在井陉周边打日本人，抗日战争胜利后主要是跟国民党军队作战。虽然在军队上待的时间不是太长，但是几乎天天在打仗，今天在这个县明天就可能在别的县了。1946年6月我入了党，介绍人是我当时的指导员，在连队里我还是党支部委员。我负伤退伍以后党籍没有开回来，当时我往连里写过好几封信，但是都没有给介绍下来，以至于后来就没有再入党。

记忆中非常惨烈的一次战役

我记得在新乐青同村与国民党打的堡垒战斗，非常惨烈。一场战斗下来一个营就伤亡200多人，我们连编制有150人左右，这次战役伤亡50多人，伤亡达到三分之一。堡垒里有100多敌人，光机枪就有好几挺，可以说敌人的武器配备还是非常好的。我们是一个团的兵力，还有两门大炮协助，武器配备也还是可以的。这场战役本不应该伤亡这么多，主要是因为各方面配合不到位，没有严格按照上级的计划安排执行。战斗计划是这样的：我们先用炮轰他们的堡垒，待炮弹打上七八发以后，敌人跑出来，在堡垒的外围解决敌人。但是事实上我们的炮只打了3发，有一股敌人从堡垒中跑出来了，二连就用机枪给了一梭子，敌人就缩回堡垒中再也不出来了，紧接着二连长就命人往上冲，远处的炮兵见到我们都发起攻击了，然后就没有再给我们支援，直接就撤走了。后来三连也往上冲了，我们一连也只能往上冲。由于敌人占据着有利位置，所以当我们强攻的时候，便成了敌人机枪底下的活靶子。

由于距离堡垒特别的近，敌人的手榴弹都扔到我们身上了。我们可以清楚地看到敌人的机枪手探出半个身子来，架着机枪向我们扫射。当敌人的机枪手向我们开火的时候，我们根本抬不起头来，趴到地上一动都不敢动。能看到前边战友牺牲的场面，有的是抬着梯子攻的，攻的时候只看到梯子在沟里扔着，却看不到抬梯子的人，肯定是牺牲了。在敌人的机枪停歇间隙，连指导员让一班长带着人干掉机枪射手，当一班长刚把枪探出来，还没有摆好开枪的姿势时，就只听见“嘭”一声枪响，一班长的胳膊被敌人打掉了。一个战友脑袋稍微动了一下，敌人的枪再次响起，这个战友被击中了头部，倒在血泊之中。其实我们每个人心中都憋着一口气，在冲锋号响起的那一刻，杀红了眼的我们就已经把脑袋别到了裤腰带上了。这个堡垒最后终于被我们拿下，俘虏了几十号敌人，缴获了不少的武器装备。

清除石家庄外围战役

1947年春天，开始打响了清除石家庄外围战役。二纵队打正定，三纵队打井陉矿区，四纵队打鹿泉。这一段时间我们部队一直在石家庄的外围作战，对石家庄围困了几个月。我们营在鹿泉一个叫高庄的地方驻扎，有一天敌人的一个团到了鹿泉，我们营二连进行了试探性的进攻。一打顶不住敌人，就赶紧往回撤。在撤退中还有一段小插曲：二连在保定北战役中俘虏了一个国民党的士兵，这个士兵的表现在全营上下都得到认可，表现非常好，没想到这次战役中竟然投敌了，在跑的时候还朝他所在班的班长打了两枪，比较幸运的是这两枪都没有打中。等到这个叛徒跑走没多长时间，敌人的整个团就都压上来了。因为这个叛徒告诉敌人我们在这个地方就一个营的编制。待敌人开始攻击的时候，营长开始下达命令要求各连抢占各街道口。营长说："今天我们死也得死到这个村子，不能撤。"从早晨接上火打到了中午，敌人打算把我们这个营吃掉，但是最后打得敌人就没有进这个村，后来不知敌人那边出了什么情况打着打着就撤走了。

我们在鹿泉待了几个月的时间，后来也记不清哪一天是哪一部分的部队用一晚上的时间把鹿泉城给解放了，打完以后直接撤走了。鹿泉解放后，我们营还继续在高庄驻扎。后来敌人一下子来了一个军，一共是9个团的兵力，放眼望去整个高庄周边满是敌人的兵。当时三营被包围到村子里出不来了，团里让我们营出一个连打接应，于是营里就把我们连拉上去了。走到鹿泉城边，我们和硬打冲出来的三营会合后撤到了巨大的土疙瘩旁边。我们连长指挥担任掩护任务的机枪手往回撤时敌人的子弹打过来，把连长打得"挂花"了。指导员就说："快弄上连长走！"我们当时都愣住了，对面是八挺重机枪封锁着我们，当时就感觉逃不出去了。指导员说：

“三排掩护，别人撤！”指导员话音刚落，一个炮弹打了过来，在我们附近炸开了，指导员和机枪手都有不同程度的受伤。比较幸运的是最后我们都冲出来了。这场战斗下来以后，我升为了一营三连一排二班长，原来是副班长。

后来我们部队到平山回舍镇休整了两个月，就出发打天津沧州中间地带，我们叫青沧战役。这时候已经是阳历6月份，这个战役打得很漂亮，三个纵队总共伤亡不到1500人。后来我们回到保定休整，驻地离正定只有70多里。有一天吃完午饭连里通知要打正定，其实正定在春天已经解放了，后来又被敌人占了。接到通知后我们赶到了正定北关附近，干部们去把地形侦察了一下，第二天天还没有亮我们就开始了进攻，一直打到中午，把敌人赶到了正定的南门，南街附近。十旅的一部分也跟敌人接上火，最后正定城的敌人被赶到滹沱河河滩上，被埋伏在那里的三十四团用轻重机枪一起扫射，敌人基本被消灭。这一场战斗可以说是一次比较漂亮的歼灭战，一场战役下来正定敌军活着的不多。战斗结束后我们已经一天一夜没有吃东西了，团里下达命令说稍事休息准备吃饭，后方把做好的饭送过来，我们终于吃上了饭。

我参与的清风店战役

这场战役结束以后我们一直被拉到保定北大清河边，正好赶上放电影，电影的名字叫《苏北战争》，介绍的是苏军对德军作战。晚上我们就地休息，不知什么时候紧急集结，我们就坐上了车赶赴战场。打仗的地点在北平、天津、保定中间，这场战役打得并不好，因为正好赶上那边下大雨，尤其是过去的第一天雨下得相当大，交通沟里边的水跟路面是齐平的，这场战役打得相当艰苦。打了几天的仗就下了几天的雨，总的来说这场战役是没有打好的。打了几天后突然接到上边命令说：不打了，所有的部队赶紧撤，越快越好。后来又撤到了保定北大清河以南，等待分配任务。连长封佳路三言两语说这里我们就不打了，走不了的病号留下来，我们又有新的任务了，准备打清风店。上场战斗下来以后我们并没有吃饭喝水，半夜我们又走了260里地到了战场，已经一天一夜没有吃饭喝水，以为会给大伙留一点时间擦擦枪喝口水吃点饭歇一会儿，没想到过去就接上了火。说实话那是真的又累又渴。战斗中间我们临时成立了训练队，训练队的任务就是照顾整个团的病号，地点是在安新县同口镇。这时我到了训练队，主要任务就是照顾病号，所以清风店战役直到结束我是基本没再参与战斗。

我参与的石家庄战役

清风店战役结束后我们的主要任务是休整，补充人员，大概是一个月的时间。休整的地点是保定定县，住在老百姓的家中。在休整期间我们时时刻刻处于战斗状态，早晨很早起来跑操，白天进行军事训练，还有早自习、晚自习。晚上经常会搞紧急集合，手榴弹就是紧急集合号。这段时间就已经知道要打石家庄。

◎ 石家庄战役一角

我们三十五团打石家庄的任务就是解放休门街，从下任务到完成任务大概就用了半宿的时间，虽然敌人设置的二道沟特别深，我们打开口子靠上梯子过了沟就把敌人的营部端掉了，还是非常顺利的。战斗分几个层面进行攻击，有主攻营有预备营，主攻营也是突击队，突击队打得不行了预备队上。一个团有三个营的话，比方一营是突击队，二营、三营就是预备队。突击队在前，预备队在后，营与营之间互相呼应互相支持。当时一营是主攻，打开一个突破口后所有的人就端上枪往前冲。当我们占领他们的营部后，没过一会儿活捉了一个运送炮弹的国民党士兵，他过来拿炮弹，当时这个人非常惊讶地说："你们怎么会在这里？"我们说："打过来的呀。"这个人反应倒是挺快，直接就把双手举过了头顶。又等了一会儿又有一个扛着两挺歪把机枪的国民党士兵跑到营部里，因为外边打得实在太激烈了顶不住了，就扛上枪回营部了。我们的人上去就把枪给他下了，用枪顶住了他，他还以为有别的士兵跟他开玩笑呢，就说："兄弟们别逗了，外边还正在打哩，我回来喘口气。"在场的人都笑了，说："你好好看看俺们是谁啊？"这个国民党士兵整个人还在蒙圈之中，他使劲揉了揉眼看到我们惊讶地问道："你们是坐飞机来的吗？"所有在场的人又是笑声一片。

我所在的训练队的主要任务是为前线部队运送弹药，主要是在晚上进行的。弹药箱很大足有3尺多长，非常沉，得两个人抬着走，我心想还真不如上前线打敌人呢。前线运送弹药的路是非常难走的，虽然是在平地上走，但是要穿过敌人设置的各种路障和军事工事。由于是往前线运送物资所以我们就在整个战场上穿梭，有一次正好走到交通沟附近，一个炮弹落到了我们的身边"嘭"一声爆炸了，炸弹爆炸产生的巨大土浪向我们拍了过来，把我和另一个战友摧到交通沟内。我们稍微缓了缓神儿从土堆里爬起来，当我站起来时感觉脸上火辣辣的疼，大概是炮弹摧的。检查了一下我们抬的弹药箱没事后，拍了拍身上的土。我们排长听到炮响以后就赶紧跑过来查看情况，他以为是炮弹落到炸药箱子上爆炸了呢，就赶紧问："怎么了？怎么了？你们没事吧？炸药箱没炸吧？"我们几乎同时回答："我们都没事，炸药箱也没事，要是炸药箱被炸我们就不在这了。"炮声响完以后我们就赶紧抬起箱子继续前进。还有一次我扛着一箱手榴弹往前线送，在交通沟内当我刚爬上梯子，把手榴弹箱子往沟沿儿上一放，只听见"咚"一声，一个炮弹打到了离我不远的地方。当时我正打算爬上沟沿儿往前方走呢，本能地就站在梯子上往下一蹲，说时迟那时快，我的身后不远的地方十几发炮弹连着炸响了。我们团拿下休门街以后就没有再打了，但是我们四周枪炮声又持续了整整两天两夜，分不清哪里是哪里，哪里都有枪炮声。整个石家庄战役我们这个团是伤亡不大的。

战役结束以后我们部队进行了休整，训练队由于回去得比较晚，等到回到团里时建制已经完整，后来训练队的人员就各回各班了。训练队在这场战役中是没有伤亡的，训练队的本意是这场战役结束以后，谁活着健康回去就准备提干，说得通俗一点整个训练队就是干部后备处。我们团政治部主任曾经观看过我们训练，当场说过这样的话："训练队里这几个班长随便拿出来哪一个，带一个排都是没有问题的，都是好样的。"后来我们连长张菊美找我谈话说提拔我的事情，但是因为部队干部已经安排完了，没有空闲位置了，连长让我谈想法，我说就在连里当一个通信员。连长说："那可不行，这样吧，你到机枪班当代理班长吧。这次战役机枪射手负伤了，副班长也负伤了，小炮手也负伤了，这个班在清风店战役、石家庄战役中被打垮了。你过去以后重新把这个班带起来。"我原来一直在步枪班当班长，做了一年多的班长，这场战役后才临时过来做机枪班代理班长。

我的负伤治疗过程及后来的生活

打完石家庄战役后部队到保定整顿了一段时间，后来接到任务去围歼敌人在定兴县驻扎的一个旅。当时我们四纵队是三个旅，后来才知道敌人有一个军部一个师部四个团的兵力。时值冬天地上的雪非常厚，为了达到更好的偷袭效果我们把身上所有的棉衣，棉帽都反着穿，因为衣帽里边都是白色的面，我们身上背包也是反着背的。冲锋的时候是这样安排的：前边一个步枪班，中间一个机枪班，后边一个步枪班。当我们冲进敌人阵地的时候，我们排的副排长带领着一些战士和我们失散了，就剩下排长带着我们几个人猫腰前进，直到敌人离我们不过十几米远，一抬头就能看到他们。由于有村子里墙头做掩护，所以我们能清楚地看见敌人的一举一动，敌人却不容易看到我们。我拍了拍排长的肩膀，问他："前边就是敌人，我们怎么办？"他反问我："你是怎么考虑的？"我回答："现在咱们就这么几个人，倒不如去找连长他们，那边就是咱们连长。"排长就说："好，就按你说的办！"当我们找到连长后，便开始进攻了。

在我旁边的机枪手是一个新手，胆子也小，在没有瞄准敌人的情况下就开枪了，一梭子下去没有打中敌人，反而引来敌人的一阵反击。我们也开始还击，在经过一阵儿交火后，就有一个战士负伤了，我看他伤得不太重，就想让卫生员给这个负伤的战士简单包扎一下，正好连长也过来了，连长说先不要管他了，让我们赶紧封锁住村子的其他街口防止敌人再冲进来。于是我就端上机枪往上冲。当我冲到一个墙头跟前刚架好机枪准备打，一个炮弹就过来了，把我打翻在地。我的脑袋当时就蒙了一下，等我翻过身来喘了口气，意识到我负伤了。胳膊、腿部、髋部，都有不同程度的伤，受伤最厉害的是我的右胳膊，血流不止。我们排长其实就在离我不远的地方，他招呼通信员先查看我的伤情，然后叫他陪我一起走下战场，当时排长还嘱咐通信员别走有火的地方，要原路返回。

开始我的意识还是清楚的，当时没有感觉到疼，就是感觉非常的渴，走了大概一里路才到后方医院。当时在战场上负伤后下战场又二次被打中伤亡的是很多的，所以这几百米的路程也是相当危险的，比较幸运的是最后我没有出现二次负伤的情况。当我走到战时临时处置点时就感觉出来疼了，而且是非常的疼，感觉快要走不了。这时正好碰到三排的机枪班长和副班长也背着枪跑下来了，一个是“挂花”了，一个是枪出了故障。他们就问我怎样了，我说我受伤了走不了，他们看到我的伤势较为严重，就把我架上送到了临时处置点。第二天早晨医生给我端了一盆热水清洗了一下伤口，进行了简单包扎。由于这里离战场很近并且只是一个临时的处理点，再加上我的伤比较严重需要手术，所以在第二天我就坐上担架进行了转院治疗。记得这个医院离我负伤的地点还是非常远的，从早上天刚刚亮我坐上担架，一直到当天晚上10点才到医院。到了医院以后大夫问我：“吃饭了没？”我说：“已经饿了整整一天了。”后来大夫就端上来一碗面让我吃，由于伤得没有力气，胳膊也抬不起来，我实在没办法自己吃，就说：“麻烦你了，还是喂我吧。”吃完一碗面以后，大夫又问我：“吃饱了没？”我说：“还有吗，整整饿了一天了，再给我盛一碗吧。”等我吃完两碗面以后，他再问：“行不行了？”我说：“这次饱了。”

从我受伤到做手术间隔了10天，当时我身体多处受伤，有些伤口里还有弹片，伤口多处化脓溃烂，那几天我床上所铺的褥子、褥子底下的稻草、盖的被子都被脓水浸湿了。由于没有很好的药，再加上伤口在溃烂，所以医生一直都在跟我商量是不是截肢。我当时信念还是很坚定的，我说我宁可胳膊烂掉死了我也不会去截肢。后来在我的坚持下，医生听了我的意见一直都在给我进行保守治疗，最后胳膊上伤口处的肉差不多都掉了，嵌在肉里的弹片也就掉了下来。在医院里待了几个月后我就转移到健康连，主要看伤恢复得怎么样。由于我伤到了筋，整个胳膊是提不起来的，已经达不到再上战场的条件，最后给我评了一个三等甲级残废，发了军人残疾证件。

从我受伤到回家大概是3个月的时间，我回家以后就一直在家里务农，我们村里从抗日战争到解放战争牺牲的有十大几个人。当时和我一起参军的大部分都伤亡了，活着回来的有单英英、宏发、二秋。单英英现在还活着，今年95岁了，宏发去世已经有20年了，二秋活了80多岁。到现在没有在村子里居住还活着的我知道的有两个：一个是在石家庄居住，还有一个在山西定居了。2006年的时候，三汲乡政府找我了解在抗日战争期间的一些情况时，他们提出像我们这样的退伍老兵是可以享受国家政策的，如果手续能补上可以领到国家的补助。可惜的是我当年的证件在前些年打扫家里的时候放到炉灶里边烧掉了，我以为这么多年都过去了，这些手续也没有什么用了。后来经过多方打听得知石家庄军区干休所里边有当年我们的连长，最后找到他给我开的证明信。2006年底我收到了国家给发的补助，领上老兵补助，我已经80岁了。伤残这个事情一直没有落实，因为还是缺当时的住院或出院的手续及伤残证明。2015年，我接到三汲乡政府通知，领到了抗日战争胜利70周年纪念章。

（采访人：李卓洁）

平了碉堡群　撕开了内市沟电网

◎ 关云文口述　董世杰　杜继亮整理

时　　间：2017年7月21日上午

地　　点：太原

被采访人：关云文

人物简介：关云文（1925—　），河北平山县下槐镇秘家沟村人。1939年12月在平山参加八路军，所在部队是晋察冀青年支队独一旅一团三营五连（后改编为华北一纵一团和六十六军一九六师五八六团），亲历了抗日战争和解放战争。解放石家庄战役时，他是三营九连三排排长。1950年11月从第四野战军调入青岛中国人民解放军海军任艇长，是新中国第一代海军。老人离休后定居太原市。

平山籍老兵“乡音未改鬓毛衰”

2017年7月21日上午，古城太原，天气闷热。

记者前往关云文老先生家采访，敲门无人应。15分钟过去，电梯门突然打开，一位精神矍铄的老者从里边健步走出，手里还拎着一个大西瓜，这就是92岁的关云文老先生。原来，老人得知家乡的记者来采访，特意换上干净的衣服，冒着酷暑去买西瓜。

老人身材不高，满头银发，两眼炯炯有神，走路不用拐杖，提着重物还行走自如。从13岁参军离开老家，到如今已满头银发，讲着一口平山话的老人笑称“乡音未改鬓毛衰”。

房间里宽敞明亮，客厅两边的墙上是老人不同年代的照片，有许多是国内一些文艺界名人和老人的合影，照片上的关老穿戴整齐，胸前佩戴着不同年代荣获的奖章，老人的脸上洋溢着灿烂的笑容。

攻打外市沟帽子上留下弹孔

回忆起解放石家庄战役，关云文老先生思路清晰。

“我当时任三营九连三排排长，战役是先从摧毁石家庄外市沟防御工事开始的。”参战的我军各路人马在战前已经按指定位置将石家庄四面包围，开始准备过沟用的大梯子，砍电网用的长把大铡刀，土制防电器和扒线钩等用具。关云文所在的营负责攻打石家庄西北郊大安舍村外的碉堡群。敌人的阵地约有500平方米大小，中间有一个约三层楼房高的主碉堡，四周有蜘蛛网一样的交通沟和暗道与周边大大小小的碉堡和地堡相连，与主碉堡之间形成高中低立体交错的火力控制网。紧靠群碉外是又深又宽的防护沟，易守难攻。

1947年11月7日上午10时许，我军发起进攻，关云文带领的先锋排冲到防护沟时，过沟用的梯子没有跟上来。在敌人猛烈的火力阻击下，战士只能一个个跳入防护沟内，有的战士腿脚当时就被摔伤。一部分战士搭人梯先越过沟向敌人猛烈还击，后面的战士在火力掩护下迅速越过防护沟，冲向敌人阵地。此时几百人的战场，枪弹声、呐喊声惊天动地。在我军的强大攻击下，敌人很快就失去了指挥控制能力，乱了阵脚。

这一仗只用了约40分钟，守敌100多人不是死伤就是被俘。“我军也有不小的伤亡，仅我们排就伤亡近四分之一。我取下帽子，拍打身上的尘土时看到帽檐上有一弹孔，这是解放石家庄给我留下的第一个纪念。”关云文说起往事，十分激动。

英勇的先锋排“撕开”电网

11月8日上午，攻打内市沟，关云文所在的三排是先锋排，负责砍电网，给部队打开突击的通道。上级派人送来了过沟用的大梯子两架，一把长把大铡刀，一个土法制作的防电器，还调来三挺轻机枪。营长李凤吉嘱咐道："砍电网是关系到我们营过内市沟的重大任务，你们三排要好好安排，必须完成任务，保证大部队顺利过沟。"

排长关云文命令七班负责砍电网，把所有人员排了顺序，前一个倒下了，后一名就要顶上去，七班全体人员轮完后，他这个当排长的上；命令八、九班为抬靠梯子组，要求用长杆控制，把一架梯子直接推到沟对面，靠在电网柱子旁边，另一架梯子靠在边上，战士下沟时使用；命令机枪班封锁敌人的火力点。三排原有两挺机枪，加上调拨的三挺机枪还有一个掷弹筒，全部指定了每一个武器要封锁的位置。

当时，大家都不了解电是怎么回事，只知道非常危险。所谓土制的防电器，不过是一个长杆上用几根铁丝和木棍扎成的小架子。很多人认为，这次是九死一生的任务，在心理上有很大压力。关云文给大家鼓劲："我们都是兄弟般的好战友，今天必须完成任务，要有必胜的决心，大家挺起腰板，胜利一定是我们的，这也是大家立功的好机会。"并且要求大家，通过开阔地带时不能停留，要快速进入沟内。

下午5时许，冲锋号角吹响。机枪班战士冲在最前面，在快速前进中压制住敌人的火力点，后面的战士跟着向防护沟冲去。途中有一名战士趴在地上，关云文上前就给了那名战士一脚，说太危险，不能停留在这儿，一起冲上去。大家顺着梯子下沟，但人多梯子少，待在开阔地段又很危险，关云文大喊让大家顺着沟壁滑着跳下去。

砍电网的梯子放在沟里，刚好够到地面，战士田德福提着大铡刀，踩在梯子最上端，举起大铡刀向电网使劲砍下，电网没有砍断，铡刀却被弹了起来，连人带刀从梯子上摔到沟底。关云文见状不好，大喊着命令战士赵四快上。话音未落，就见田德福像铁人一样从沟底爬起来，提着大刀又上去了，他举起大刀连砍数下，"电网就这样被砍断了"。大家都向他投去惊异的目光，这才知道电网没电。

随后，大家很快就把驻守的敌人打退，打开了通往石家庄市区的通道。就这样，敌人苦心经营的第二道防线又被打破了。

遭遇敌机轰炸不幸负伤

第四天早晨，连长调三排去协助一、二营继续攻打北焦村。这里是敌军的防守要地，火力非常猛烈，不断向我方阵地炮击和扫射，还有飞机不时轰炸。

大约在中午11时许，一颗炮弹在距关云文几米远处爆炸，他的右太阳穴被弹片击中。关云文只能用手捂住伤口，坐在地上还想再坚持战斗，但是，鲜血顺着手流淌下来，他感到头晕眼花，难以支持。战士田德福见状拉起关云文要到后边去包扎。此时又有两名战士的手被炸伤，三名伤员就互相照应着去后边寻找救护的地方。途中敌人又进行轰炸，三名伤员进到一处房子里，房间里已经有七八个重伤员在此等候救护。当时的急救也只能是用土布包扎伤口，然后再给一个白药片（止痛片）而已。躲过这轮轰炸，三名伤员刚从房间出来走了二十几步远时，敌机正好又俯冲过来向他们扫射，同时投下两枚大型炸弹，一枚炸弹将有伤员的那个房屋炸塌，另一枚炸弹没有爆炸，弹身大部分插入地下，少量外露，足有一米多长。三人侥幸躲过一劫，就这样躲躲走走直到天黑后才离开战场。

“遗憾的是，我没有坚持战斗到石家庄最后解放，但是头上至今留下了解放石家庄的永久纪念。这是我和同志们解放石家庄时四天三夜的战斗经历。”

永远不会忘记石家庄

“我每年都回石家庄一次，平山县还有我的亲人！我永远都不会忘记解放石家庄的战斗。在大大小小的战役中，我负过六次伤，都没有‘光荣’了，我很知足。在暮年之际，我常常想起出生入死的战斗经历，常常想起牺牲了的战友，也想知道那些幸存下来的战友在哪里。”

“以岁月为律，把自己的梦幻、誓言、承诺铭刻在五星红旗上，用枪林弹雨铸造忠诚；以狂为刃，斩断那荆棘华霜，把刻骨铭心的赤诚坦荡、真真切切的思念烙在心中，诠释着共和国军人的顽强与忠诚！”

临别时，关老拉着记者的手，一直送到小区外。人都走远了，老人还站在阳光下，不停地挥手……

（来源：2017年7月25日A3版《燕赵晚报》）

突击排冲到哪里　我就跟到哪里

◎ 于希贤口述　苗静整理

人物简介：于希贤（1927—　），河北省黄骅市人。1946年参军，1947年参加解放石家庄战役，时为晋察冀野战军三纵队八旅二十三团二营四连卫生员。后来参加了辽沈战役、平津战役和抗美援朝战争。1953年回国，先后任63军563团军医、后勤处长，562团副政委。1978年任新华干休所（原63军干休所）政委，1986年离休。

战前培训文书、理发员学习急救技巧

备战攻打石家庄，1947年10月的大练兵可谓是热火朝天。

由于日寇和国民党长期占领，石家庄市区的防御工事非常坚固。敌军最高指挥官、第三十二师师长刘英曾吹嘘："没有飞机、坦克，共军休想拿下石家庄！"内、外市沟和市区核心工事，6000多个大小碉堡，共计2.4万余人的守敌，都成了他们吹嘘的理由。不过，那时国民党军在运动战中已连连失败，只是对固守城市还存在侥幸心理。

虽然于希贤当时只是晋察冀野战军三纵队八旅二十三团四连一名卫生员，可他跟别的战士一样，对石家庄的防御情况了解得很透彻。早就有潜伏在石家庄城内的同志把情报送出来了，因此战前练兵很有针对性。战士重点训练穿壕沟、破障碍、街巷作战的战术等，达不到标准不让参加战斗和担任主攻。这大大激发了部队的练兵热情，纷纷争当尖刀部队。

四连120多名战士，只有于希贤一个卫生员，他的练兵任务就是培训

卫生战士。每个排一名卫生组长，每个班一名卫生战士，文书、理发员都要学习包扎、急救。每名战士都随身带一个急救包，止血带不够就自己想办法，把自行车内胎剪成条充当止血带。必要时刻，要能够开展自救、互救。

战场上，救活一名战士，就等于消灭好几个敌人。卫生员不仅是在救治伤员，同时也在鼓舞士气。战前宣誓时，于希贤的保证是：突击排冲到哪里，我就跟到哪里！

一马平川的空地一夜出现连片工事

1947年11月9日拂晓，攻城部队肃清了内、外市沟之间各据点的敌人，第一道防线土崩瓦解。接下来就是攻打敌三十二师驻守的内市沟了。攻打内市沟，于希贤所在二十三团的任务是在振头镇至西三教地段突破，而他所在的四连是尖刀连。

11月9日夜，四连战士在距离内市沟不到100米的地方拉开距离，每人一把铁锨开始挖工事。那夜下着雨，敌人不时打着照明弹，冷枪冷炮不断。甚至有守敌朝他们喊话："你们要是共产党的野战军，我们就跟你们打打，你们要是民兵，赶紧滚回去，别找死！"敌人的狂妄可见一斑。

每名战士挖好自己的工事，然后互相连通。工事挖到一人多深时，搭上门板，门板上再铺上几十厘米厚的土，一般的机枪、步枪就打不透了。到后半夜，包括运送伤员、弹药的交通壕全部挖好了。

《陆军第六十三集团军军史》记载："一夜之间，将敌人内、外市沟之间二千米内的平坦开阔地带，挖出了工事连片、壕沟纵横交错，能攻能守又能藏的网状阵地。"这样的地形改造，不仅为突破内市沟创造了有利条件，还在精神上给了敌军极大的震撼。被俘的敌军一个团长曾说，头一天黄昏，阵地前还是一马平川，第二天天亮，凭空出现了许多地堡，遍地是交通壕，"顿时，我们防御的信心失去了一半"。

就在于希贤和战友挖工事的同时，工兵则将交通壕挖到了距离内市沟外壁很近的地方，埋了1000多公斤炸药。当时的设想是，利用炸药的威力，把外壁的土推向沟内，掩埋沟底的尖桩和积水。

四连的任务，就是在炸药爆炸后一举突破内市沟。

仅仅10分钟　尖刀连就突破了内市沟防线

1947年11月10日16时30分，部队向内市沟发起总攻。阵地后方，野炮、山炮、迫击炮纷纷开炮，城内的发电厂、兵营等瞬间变成一片废墟。

藏在工事内的于希贤，能听到炮弹在头顶嗖嗖地飞过。与此同时，那1000多公斤炸药爆炸了，顿时地动山摇，就像地震一样。于希贤看到，一根根黄色的土柱飞起四五十米高，甚至有1米见方的巨大土方被炸上天。内市沟的沟壁被炸成了缓坡。后来，有个被俘的敌军士兵说，如此威力巨大的爆炸，他们还以为是解放军的什么新式武器，吓得躲到地下工事都不敢出来了。

土方一落地，四连的战士就发起了冲锋。内市沟沟底的尖桩虽被土掩埋了，但土层特别暄腾，就像踩在深雪中一样。于希贤和战友一起，小心翼翼地爬过了内市沟沟底。梯子竖起来，四连战士争着爬上去。关键时刻，梯子却被压断了。就在这千钧一发之际，一位班长大喊："搭人梯！"战士立刻一个摞一个搭起了人梯。顺着人梯，有战士迅速爬上了沟墙，用机枪扫射，压制住敌军火力。随即，更多的战士从人梯爬了上去。

仅仅10分钟，四连战士就突破了内市沟防线！

趁着我军立足未稳，敌人展开了疯狂的反扑。"守住突破口就是胜利！"四连副指导员孙臣良高喊着，鼓励战士英勇杀敌。大家冲锋向前，连续打退了敌人的两次反冲击。第三次反冲击时，五连、六连也同时突入，并从突破口向两翼扩张。

冲锋半小时　120多人的四连90多人伤亡

四连副连长腿部骨折、四连副指导员头部负伤，3名排长一人牺牲、一人负伤，还有一人耳朵被震聋了……发起冲锋后仅半个小时，四连120多人，就有90多人伤亡。此刻，于希贤的战前练兵发挥了巨大作用。他负责重伤员，经过培训的卫生战士负责轻伤员，在隆隆的枪炮声中止血、包扎、固定、搬运，紧张而又忙碌。

攻打内市沟50分钟时，四连将南兵营的围墙炸开一个豁口，胜利完成了任务。考虑到四连伤亡较重，上级让他们稍事休整，但连长仍坚持冲锋在前。后来，部队突入市区展开巷战，只剩下30多人的四连组成一个排，同主力部队一起冲杀。

1947年11月10日晚，连长让头部负伤的副指导员孙臣良与于希贤和一名通信员在后方充当联络员。夜色中，还下着小雨，他们三人迎面遇到了二三十人，不知是敌是友。对方问："你们干什么的？"孙臣良听对方口音不善，顿时提高了警惕，机智地回答："自己人！"敌人凑过来一看，喊了声："不好，是共产党！挑了他们！"几个敌人端着刺刀逼上来，孙臣良一拉身边两位战友，迅速跑开，到三营求援。三营长随后派人解决了这伙敌人。

虽然四连伤亡不小，但伤员都得到了及时救治。战斗结束后，伤员被转送到营、团，都要逐级登记详细情况，四连的战场救护非常成功，于希贤成了连队卫生员实施战场救护的一个典型，个人荣立大功。

心　声

我一生转战大半个中国，亲眼看着那么多战友在战场上牺牲，很多只有十几岁、二十几岁，心里很难过。我非常荣幸地看到了如今的太平盛世，过上了曾经想都不敢想的好日子，国家和人民还给了我很多荣誉。解放石家庄那会儿，我觉得能吃饱饭、不挨冻、生了病有药吃就是幸福。现在看来，如今的幸福生活比那时的想法不知要好了多少倍。现在的幸福生活是无数革命先烈用生命换来的，希望年轻人都懂得珍惜。

（来源：2017年7月29日A2版《燕赵晚报》）

送信返回被炸伤　20岁落下终身残疾

◎ 刘占龙口述　柳安臣　刘琛敏整理

时　　间：2017年8月9日10时许

地　　点：河北省曲阳县范家庄乡栗树沟村

被采访人：刘占龙

人物简介：刘占龙（1927—　），河北省曲阳县范家庄乡栗树沟村人。他于1945年参军，1946年11月加入中国共产党，1947年11月，在解放石家庄战役中圆满完成送信任务后光荣负伤。他因伤致残，于1947年12月退伍返乡务农。

90岁高龄走路吃力　却能坚持迈过门槛

2017年8月9日10时许，经过两个半小时的跋涉，记者在刘占龙的孙子的带领下，从石家庄市赶到曲阳县范家庄乡栗树沟村，拜访曾参加解放石家庄战役的耄耋老人刘占龙。见到这位老兵时，热情的他已站在家门口迎接大家了。只见满头白发却又精神矍铄的刘占龙拄着拐杖慢慢走来，虽然有些吃力，但却能自己坚持着迈过高约20厘米的门槛。

“我自己能过去，没问题。”90岁的刘占龙指着门槛笑着将记者领进东屋。屋里摆放着他许多鲜红的奖状和一些解放纪念章，一张已经泛黄有些破损的退伍证夹杂在其中，似乎诉说着那段峥嵘岁月。刘占龙轻抚着这些宝贝，如数家珍般回忆起了解放石家庄时亲历的一幕幕……

战前进行攻城演练　阵地前挖沟作战

刘占龙小时候曾当过村里的儿童团团长，那时他们就开始“站岗、放哨、抓汉奸”。1945年的某一天，18岁的刘占龙正在山上放羊时，忽然听到在山上砍柴的几位村民说，村里正在“征兵”，听罢，他就赶紧赶着羊回了家。要求进步的他毫不犹豫地成了一名“八路”。“临行前，我娘还送给我一个她亲手做的军绿色书包。”刘占龙说，这个珍贵的书包，他一直保存到现在。

解放石家庄时，20岁的刘占龙是冀晋独立旅一营一连的一名通信兵兼警卫员，当时部队驻扎在平山县。1947年10月初，部队得到通知要打大仗，战士们就开始进行各种各样针对“攻城”的演练。不久后，部队接到命令迅速往石家庄方向开拔。

刘占龙回忆，部队行进到石家庄外市沟以外的地方驻扎了下来。经过侦察班侦察地形后，部队研究决定：为了减少伤亡，采取挖交通壕向前步步抵近的作战方法。于是，刘占龙和其他战士就不分昼夜地挖沟。“当时交通壕挖得长长的，曲里拐弯的！”刘占龙说，最后，交通壕一直挖到了外市沟边上，为后来解放军攻破外市沟立下了汗马功劳。

刘占龙所在一连在挖交通壕抵近外市沟的同时，营长从兄弟部队处获悉，内市沟沿线布满了铁丝网，还通了电，这样的话，冲锋时会带来较大的伤亡。针对这一情况，营长召集大家开会讨论、想办法应对。最后，他们决定在长杆上绑上自行车等轮胎的橡胶带用来绝缘，防止触电，而在长杆的另一头绑上镰刀用以破坏铁丝网，并作好了充分准备。刘占龙笑着说，这些最后都没有派上用场。原来，上级在了解到战场的实际情况后，命令炮兵直接轰炸了敌人的发电厂，而这些铁丝网就如同摆设一般，被顺利突破了。

“我是党员，就应该带头往前冲”　他完成送信任务后光荣负伤

在对内市沟发起总攻前夕，由于战情需要，必须将信（总攻时间等）及时送到兄弟部队，以便互相配合，高效进攻。虽兄弟部队离刘占龙所在

部队只有不到两公里，但之间需要经过一段开阔地，而此时这里正被敌人封锁着。不惧危险的刘占龙主动向连长请缨再次去送信，他说："我是党员，就应该带头往前冲。""你刚送完信回来，就又要去？"连长说。"没事儿，我有经验又是党员我先上吧！"就这样，刘占龙装好信件、提着枪，顺着沟沿、猫着腰，一路小跑，一会儿突入坑内隐蔽，一会儿快速向前，机灵地将信准时送到了兄弟部队手中。那个夜晚，在回来的路上，不幸的事情发生了，他在过沟时被敌人发现，刚刚跨过梯子跑回沟边，一排迫击炮的炮弹就打了过来，瞬间在刘占龙周围爆炸，当时他就被炸得昏迷了。

刘占龙满身是血昏迷过去　连长把他从尸堆里背回来

刘占龙去送信后，过了很长时间还没有回来，连长很是着急。一是担心他的安全，二是核实一下关于总攻的信到底有没有送到，这对于战斗至关重要。所以，连长不顾大家的劝阻，沿着小路寻找刘占龙。结果，连长在路边的一堆尸体（上一次战斗留下的，有敌军的也有我军的，由于还在战时，没有来得及打扫战场）中间发现了满身是血、奄奄一息的刘占龙。情况危急，连长二话没说赶紧背起刘占龙往回跑，经过急救人员简单包扎后，他很快被送到了当时的和平医院一分院进行抢救。

刘占龙伤情严重，他的右胳膊和左胸被炸伤，并最终落下了残疾。1947年12月，刘占龙由于伤情恢复不太乐观，行动又有些不便，加之部队还处于运动作战状态中，经部队相关领导研究决定，批准刘占龙退伍回到原籍继续休养。后经认定，他的伤残情况被认定为六级。对于伤残，刘占龙没有一点儿消极想法，反而心存感激，他经常说："要没有连长、没有医护人员及时救治，我的命早就没了，真是白捡了一条命，我得谢谢部队，谢谢党。"

退伍不"褪色"　生活有保障

记者了解到，刘占龙回到家乡栗树沟村后，虽然退伍却不"褪色"，他在家乡继续带领民兵训练，同时积极做好农业生产。

如今已四世同堂的刘占龙依然艰苦朴素，从不给国家添麻烦。他的孙子刘国勇告诉记者："我爷爷一直很乐观，性格随和，从不与人计较，现在生活有了保障，从去年底开始抚恤金还给涨了，每个月有2193元呢，得谢谢咱们的政府。"

（来源：2017年8月24日A3版《燕赵晚报》）

攻克大石桥　亲手制服敌师长刘英

◎ 周柱海口述　丛俊儒整理

时　　间：2017年8月12日

地　　点：石家庄市鹿泉区永壁村

被采访人：周柱海

人物简介：周柱海（1926—　），河北省石家庄市鹿泉区人。曾参加过保北战役、解放石家庄战役。1948年复员回乡，曾担任永壁村党支部书记。

提起当年的战斗老人眼神为之一变

史料记载，大石桥核心工事被我军控制之后，敌三十二师师长刘英及其他人员，在大石桥下面桥洞内的指挥部里被我军活捉。对于这个场面，91岁高龄的周柱海仍历历在目："当时有一个人拉开抽屉欲拿枪，我立马把他制服了，事后才得知他是刘英。"

70年后的2017年8月12日，已是91岁高龄的周柱海向记者讲述了这个过程。由于老人年事已高，思路有些断断续续，口齿也不太清楚。不过当提到云盘山、大石桥这些字眼时，老人眼神似乎为之一变，呈现出一种想表达，又表达不出的胶着状态。

笔者事后翻阅其本人昔年的口述材料，加之与史料、现场对话相互印证，逐步梳理出周柱海亲历的战斗片段。

保北战役中立功受奖

在1947年解放石家庄的战役打响之前，不能不提同年晋察冀野战军先在保定徐水与固城等地发动的保北战役。也正是这场战役，促使镇守石家庄的敌第三军军长罗历戎出城前往保定增援。最终保北战役主战场，由徐水变成清风店。清风店一战，第三军主力被消灭，罗历戎本人被生擒。这场战役，使得石家庄敌方守城主力仅剩三十二师，为解放石家庄创造了极其有利的条件。同时，保北战役也切断了保定与北平的联系。

保北战役打响时，21岁的周柱海加入晋察冀野战军已有半年时间。他所在的营得到的任务是：攻占漕河桥，阻断保定守敌的退路。

当时，漕河桥头配有碉堡，碉堡四周还有3米多深、5米多宽的壕沟。攻占碉堡需架梯子冲过壕沟。为此，我军组织突击队员强行冲击。几次冲击未能奏效，此时天逐渐黑下来，周柱海成为第六批架梯突击队员之一。突击时，有两组被敌人火力压制，周柱海与战友马子英幸运地跳入沟内。天黑后，大雨倾盆，双方暂时停止交战，他们二人于沟内待守，伺机而动。天明时，战斗继续打响，为避免架起的梯子被敌人推倒，周柱海让战友以体重坠住梯子，自己则从反面爬上。临到沟沿，他悄悄从梯孔中爬出，猛地跳入敌方工事。突如其来的变故，让敌方反应不及。周柱海一枪撂倒一个机枪手，抢过机枪开始扫射。后方战友趁机发动冲击，占领桥头堡垒。因此战，周柱海立功受奖。

解放石家庄战役中，一人对敌五人

保北战役结束后，解放石家庄的战役打响。战斗中，周柱海由一班班长升为晋察冀野战军四纵十旅三十团三营九连一排排长。

解放石家庄战役中，四纵从东北方向担当主攻任务。周柱海与战友进入市区时已是夜间。部队开始以小分队形式进行巷战。周柱海手提冲锋枪走在九连前面。在进攻到北道岔附近时，突然从暗影中出现5个敌人，为首的敌人一把攥住周柱海的冲锋枪就往回夺。周柱海急中生智，将枪顺势向前一伸，就开动了扳机。一梭子响过，打倒了3个敌人，紧接着撒手脱枪，从愣神的敌人手中夺过一挺机关枪，另外2名敌军士兵被震慑住，仓皇逃窜。

战役打完之后，周柱海的这段经历，在“功劳捷报”中有所体现，“功劳捷报”被送到周柱海老家所在的永壁村。

记者在2010年前后编纂完成的《永壁村志》中，见到了“功劳捷报”的照片与文字。文字中记载，这个捷报长52厘米、宽46厘米，印有我军战士持枪骑马图案，另行竖书：周柱海同志于11月6日于石门地区战斗中，与5个敌人遭遇，他智勇双全，打死5个敌人又缴获机关枪一挺，经评定记功劳一次，除发奖状作为光荣纪念外，特此捷报，并申贺忱！落款为旅长邱蔚、旅政治委员傅崇碧、政治部主任边疆。落款时间是：中华民国三十六年十二月六日（即1947年12月6日）。

据上岁数的村民介绍，捷报原件现已被文物保护部门收藏。

攻克大石桥，亲手制服敌师长刘英

随着战斗深入，我军部分军队向位于大石桥的核心工事推移。进攻到大石桥附近时已是深夜。周柱海所在的第一排伤亡较大。他的排有4班建制，分为机枪班和步枪班，已有3个班长先后阵亡，所在排还有30多人。

敌方守卫大石桥的兵力不多，大部分兵力被分散在各据点，亦被我军各部相继包围控制。是夜，周柱海带领着战士们沿铁路向大石桥东头慢慢靠近，向前方望去，见几名敌军士兵正在站岗。看准时机，他突然从掩护点冲出，一个耳拐打倒了一名守军士兵，紧接着枪声四起，我军战士一拥而上，占领桥头地点。

桥上也有士兵把守，双方对峙，我军士兵向桥面投掷手榴弹，“兵临城下”的态势，已让对方成为惊弓之鸟，一阵手榴弹响过之后，一排战士率先登上大石桥占领桥面。周柱海从身后一名战士手中拿过一面红旗，将红旗插到大石桥上。身后小分队100多名士兵在指战员牛向杰带领下，相继包围控制位于桥下的指挥部。周柱海与战士们冲进指挥部。

敌三十二师师长刘英就在指挥部内，当大石桥枪声响起时，处于慌乱中的刘英换上普通士兵服，欲作突围转移准备，未料想被堵在指挥部。周柱海持枪与战友们控制住室内局面后，准备将其与地方人员交接。忽然敌方一个“士兵”把手伸向桌子抽屉，意欲抓手枪。周柱海眼疾手快，一把将手枪夺过，并将其制服。事后，他才知道，此人正是敌师长刘英。

彼时，桥对面铁路公寓中还有部分敌军，双方展开多次交战。天亮之后，越来越多的我军部队不断向核心工事聚集，待正太饭店、火车站纷纷被我军占领后，战斗接近尾声。

解放石家庄后，周柱海继续随军南征北战，在1948年一次战斗中不幸腿部负伤，之后复员回到家乡。他的英勇事迹，感动了家乡父老，特制“革命勇士”横匾，悬挂于他家门上。该匾目前也被文物保护部门收藏。

2010年前后，永壁村编撰村志。作为永壁村名人，周柱海的革命事迹载入村志，被后人敬仰。

（来源：2017年8月16日A4版《燕赵晚报》）

后方医院3天收30多名重伤员

◎ 王德印口述　苗静整理

人物简介：王德印（1930—　），河南省清丰县人。1944年参加八路军，在野战医院工作，担任过看护员、副班长、班长、看护长等。参加过平津战役、淮海战役、解放大西南的战役等。1947年解放石家庄战役中，担任后方医院看护员。1959年转业，到煤炭部所属的石家庄煤矿机械厂工作，先后担任卫生所所长、卫生院院长，是该厂医院第一任院长。1990年从煤矿机械厂职工医院离休。

组建临时医院　支援解放石家庄战役

1947年，王德印所在的冀鲁豫军区后方医院二所，驻扎在河北馆陶一带。当年10月的一天，上级指示他们即刻作准备，支援解放石家庄的战役。彼时，清风店战役于10月22日取得胜利，为解放石家庄创造了有利条件，石家庄将是我军攻打的第一座大城市。虽然后方医院的同志们不能亲上战场杀敌，但是能为解放石家庄出一份力，大家都很激动，人人摩拳擦掌，群情激昂。上级要求当时的伤病员马上转移分散，轻者回部队，重者交给其他部队医院。冀鲁豫军区后方医院二所的所有工作人员，整理携带全部医疗器械，随野战部队立刻转移。

除了自己的背包，王德印和战友们还要背一些医疗用品。手术台搬不动，就雇老百姓用牲口拉的大车搬运。白天一路急行军，累了稍微休整一会儿，吃点小米干饭和咸菜。到了晚上，就在路边老乡家住宿。老乡看到解放军都十分热情，纷纷让出床铺，但他们严格遵守“三大纪律、八项注意”，婉言谢绝老乡的床铺，在地上打地铺休息。

两三天后，战士们到达当时的冀县与清河交界处的一个村子，这里离石家庄有100多公里。战士们放下背包，就立即展开前期准备工作，组建一所临时的战地医院。没有病房，就发动群众，老乡们都非常积极主动，把最好的房子收拾出来给部队当病房。王德印和同志们穿行在村子里，把房子进行编号，门口用粉笔写上“病房1”“病房2”……简单打扫房间后，在床上铺上厚厚的草包。所谓“草包”就是用粗布装上铡碎了的干草。伤员用脏了就换掉里面的草。手术室设在村内的大庙里，当时只带来了一个轻便手术台，他们怕伤员多了不够用，用两个桌子一对，又拼凑了一个简易手术台。为了防止灰尘掉落，他们用从敌军那里缴获的降落伞布，像支蚊帐那样支撑起来做成围挡。光是这些前期准备工作，就持续了十来天的时间。

后方医院收治的都是重伤员

因为离石家庄比较远，王德印和战友们听不到战场上隆隆的枪炮声。但是，他们知道，11月6日，攻打石家庄的战斗打响了！战斗开始3天后，担架队陆续送来一些重伤员，后方医院立刻忙碌起来。当时，各连有卫生员，各营有包扎所，各团有卫生队，一般皮肉伤都自己解决。战士们都很英勇顽强，轻伤不下火线，简单包扎后继续战斗。辗转百余公里送到后方医院的，都是伤势严重的重伤员。

当时这所后方医院共有100多名工作人员，包括几名医生，3个看护班，以及炊事班和负责后勤工作的同志。看护人员共有40多人，分为护理班、治疗班和辅料班。护理班要给伤员打水打饭，如果是重伤员，还要给他们喂水、喂饭、端屎、端尿；治疗班负责换药、扎针以及手术准备工作；辅料班负责清洗绷带，给各种器械消毒等，还要负责将这些物品清点数目，登记在册。这40多名看护人员轮换着上班，也就是说护理班、治疗班和辅料班的工作每个人都要会做。

十几个病房分散在全村各个角落，给伤员送饭，要用扁担挑着水桶，一个桶里盛粥，一个桶里盛馒头。17岁的王德印个子矮小，扁担放到肩膀上，身体挺直，两只桶竟还无法离地。他只好将两头的绳子在扁担上缠几圈，才能挑起扁担行走。伤员和医护人员的食堂是分开的，伤员可以吃上白面，医护人员基本上只有小米干饭。每顿饭，王德印和其他看护员都要先照顾伤员们吃好饭，自己再回到医护人员食堂吃饭。

随着攻打石家庄战斗的深入，送到后方医院的重伤员也越来越多。3天时间里，就收治了二三十名重伤员。王德印和战友们不仅白天忙着抢救、照顾伤员，夜晚还要查房。查房一般是三人一组，一人提马灯，一人拿开水壶和茶缸，一人拿便盆。十几个病房分散在全村各个角落，每隔两三个小时要挨个儿巡查一遍。凡是家里住着伤员的老乡，晚上就不反锁院门了，以方便看护员们查房。

条件艰苦　手术室外为伤员输血

战争年代，医疗条件异常艰苦，很多情况都是现在的人无法想象的。那时候没有血库，伤员手术过程中需要输血，就临时召集O型血的医务人员等候在手术室门外，现场抽血给伤员用。王德印就是O型血，他和另外六七名O型血的战友，曾不止一次给伤员献血。

因为医疗物资紧缺，所以现有的物资就非常宝贵。绷带都是反复使用，看护员来到河边，先把绷带浸泡，再用木棒捶打漂洗干净后，借老乡的锅，高温蒸煮消毒。注射用的针头，时间久了变得不锋利，就在石头上细心打磨一番，高温消毒后继续使用。没有手表、闹钟，夜晚查房就点香计算时间。缺医少药，最好的消炎药是“盘尼西林”，也就是青霉素，只有重伤员才能使用。

那时候，曾有个年轻战士腿部受伤，治疗几天都不见好转，后来发展到牙关紧咬、水米不进、意识模糊、怕光怕声响，医生检查后说他得了破伤风。医护人员都深知这种病的可怕，但因为没有特效药，医生也束手无策，只能眼睁睁看着他牺牲。说起这些，虽然已时隔70年，王德印仍非常痛心。

当年11月底，王德印和战友们完成了支援解放石家庄战役的任务，随第二野战军南下，奔赴下一个战场。

心　声

我12岁参加抗日儿童团，15岁参加八路军，17岁参加解放石家庄战役，历经多次战役。如今我87岁了，每天都要看新闻，看报纸，关心国家大事，还坚持出去锻炼身体，骑着小三轮逛街买菜。我对现在的生活很知足，很满意。我很愿意给孩子们讲当年的战斗经历，希望年轻人铭记历史，珍惜今天的幸福生活，这都是无数的革命先烈用生命换来的。

（来源：2017的8月21日A3版《燕赵晚报》）

解放初石家庄是共和国的“实验场”

◎ 邢燕口述　苗静整理

人物简介：邢燕（1927—　），河北省安平县城关人。1944年6月在石家庄参加党的地下工作。1945年8月加入中国共产党。1945年10月担任八路军冀中第十一军分区城工部交通员。1947年11月随军参加解放石家庄战役。石家庄解放后被分配到石家庄市政府秘书处工作。1952年7月调任市卫生局秘书干事，后历任石家庄市人民医院行政科长、石家庄市长安区制药厂厂长、市郊区防疫站站长、石家庄市防疫站调研员等职。1988年10月离休。

作为我党用攻坚战术打下的第一座较大规模的城市，石家庄在1947年11月12日刚一解放，就一跃站在了推动中国命运大转折的制高点。“城市管理的样板”“全国干部的培训输出地”“解放战争的后勤部”……种种称谓，是对特殊时期石家庄重要历史地位的真实写照，石家庄也因此而被称为共和国的“实验场”。当时在石家庄市政府秘书处工作的邢燕，有幸亲历了石家庄解放初期许多重要而珍贵的历史时刻，见证了这座城市从战后百废待兴到焕发新生的转变。这些特殊经历，70年来一直让他引以为荣。

1948年春节市长给老百姓拜年

1947年11月13日，也就是石家庄解放后的第二天，邢燕被分配到当时的晋察冀边区石门市政府秘书处，开始了新的工作。

刚刚解放的石家庄百废待兴。国民党统治时期，民生凋敝，粮价一日三涨。石家庄解放后，当时的中共石家庄市委、市政府、卫戍司令部把“解决市民的温饱缺粮、保障群众的日常生活”列为首要任务，委托晋察冀边区贸易局紧急从解放区调运粮食120万斤、食油10万斤、食盐30万斤，免费发放给市民。很快，学校复课、工厂开工、商店开始营业，各行各业相继复业。解放几天后，邮政和电话就恢复了，1948年1月5日，自来水也恢复如常。

邢燕记得，当时市政府的工作人员都吃大锅饭，邢燕每顿饭都在市政府秘书处的食堂吃。刚解放的3个月里，大家吃的都是小米干饭，小米里还会有沙子，难以下咽。唯一的菜就是带着冰碴的胡萝卜，切成丝、撒点盐，放到大盆里拌一拌。直到1948年春节，大家才吃上了白面饺子。那真是无上的美味啊！

那年春节吃过饺子后，当时的市长柯庆施带领警卫员以及邢燕、黄克等秘书科的十几名工作人员，来到市政府周边的商店，还有石门照相馆、华兴电料行、北新书局等地，给大家拜年。随后，一行人又来到几十户群众家，给普通市民拜年。市民争着跟市长握手，不少人激动地说：“从来没听说过市长给老百姓拜年！”邢燕至今仍记得当时的感人场面。

而清理战后的断壁残垣，则是广大人民群众的功劳。那时，市政府号召全市各行各业群众，投入到清除两道环市区壕沟、明碉暗堡、街道掩体工事等行动中。一时间，到处人流如织、铁锹飞舞，3个月里清除沟壕碉堡6000多处，结合土改，分田到户。日寇侵占8年、国民党统治两年，饱受战争蹂躏的石家庄，终于焕发新生。

人民礼堂见证石家庄的多个“第一次”

中山路路南，如今习三内画博物馆的位置，有一座人民礼堂，国民党统治时期名为“建国堂”。石家庄解放后，市委、市政府经常在这里召开一些全市性大型会议，因而改称“人民礼堂”。石家庄市的第一任建设局局长臧伯平，亲自写下了“人民礼堂”，邢燕找了一位专做牌匾的师傅，把门口的旧称“建国堂”凿掉，刻上“人民礼堂”四个字。

国民党统治时期，对百姓做了大量反动宣传，导致很多人不了解甚至惧怕共产党。为了宣传共产党的政策，1947年12月，冀中十一军分区前线剧社来到人民礼堂演出。演出的剧目包括《白毛女》《兄妹开荒》等，市民可以领票免费观看。这次演出反响非常强烈，人民礼堂的领导一再挽留，前线剧社又加演了十几天，因而演出共持续了20多天。

1948年8月，华北临时人民代表大会在人民礼堂召开，这次大会也被称为全国人民代表大会制度的雏形，在历史上意义深远。1949年7月至8月，石家庄市第一届人民代表大会也在这里召开。一些重要会议召开时，邢燕负责布置会场。

给西柏坡送去办公家具

石家庄的解放，使晋冀鲁豫和晋察冀解放区完全连成了一片，华北战局为之一变。此后，人民解放军捷报频传，全国各地陆续解放。作为全国解放的第一座大城市，石家庄成了“解放战争的后勤部”“全国干部的培训输出地”和“城市工作的试验田”。

今天的石家庄二中，那时候是国民党的物资管理处，存放着不少战略物资。金圆大厦在当时是一个仓库，主要存放棉大衣、各种军服等。不少战略物资通过铁路运往南方，支援解放战争。1947年5月，中央工委先期进驻西柏坡，开展中央委托的日常工作。邢燕奉命将一些办公家具送往西柏坡。装运办公家具的是两辆美国造大卡车，车轮有一人来高。他和另外两名同志押车，一路向西柏坡进发。山路崎岖，路面上还有不少鹅卵石，车轮轧着石子哗哗响。两大卡车桌椅、文件柜等办公家具被送到了西柏坡。1948年5月，党中央进驻西柏坡，这里成了党中央进行战略大决战、创建新中国的指挥中心。20世纪90年代，邢燕再次去西柏坡时，还看到了几十年前送去的办公家具。

随着全国其他地方陆续解放，石家庄的一些干部被派往其他地方，石家庄城市管理的经验和做法，也随着这些干部推广到全国各地。邢燕印象中，石家庄的干部被派往张家口、南京、杭州、上海、太原等多个地方。不仅如此，大量军队干部，也在石家庄的军校培训后，输送到其他地方。

石家庄还是第一个实行薪金制的城市。石家庄刚解放时，实行的是供给制。1949年3月，市政府决定在石家庄市试行地方工作人员暂时薪金制。根据工作责任轻重、能力大小、事物繁简等进行民主评定，将薪金分为不同的等级，以当时市场上小米行情平均价，折成货币发给本人。薪金每半个月发一次，1949年3月15日，邢燕第一次领到了半个月的工资7.5元。他的帽子早已破得不成样子了，一领到工资就跑到百货公司买了一顶崭新的解放帽。当时高兴得不得了，特意戴着新帽子照了一张相片。后来，石家庄试行的薪金制向全国推广。

第一次做国旗心情无比激动

1949年9月中旬，为迎接中华人民共和国成立庆典，石家庄市首届国庆筹备指挥部成立。作为成员之一，邢燕接到了制作10面国旗的任务。当时他还没有见过国旗，感到既光荣又紧张。他马上找到中山路大华缝衣店的王师傅，说明了情况，王师傅也面露难色，担心自己做不好。邢燕劝慰一番，说可以先做一面试试。随后邢燕来到大众商店，买回了红布和做旗杆套的白布。没有黄布，就买了黄色绸缎用来制作五角星，一齐交给王师傅。

当天晚上，邢燕激动得睡不着觉，一直在猜测，石家庄制作的第一面国旗，究竟会是什么样子。

第二天国旗的样品就做好了，得到了领导的肯定。邢燕将样品送回大华缝衣店，照样制作了9面国旗。这些国旗被悬挂在市政府门口、中山路体育场庆典会场等处。国庆游行的当天，队伍排头和排尾都有人挥舞着国旗。看到这些，邢燕的激动心情无以言表。

（来源：2017年9月1日A5版《燕赵晚报》）

偷弹药发传单送情报，他都干过

◎ 武鸣岐口述　从俊儒整理

人物简介：武鸣岐（1925—　），河北省赞皇县人。1944年参加革命，并成为太行区石门城市工作委员会田清泉支部的地下党员。石家庄解放后，相继在市政府、省政府相关部门工作。1985年从河北省电子工业厅离休，享受厅局级待遇。2015年享受副省级医疗保健待遇。

亲身参与绘制石门城防图

1944年，19岁的武鸣岐，是伪建设总署汽车修理厂的一名学徒工，在作为地下党员的父亲武世泽影响下，走上革命道路，并成为太行区石门城市工作委员会一名地下党员。当时，他与战斗在敌人“心脏里”的汽车司机马汉英、贾香礼、赵根波等战友相互配合，从事着惊心动魄的地下工作。其中最具代表性的，就是他和以田清泉为首的地下党员们一起绘制石门城防图，交由后方，为攻城提供参考依据。

2017年8月19日，92岁高龄的武鸣岐，讲述起当年的往事，依然思路流畅、声情并茂。围绕1947年11月解放石家庄战役前后，他将当时与战友们的经历，进行了回忆和述说。随着老人的一幕幕描述，纸上的文字由平面变成立体，似乎有了声音与影像的效果，呈现出一种电影胶片般的质感……

冒险给后方辗转运送子弹

在解放石家庄战役正式打响之前，敌守城部队就已经感觉到了局势的紧张。1947年5月，正太战役接近尾声，我军先后解放栾城、正定、获鹿（即鹿泉）、井陉、藁城等县城，石家庄尽管有第三军守备，实际上周边的战场局势已经让城内守军犹如惊弓之鸟。周边敌军用飞机将物资装备，不断向石家庄这个战略要地输送。如今的中华大街，作为当时石家庄一条主要街道，开始进行拓宽平整。武鸣岐说，那是敌守军要将这条街道作为运输飞机备用的起落跑道。“不过后来，这条跑道并没有用上。”

1947年5月的一天，在大郭村飞机场做司机的地下党员赵根波，去当时位于煤市街的国民党军联动总部汽车修配厂，提取已经修好的汽车。时任维修班上士班长的武鸣岐陪着赵根波，二人驾驶着汽车驶出厂区，一起到马路上试车。当汽车一路行驶到机场附近时，正遇到机场运输队一个值班的队长。那人见到是机场的车辆，便伸手拦了下来。

“我们正在试车呢。”司机赵根波跟运输队长说。

“先别着急试车了，北京那边刚运送过来一批弹药，正缺运输车呢，正好由你们给送达指定地点吧。”运输队长说。

“运送地点是位于北兵营的第3号弹药库。”武鸣岐说，听到对方的要求后，他们二人连同十余名机场人员开始卸货装车。弹药包装表面，是约50厘米的长方形绿色铁盒，一盒装有100发子弹。赵根波的这辆汽车，驾驶室座椅下有一个不小的空间。他们两人在装车期间，见现场并没有站岗监督的士兵，于是互相掩护，悄悄往驾驶室里放了不少子弹。车辆装满后，他们先是到北兵营弹药库卸货，然后将驾驶室藏起来的整包子弹，转弯送到了市郊五里庄堡垒户李发水的家中。由堡垒户联络交通站，将子弹通过安全渠道运送到城外。

“按说弹药如此重要的物资，运送多少需要登记在册的，但事实上却没有人监督。由此可见敌方守城部队已经出现混乱了。”武鸣岐说。

战友将罗历戎出城情报及时送出

1947年10月，我晋察冀野战军于保定发动了保北战役。这场“围点打援”之战，发于徐水。此战役直接促使国民党第三军军长率军北上，企图造成南北夹击我军的态势。

据史料记载，罗历戎是在1947年10月15日带领着军直属部队和第七师出发的。也正是我军提前截获了罗历戎赴保定支援的这份珍贵情报，抢得时间调集了足够兵力，才在清风店打了一场漂亮的阻击战。此役歼灭了国民党第三军主力，并生俘军长罗历戎，为后边的攻克石家庄完成了前半部分工程。

这份珍贵的情报，到底是谁发出来的？武鸣岐肯定地说：“这是我的战友们做的工作。”他还特别提到了这样一个细节：一支部队光天化日在城内集结，带着各种轻重武器，如此大的动静，城内人不可能不察觉。然而他当时在厂区内也并不知情，工作秩序一如既往。他分析说：敌人部队集结出城，很可能是深夜进行的。

石家庄解放后，曾经的支部书记田清泉跟他提过这件事，是当时在敌三十二师师部，为“长官”开车的司机，以及同为地下党员的马汉英和贾香礼最先得到的这一消息。毕竟为“师级长官”开车，能接近到核心。马汉英与贾香礼得到消息之后，迅速传递给了田清泉，之后田清泉通过秘密渠道，将这一情报向后方传递出去的。

记者查阅史料发现，一位时任晋察冀北方分局社会部机要股负责人曾回忆，当时接收到来自“华北剿总”司令部一位地下党员发来的“罗历戎部自石家庄出发支援保定敌军”情报。由此可见，罗历戎的动向，身在不同领域的地下党员们掌握后，从不同渠道向各自上级进行了及时传递。当罗历戎悄悄出城之时，他可能做梦也不会想到，他的行踪早已被我军所掌握。

城内散发胜利传单打击敌军士气

随着罗历戎被俘，第三军主力被我军歼灭，清风店战役于1947年10月22日胜利结束。这场战役结束之后，位于石家庄城内的地下党员田清泉、武鸣岐等人，接到新的任务：上级指派大家，散发传单，将清风店战役第三军战败、罗历戎被俘的消息及时散发出去，以鼓舞民心、打击敌军士气。

传单是16开大小的毛草纸印刷，而印刷的详细文字，武鸣岐已经记不清了。“主要就是记录了第三军战败的消息。”传单通过安全渠道放置在地下交通站。

傍晚时分，已是风声鹤唳的石家庄城内，巡逻人员几乎踪迹不见。此时，马路上一辆运输车在中华大街、新华路等主要街道不紧不慢地行驶着。车内驾驶室里，田清泉驾驶着汽车，身边是他的两名战友——武鸣岐和赵根波。随着汽车向前行驶，武鸣岐和赵根波将传单从脚踏板缝隙以及车门缝隙，源源不断塞出去。随风一刮，街道上传单飞扬，飘落于地。这辆车还特意驶过三十二师师部门前，车过之后，一地传单。第二天，城内人们上街之后，“第三军战败、罗历戎被俘”的消息立刻轰动起来，坊间甚至揣测，解放军已经进城了。这一“心理战”令敌军更是惶惶不安。

战役前夕破坏敌人专属电话线路

第三军战败的消息，让敌三十二师师长刘英感觉到压力，为了与各兵营加强联系，师部特意增加了专属电话线路。武鸣岐等人在街头发现了这一细节。“电线杆上新扯出了不少线。我们装作不经意间打问这一情况，得到了答案。”于是几名地下党员商议着破坏这些电话专线。

还是选择傍晚时分，这次则是开着两辆运输车。一辆由田清泉担任司机，武鸣岐站在驾驶室后面的车槽内，带着卡钳等工具。另一辆车则是由赵根波开车，地下党员贾八时同样带着工具站在车槽，两辆车分头而行，见到这些临时拉扯出来的电话线，车速放慢，车后的人则迅速站起，利索地剪断电话线。“剪断之后，敌军也派人接线。但对方并没查出到底是谁剪的。所以接上后，我们就看准机会继续破坏。”武鸣岐说。

石家庄解放之后，地下党员们全部公开了身份。对于曾经的地下工作岁月，武鸣岐等经常写一些回忆性文章，是为纪念。

（来源：2017年9月4日A5版《燕赵晚报》）

送信途中掉进外市沟　带伤也要完成任务

◎ 冉宝川口述　柳安臣整理

时　　间：2017年9月4日上午

地　　点：河北省石家庄市翟东小区

被采访人：冉宝川

人物简介：冉宝川（1928—　），河北省保定市高阳县人，1944年参军，1947年2月入党。历任副班长、班长、队长、学员，1952年转业。先后任省委党校学员、科员、副科长、科长、东方红棉织厂工会主席、党委副书记、原省纺织局处长。1988年离休，现居住在石家庄。

2017年9月4日上午，记者来到石家庄市翟东小区，见到了参加过解放石家庄战役的老兵冉宝川。只见冉宝川老人穿戴整齐，胸戴各种荣誉奖章，正笑呵呵地等着记者的到来。当听说在解放石家庄70周年到来之际，要采访参加过解放石家庄战役的老兵时，冉宝川格外激动，滔滔不绝地讲起了他的战斗故事。

抗战时被困遇乡亲搭救　冉宝川跪谢救命之恩

1928年出生的冉宝川是保定市高阳县人，1944年参军。冉宝川的舅舅是游击队员，当年打死了一个日本兵，当时县里奖励了他一件军大衣，他特别高兴。姨夫是锄奸队长，经常带着游击队员住在家里，母亲和弟弟都在帮助游击队送信。受到家庭的影响，16岁的冉宝川参加了八路军。当时日本人正在实行“三光”政策。冉宝川亲眼看到敌人到处杀人放火，无恶不作，非常残暴。冉宝川看在眼里，急在心上，暗自发誓要和敌人斗争到底。后来，冉宝川跟着八路军在白洋淀一带跟日本鬼子打游击。

在抗日战争时期，冉宝川记忆最深刻的一件事，莫过于一次在敌人包围下死里逃生。那时冉宝川所在的部队驻扎在一个村庄里，有一天突然来了一大批日本兵把村庄包围了，而当时冉宝川所在的游击队正在这个村庄里组织训练。因为及时得到消息，战友们都成功突围了，而冉宝川当时需要送信没有及时撤出，在老乡的掩护下，冉宝川脱下军装蹲在火炉边拉风箱。一名日本兵端着带着明晃晃刺刀的三八枪问冉宝川：“是不是小八路？”冉宝川有些紧张地说不是，旁边的老大爷接过话说：“是自家的娃，帮着干活儿拉风箱。”就这样，冉宝川躲过了一劫。等日本兵走后，冉宝川跪谢老大爷的救命之恩，老大爷拉冉宝川起来说：“不用谢，八路军也是为了我们穷苦老百姓在和日本人拼命。”每当想起这段往事，冉宝川的心里就久久不能平静。

群众跳舞、唱歌、送吃的　拥军场面太感人

冉宝川回忆，清风店战役胜利后，部队休整了一段时间，后来接到上级命令要攻打石家庄。在部队往石家庄急行军时，一天一夜走了100多公里，有的战士累得实在走不动了，也有的战士走着走着就睡着了，在过河时还有的掉进河里。在行军中造成的非战斗减员就有很多。冉宝川说：“光我们七旅收容队就收容了大几百人。”当时的军民关系特别好，一路上，好多群众给解放军战士跳舞、唱歌，有的给解放军战士送鸡蛋、红枣、花生、大饼，有的是全家总动员齐上阵，给战士们送吃的，场面太感人了。有这么多老百姓支持，战士们受到鼓舞，早已忘掉了全身的疲惫，精神抖擞地按时到达了指定的位置。

送信掉进深沟受伤　完成任务留伤痛

解放石家庄战役时，冉宝川在七旅旅部通信班当副班长，当时通信班

有12名战士。冉宝川回忆，送信高峰时每天40—50次；重点信件双人送，由班长带队，开阔地、封锁线、路途远的均配双人送信。七旅旅部驻扎在正定大佛寺附近，接到进攻石家庄的命令后，全旅将士顺着交通壕向着石家庄的方向推进。战斗打响后，双方火力都很强，我方很快将敌人阵地撕开了一条口子，攻击部队向前推进得很快，由于战地有线电话班已经跟不上部队前进的速度，所以传达命令只好用人工跑步送信。

冉宝川说，有一次天黑时送信，需要过外市沟，正在过架在沟上的梯子时，走到一半梯子却断了，冉宝川掉进6米深的沟里，费了很大的劲才把腿上的断梯子推开。冉宝川的腿当时动弹不得了，休息了一小会儿后强撑着爬上去把信送到。返回时腿都麻了，幸好半路遇到战友把冉宝川背了回去。回去后继续和班长指挥战士做好通信工作，直到战斗结束才住院治疗。冉宝川提起裤腿向记者说道："看，小腿上还有个坑呢！现在一阴天腿就疼，落下了毛病。"

全班上下齐心协力　完成任务受表扬

通信班班长李虎是大个子，光和冉宝川"抢活干（送信）"。李虎对工作特别认真，并且对每名战士都很关心，特别是对副班长冉宝川。因冉宝川送信伤了腿，李虎让冉宝川指挥全班工作，他带领战士去阵地送信。在战斗中期李虎临时调任排长，冉宝川担任班长。冉宝川当班长后工作很顺利，这与李虎平时对冉宝川的严格要求分不开。

刚当班长的冉宝川忙个不停，一个信件一个信件地分配，发动全班的力量，把每一个重要信件及时送到指定位置。冉宝川把班里分成三个组，把任务明确分配给每一名战士，大家各负其责，荣辱与共。在战斗期间没有一封信件被耽误，战斗结束后全班还受到了上级的表扬。

生活幸福有保障　冉宝川感谢人民感谢党

冉宝川介绍，当年从老家高阳县一起参军的战友有75人，头一个月就牺牲了17人，到新中国成立时包括冉宝川在内一共只有4人幸存。经历了战争的残酷，冉宝川感慨地说道：“我知足了，现在生活这么好，每月生活都有保障，这要感谢共产党，感谢祖国，感谢人民。”

（来源：2017年9月8日A4版《燕赵晚报》）

最后的巷战　他送去一马车弹药

◎ 张守英口述　苗静整理

人物简介：张守英（1925—　），河北省深泽县人。1945年参军，成为冀中七分区八十团二连二排五班战士，1946年12月部队改编，成为晋察冀野战军四纵队十一旅三十三团供给处供给员。1947年6月入党。后参加解放华北、东北、西北的战争、抗美援朝战争。1960年到西安空军工程学院工作，历任军需处处长、财务处处长等。1979年转业至石家庄钢厂任副厂长，1987年离休。

奔赴清风店　一天一夜行军90多公里

张守英是晋察冀野战军四纵队十一旅三十三团供给处供给员。1947年八九月间，他所在的部队在保定北边的定兴执行战斗任务，随后在容城休整。10月中旬的一天，具体的时间张守英如今已记不清了，只记得那天晚上8点，部队接到命令，要立刻从容城出发，准备攻打徐水。作为供给员，张守英在行军途中还拉着梯子。可刚刚走了一个小时，又接到命令，团级以上干部开会，其余人就地休息。会很快就开完了，团长传达了最新的任务：驻扎在石家庄的国民党第三军北上增援保定，所以不去徐水了，要连夜行军赶到清风店一带，阻击援敌。

当时的张守英还不知道，这就是历史上著名的清风店战役的序曲。1947年10月17日，晋察冀野战军司令员杨得志获得了“罗历戎率第三军出石家庄”的密电，遂命令“全军除原攻击徐水归二纵队指挥的部队不动外，其余各部接令后一律立即掉头南下，目的地是方顺桥以南的清风店地区”。彼时，罗历戎已经到了新乐，所以各部队要争分夺秒，急行军已经不行了，必须要强行军，每小时5公里的行军速度要改为每小时7公里。

那时候，张守英所在部队距离清风店有90多公里，梯子就近交给村里的老乡保管，他们开始了高强度的强行军。每个战士的脚底都磨出了水泡，卫生员给涂点儿碘酒仍然接着走，再磨起新的水泡。只有吃饭时能停下来休息一会儿，但也只能休息几分钟。整整走了一天一夜，终于到了清风店。战士们顾不上疲惫，稍作休息就投入了战斗。张守英负责后勤物资，在战斗中，他要收集、登记伤员身上的装备。步枪、子弹带、手榴弹是每名战士随身携带的，受伤后战士去治疗，这些装备就都交给供给员。供给员登记、整理后再上交到旅。清风店战役打得异常激烈，张守英印象深刻的是，一上午3个来小时的时间里，三十三团就有100多名战士牺牲，300多名战士受伤，消耗的弹药也比平时多很多。

1947年10月22日，清风店战役以罗历戎被俘、晋察冀野战军胜利而告终。

解放石家庄　他往火车站送了一车弹药

清风店战役歼灭了石家庄守敌的主力，为解放石家庄铺平了道路。清风店战役结束后，张守英所在的部队休整了一周，随后向石家庄开进。部队驻扎在石家庄东南方向的沧石路。战斗打响后，他白天在沧石路值班，晚上住在附近村子的老乡家里。

当时，解放军使用的枪支有“三八大盖”、国产五六步枪、国产九九式步枪、七九步枪、苏联水连珠步枪等好几种，还有不同型号的轻、重机枪。其中“三八大盖”和国产五六步枪用同一种子弹，其余每种枪用的子弹都不一样。张守英看一眼就知道哪种子弹适用于哪种枪支，应该发给哪些连队。一般每名战士配100发子弹和4个手榴弹，子弹装在子弹袋里，手榴弹放在布兜里，都挎在腰上，用完了随时补充。

1947年11月6日，解放石家庄战役的枪声打响了。晋察冀野战军首先扫清了外市沟的外围据点，继而一举突破了外市沟、内市沟，攻入城内开始了巷战。张守英每天在沧石路值班，负责前方部队弹药的供给和补充。虽然沧石路并不是枪炮声隆隆的战场，但也不时会有敌人的飞机来轰炸，每次他就躲到路边的沟里。那天，上级命令张守英送一车弹药到石家庄火车站。他从老乡家借来两匹骡子，拉了满满一车手榴弹、子弹和炸药，在一名侦察员的带领下，送到了石家庄火车站。虽然战斗还未结束，但内、外市沟都已被我军控制，一路走来非常顺畅。同行的侦察员高兴地说，他们刚刚缴获了敌人的一辆坦克，如今又有了这一车弹药，很快就能打下火车站一带的“核心工事”，就能解放石家庄了！

果然，11月12日，红旗插上大石桥，石家庄宣告解放。随后，张守英所在部队奉命撤到束鹿（今辛集），短暂休整后，奔赴新的战场。

解放军装备差但总打胜仗

此后，张守英参加了解放华北、东北、西北等战争，还参加了抗美援朝战争，可谓戎马一生。张守英至今珍藏着“华北解放纪念章”“解放东北纪念章”“抗美援朝纪念章”等多枚纪念章。

作为供给员，张守英感触最深的是，解放军的武器装备比国民党差很多，却总打胜仗，节节胜利。那时候，解放军使用的手榴弹基本都是自己生产的，子弹大部分来自自己的兵工厂，其余是从敌人那里缴获的。毛主席有一个著名的观点“以战养战”，就是利用战争中获得的人力、物力和财力，继续进行战争。当时，战斗中缴获的卡宾枪、加拿大冲锋枪等新式武器，战士们大都留下了，其余一些武器，就交到张守英这里，张守英再把能用的收集起来用作以后补充，不能用的上交到旅，统一修理或者报废。石家庄解放后，战士们还从大兴纱厂拉来好几车洋白布，张守英都上交到旅。他记得，这些布后来被染成黄色，1949年，他所在的部队连以上干部的军装就由粗布改为洋布了。

解放战争时期，部队行军打仗纪律非常严明，尽量不给老百姓添麻烦。如果需要住在村子里，会有专人先行赶到村里，让村干部给安排。吃饭、烧柴，甚至烧壶水泡脚，都要给钱或粮票。如果是晚上到了村里，就要住到村外或者街道上，不能进百姓家里。当时，团政治处有专门的民运干事，到村里暗中调查，看有没有战士违反“三大纪律八项注意”。

（来源：2017年9月14日A4版《燕赵晚报》）

两门步兵炮　敲掉敌人不少地堡

◎ 焦连喜口述　李兵吞整理

人物简介：焦连喜（1928—　），河北省赵县猛公村人。14岁入伍，1946年12月加入中国共产党。从抗日战争到解放战争，焦连喜跟随部队转战华北、东北各地，参与了上百次战斗。荣立一等功2次、二等功2次、三等功2次。历任战士、副班长、排长、连长、副营长、教导员、师党委委员。1963年转业，历任成安县长巷公社书记、成安县委组织部部长、赵县卫生局爱卫会主任、马平医院党支部书记及院长、韩村医院党支部书记及院长等职务。1982年12月离休，享受团级待遇。

两门步兵炮压制敌人碉堡的火力

解放石家庄的战斗打响前夕，焦连喜所在的晋察冀野战军三纵第七旅新成立了一个战防连，焦连喜被调到该连担任连长。连队有100多人，除了常规的枪支弹药，就只有两门步兵炮和一支火箭筒这两样“重武器”。

1947年11月初，驻扎在现晋州附近的战防连被上级通知天黑后出发，配合部队攻打石家庄。焦连喜和战士一边往嘴里塞着生茄子和青枣，一边快速行军，赶到石家庄的外市沟附近。

“外市沟有三道壕沟，战士连头道沟都过不去！”面对战场，焦连喜发现敌人在壕沟附近设置了大量地堡，只要我军步兵往前冲，各处地堡里就会喷射出凶猛的火舌，瞬间造成严重伤亡。为了冲过壕沟，勇敢顽强的战士一拨又一拨地扛着梯子从沟里向敌人冲锋。这时，战防连的步兵炮开始发挥巨大的作用。

“朝着那些碉堡狠狠打，这些‘钉子’必须拔掉！”焦连喜指挥战士用步兵炮将炮弹一发发地朝一个个地堡打过去，地堡一个个被打掉。“你打敌人，敌人更会强烈反击，各种炮弹不停打过来，当时的战斗太惨烈了！”焦连喜说，这样的战斗，整整持续了近一个星期的时间。

由于枪炮不间断在耳边响起，焦连喜的左耳听力严重受损，常常是只看到战友嘴动，却听不到任何声音。但解放石家庄的战斗已经打响，谁也不会放弃，一番苦战之后，我军顺利冲进石家庄城区，焦连喜和战友一路打到现如今的中山路附近。

在中山路沿线两侧，敌人的炮楼随处都是，面对躲在炮楼高处的敌人，负责拿下炮楼的战防连全力掩护着前行的战友。两门步兵炮左右开弓，朝着炮楼猛烈还击，炮弹跟不上就朝炮楼里扔手榴弹，最终敌人都被逼进了石家庄老火车站里和大石桥下方。

“打，接着打，一定要让敌军低头认输！”焦连喜指挥炮手朝大石桥附近开炮，朝老火车站附近开炮，从清晨打到下午，敌人终于缴械投降。想起牺牲的战友，焦连喜的眼眶红了。他知道，战友的献血换来了胜利。石家庄终于解放啦！

年纪轻轻便经历了上百次战斗

1928年9月，焦连喜在赵县猛公村出生。没有上过学的他，一直在帮家里干农活儿。只是，那时候的日子过得并不太平。因为随着日本人的入侵，猛公村三天两头被鬼子包围，只要看到村民，小鬼子就会抓起来灌凉水、抽皮鞭，拷问是否知道八路军的下落。为此，村里武装委员会的一位负责人建议焦连喜最好去参军，以免闲在家里发生意外。

因为亲眼见过日本鬼子用刺刀把父亲的身体扎伤，对鬼子恨之入骨的焦连喜想都没想就答应了。1942年，14岁的焦连喜从当地武工队入伍，开始了从军生涯。参加武工队没多久，焦连喜被调到四十四区队侦察班，专门负责潜入日本鬼子所在地摸情况，小小年纪便锻炼了一身胆量和鹰一样锐利的双眼。

1945年，焦连喜所在部队被编入七十一团，他担任三营通信班班长，第二年又担任三营七连排长，和战友一起与日本鬼子打游击战。从抗日战争到解放战争，焦连喜跟随部队转战华北、东北各地，参加过抗日战争敌后游击战，解放战争大同战役、张家口战役、青沧战役、保北战役、清风店战役、石家庄战役、平汉线破击战、冀东战役、平津战役、太原战役、陇东战役、兰州战役、宁夏战役、抗美援朝战争、开城防御战等上百次战斗，身上也多处受伤。

“有时候一天下来会最终打一场胜仗，也有很多次被敌人困住，弹尽粮绝，只能想办法突围。”经历过太多生死的焦连喜回忆，在攻打大同的时候，时任副营长的他和战友与敌人激烈战斗了33天，最后我军一个营的兵力只剩下连同伙夫在内的18个人，损失惨重。

朱德赠送的水壶带在身边已经整整70年

1947年保北战役开始后，焦连喜所在的部队驻扎在保定的一个村子里。在村里，有一座北河桥，焦连喜等人经常在这座桥附近巡逻。

有一天，正在巡逻的焦连喜突然看到一位年纪在60岁上下，身穿土黄色解放军军装的男子，在旁人的陪同下走了过来。

“小鬼，你是哪个单位的？”男子一句带方言的问话，让19岁的焦连喜心中一惊，这不是朱德总司令吗？

因为之前在部队集训的时候朱德总司令给官兵讲过话，所以焦连喜立刻就认出了眼前的大首长，他赶紧报上了部队番号。随后，朱德要求焦连喜去把旅长叫过来。

激动的焦连喜，一路小跑到北河桥南面通知了旅长，并赶紧又跑回朱德面前汇报，“报告首长，我们旅长马上就过来！”

朱德点了点头，接着就看到焦连喜的军用水壶上有个洞，便问起是怎么回事。焦连喜回答，水壶上的枪眼是在不久前一次战斗中被敌人打穿的，因为物资有限，他便将就着装一点点水继续用。

听到这样的回答，朱德扭头把身边的警卫员叫了过来，“把你身上的水壶给这小鬼一个，让他喝水用。”焦连喜看到，警卫员身上背着两个一模一样的军用水壶。接过对方递过来的水壶后，兴奋的焦连喜赶忙立正向朱德敬了一个礼，随后在旅长到来后就转身离开了。

对于朱德总司令送给自己的这个水壶，焦连喜是万分珍惜，无论是打仗还是休息，他一直都不愿意从身上摘下来，始终挎在腰间。即便是新中国成立后转业回地方，焦连喜都把这个已经磨光了绿漆的军用水壶小心珍藏着。

"到现在这个水壶我已经背了整整70年，是它陪我走过了战争岁月，也将会陪我走完这一辈子！"焦连喜说，朱德赠送给他的这个水壶，是他人生中最重要最珍贵的物品。

晚年生活很快乐　希望大家好好珍惜

参加完抗美援朝战争后，焦连喜结束了炮火纷飞的生活，曾经大字不识的他开始努力学习文化知识。

离休后的焦连喜，除了读书看报，最喜欢的，还是看有关战争题材的影视剧。"每次看到影视剧里的战争场面，我都会回想起当年在战场上与敌人拼杀的那一刻。"焦连喜说，战争使他成长，也伴随了他的年轻时光，始终难忘。

对于现在的晚年生活，焦连喜表示他过得很快乐，孩子们都已经各自有了家庭，自己想在哪住就在哪住。赵县县委、县政府对他十分照顾，县老干部局也对他的日常生活关怀得无微不至。

焦连喜觉得，他现在就是一个普通的老人，能过得如此满意，全都是中国共产党和无数像他牺牲在战场的战友那样的革命人士所带来的。因此，回顾战争生涯，焦连喜说，如今和平年代的幸福生活真的来之不易，人们应该好好珍惜。

（来源：2017年10月14日A3版《燕赵晚报》）

攻打石家庄　和敌人巷战英勇无比

◎ 牛振峰口述　董世杰整理

人物简介：牛振峰（1929—　），河北省饶阳县人。1946年入伍，同年入党。历任班长、副排长、指导员、教导员，西藏墨脱独立营政委。1983年从保定军分区副政委的岗位离休，现居住在保定。他参加过许多战役，其中有解放石家庄战役、太原战役、兰州战役、宁夏追击战、抗美援朝中的五次战役；1960年随大军进藏，参加了对印自卫反击战的后方支援工作。

清风店阻击战没让敌人前进一步

1947年深秋时节，部队战士正在北京以北地区行进，突然接到命令，战士们跑步前进，直奔保定徐水以北白塔铺地区。在横跨铁路东西的地方紧急挖战壕，准备打击从北京来的敌人，阻止其增援被困在清风店的敌人。

战士们昼夜不停地挖战壕。一天上午，战士们正在休息时，一股敌人由北向南大举开进。因为正是秋收季节，地里长着玉米和高粱，敌人可能没有发现我军。当敌人离我军阵地四五十米远的时候，战士们以猛烈的炮火打击敌人，敌营一下子就乱了。在这之后，敌人采取正面多梯队向我军阵地进攻，结果一次次地被打退。战士们抓紧时间抢修工事，有时边打边修，有时晚上还抽出小分队偷袭敌人。

战士们多次打退敌人进攻，敌人伤亡很大。于是敌人又换了战法，地面进攻的同时，天上飞机轰炸。战斗打得异常激烈，炸弹就在距离我军阵地很近处爆炸，刚修好的战壕被轰烂。有的战友牺牲了，有的战友被土埋起来，其他人很快把战友从土中扒出来继续战斗。那时睡不上觉，战斗间隙就抓紧时间闭一会儿眼，几天吃不上饭，实在饿得不行就掰个生玉米吃。

“我们坚持了许多天，没让增援清风店的敌人前进一步。战斗结束后，我们部队转移到山区休整、训练。后来才得知此次战斗全歼清风店之敌，活捉了敌整编第三军军长罗历戎。”牛振峰老先生回忆道。

攻打石家庄巷战异常惨烈

解放石家庄时，牛振峰所在的野战军八旅二十二团是主攻部队之一。当时，他在该团一营二连机枪班当战士。我军经过激烈的战斗，攻破外市沟，又攻破内市沟，最后攻入了内城。敌我双方距离很近，连说话声都能听到。牛振峰所在连队有个同志，听对方口音是自己的老乡，不假思索向对方喊话，动员对方投降。

“当时，我们和敌人一个院落对一个院落，一间房子对一间房子进行争夺。一墙之隔时，就拼手榴弹，敌人扔过来的手榴弹在身边还冒着烟，顺手抓起抛回去，有的就在院落中爆炸了。”说起当时的情况，牛老先生连说带比画。

战斗打得异常紧张激烈，牛振峰旁边有个战友突然倒下，他才发现土墙被敌人打穿了。战士们腹背受敌，只好撤退，重新调整部署后，再反攻回去。当打到一个三间北房的院落前，顽敌在里面固守。又打了一会儿，敌人用枪挑起白布表示投降。当我们的战士接近时，敌人突然开枪，有的同志牺牲了。营长、连长气得直骂，最后下决心用“土坦克”（战士身上披着浇过水的湿棉被）带上炸药包冲了上去。“轰”的一声，在猛烈的爆炸声中，房子被炸飞，敌人被消灭了。

终于胜利了，但也牺牲了许多同志。沿途有不少伤员被送往后方，群众用担架抬着，一路照顾，问寒问暖。

去背汽油时差点儿被烧死

战后的石家庄到处破破烂烂，电厂被破坏，不能发电，晚上一片漆黑。牛振峰所在的排住在一个大院子里，连长命令他们排派人到一个大院的地下室去背汽油回来点灯。排长的绰号叫“小黑子”，他抽调了包括牛振峰在内的4个人前往。大家带着一只白铁桶，有位同志还带着一盏油灯。

到地下室十几米处，大家点亮油灯，透过灯光看见，地下室有两个大油桶，一个竖立着，一个倒着。一名战士把倒下的油桶抬起来，然后拧开油桶盖，半斜着往外倒油。由于不懂汽油不能见明火，油快倒满白铁桶的时候，旁边照明的油灯突然引燃了桶里的汽油。顿时大火熊熊，浓烟滚滚，大家赶紧向外边跑。借着火光，看到哪里有空当，牛振峰就往哪里钻，不多时听到爆炸声。油烟呛人，他的喉咙被浓烟呛得像火烧一样难受，眼睛也睁不开，什么也看不清，只能到处乱钻。好不容易连滚带爬坚持跑出了地下室，过了许久牛振峰才睁开眼看到，到地下室的几位战友被烧得轻重不一。他摸摸烧焦的头发，发现衣服也被烧了不少窟窿，双手烧得又红又肿，喉咙像针扎一样疼，话也说不出来。因为没有条件，也没有及时治疗。过了很长的时间，牛振峰的嗓子才慢慢地可以发声。

“那时不懂得汽油不能用来做油灯的燃料，更不能靠近明火。太危险了，想起来真是后怕！我事后想，没在战斗中牺牲，在这次事件中死了才冤枉呢。”牛老先生回忆起当年的情况，情绪有些激动。

一起参军的战友，一直没找到

部队撤出石家庄后，住在藁城的一个村庄，处于训练状态。有一天，排长叫牛振峰从队伍中出列，并且对他说：“你父亲来看你，赶快回连部去吧！”牛振峰回忆说，当时他脑袋一下子就乱了，因为他一直没有给家里写过信，弄不明白父亲是怎么打听到的。父亲的到来，真是天大的喜讯，牛振峰脚下生风，往连部跑去。

到了连部，牛振峰一眼就看到了父亲，旁边还有一位老人，是他们邻村西支沃人，是战友宁子的父亲。看到父亲，牛振峰很激动，又高兴又难受，眼泪流了下来。由于他的嗓子发不出声，他没有说出一句话。宁子比牛振峰大，是和他一块儿参军的，两人关系亲密，当时宁子已经结了婚，可能给家里通信时顺便提到和牛振峰在一个连队。父亲见到了牛振峰，而宁子父亲没有见到他的儿子宁子。在保北阻击战中，宁子头部负了重伤，后来两人再没有见过面。

听到这个消息，宁子的父亲很难受地离开了。后来，牛振峰一直打听宁子的消息，但始终没有下落，他可能牺牲了。再后来，听说宁子的媳妇改嫁了。战友音信皆无，这令牛振峰一生都感到难受。

（来源：2017年10月16日A3版《燕赵晚报》）

18岁被国民党兵抓了壮丁 被俘后毅然留下参加解放军

◎ 张庆华口述　柳安臣整理

时　　间：2017年9月18日上午

地　　点：石家庄

被采访人：张庆华

人物简介：张庆华（1929—　），河北省石家庄市栾城区人，1947年2月入伍，1948年3月入党。历任战士、班长、副排长、指导员……参加过保北战役、清风店战役、石家庄战役、冀东战役、新保安战役、太原战役、抗美援朝战争。1956年转业至东北鹤北林业局，1983年离休，现居石家庄。

放弃回村　留下来参加解放军

在解放石家庄战役胜利70周年来临之际，张庆华老人来电讲述了他的故事。2017年9月18日上午，记者如约来到张庆华家，只见家里窗明几净，干净整洁。张庆华坐在沙发上兴奋地讲起了他在解放石家庄战役时期的经历。

张庆华的入伍经历颇具传奇色彩，那是在1947年3月，国民党反动派到处抓壮丁。有一天，家里突然闯进来几个国民党士兵，本来是要抓张庆华的大哥去当兵的，不料张庆华的大哥临时出门办事，让国民党士兵扑了个空。就这样，18岁的张庆华被抓了壮丁，顶替大哥当了国民党的兵。世事难料，在后来解放获鹿（鹿泉）的战斗中，张庆华所在的国民党连队集体被解放军俘虏。当时解放军的政策好，愿意留下参加解放军的欢迎，不愿意留下的发盘缠可以回家。和张庆华同去的一个村的壮丁都选择回村，而张庆华选择留在解放军的队伍里，成为一名光荣的解放军战士。

长途奔袭清风店　白菜做掩护打击敌军

1947年10月中旬，连长开会回来宣布，说有一支国民党部队从石家庄出发去保定迎接他们的“援军”。上级要求张庆华所在的部队在指定的时间内必须到达清风店，阻击并消灭这支国民党部队。连长在部队开拔前的动员会上说：“我们要发扬一不怕苦，二不怕死的革命精神。跑不动就走，走不动就爬，一定要在指定时间前赶到清风店。”一路上急行军走得非常辛苦。有的战友走着走着就睡着了，有的战友走得脚都破了，流了不少血，但是大家克服重重困难，终于在指定时间前赶到了清风店。

可是战士们脚跟还没站稳，通信兵就跑过来向连长汇报，说前方不远处发现有一支国民党部队正在向这边开过来。张庆华所在连队的任务是阻击敌人拖住敌人，由于时间仓促，已经来不及挖战壕做掩体，战士们就利用老百姓没有来得及收获的白菜做掩护打击敌军。张庆华清楚地记得，当时连队所有战士都趴在老乡的白菜地里，一动不动，给敌人设了个小型的伏击圈。没过多久敌人朝这边走过来了，200米，100米，50米……只听连长一声喊：“打！”顿时，各种长枪、短枪、手榴弹一齐开火，敌人的先头部队立马乱了阵脚。张庆华说，他们连队以伤亡过半的代价为解放军大部队赢得了时间，最终消灭了这股敌军。

用梯子送战友巧过护城河

“我是从吊桥上过的外市沟。”张庆华说，解放石家庄战役时，先头攻城部队的战友到达外市沟，连接沟两岸的吊桥是吊起来的。外市沟沟宽水深，敌人的明碉暗堡的火力又很猛，战士们无法搭浮桥。战友们当时发挥创造性思维，用梯子接梯子的办法把战友送过护城河。接梯子就是把两架梯子绑结实，把梯子举起，快速放下，就形成了简易浮桥。战士趴到梯子上，岸上的战友把梯子往前推送，梯子上的战友就跨过外市沟了。就这样，部分先冲过外市沟的战友把吊桥放下，后续大部队陆续通过了外市沟。

吃过饼有了劲　继续挺进大石桥

张庆华介绍，他所在的部队是从槐底方向攻进城的，进城后由于没有向导，一时不知该怎么走了，连长就让大家分头去找个向导。因为战斗打得激烈，大街上没有老百姓，到老百姓家里也看不到人，这下可把大家急坏了。张庆华在找人的过程中，明显感觉一户老百姓家的地面上有的地方比较硬，有的地方踩着比较软。张庆华就找到连长汇报，说可能是地道口。连长向老乡喊话，老乡不回答。连长就让张庆华喊，张庆华用本地话喊道："我是附近贾村的，我们是共产党领导的解放军，不伤害老百姓，请你们出来吧！"就这样，老百姓慢慢地消除了恐惧，陆陆续续都出来了。

这时候，大家已经快一天没有吃东西了。连长拿了些钱请老乡为大家做些吃的，老乡说家里也没有粮食了。张庆华老家是附近方村镇贾村的，听说过石家庄这儿有个面粉厂，不知在不在附近。就问老乡，老乡说附近确实有面粉厂，并且指明了方向和地址。连长派几名战士去找。战士们顺利地扛回了两袋白面。老乡为大家烙了饼。大家吃过饼，有了劲。在老乡的带领下，部队继续向大石桥前进。

现在身体里还有未取出的弹片

张庆华经常对子女们说，石家庄是解放军解放的关内第一个比较大的城市。牺牲了很多战友，也有很多战友负伤。幸运的是张庆华在这次战役中没有负伤。在之后的解放战争中，张庆华参加了解放太原、承德等城市的战役。解放太原战役中，张庆华负伤比较严重，现在身体还有未取出的弹片，一到下雨或阴天身上就疼痛。在抗美援朝战争时期，张庆华作为预备队参加了上甘岭战役。新中国成立后，在1958年，张庆华响应党和政府的号召，随10万官兵开垦北大荒……看到现在新石家庄建设得如此美好，人民生活有保障，张庆华感慨万千。他经常教育子女们要知足，不要攀比。比起牺牲的战友，张庆华说他已经很幸福了。

（来源：2017年10月31日A4版《燕赵晚报》）

我给解放军当向导

◎ 敦双来口述　敦春义整理

人物简介：敦双来（1906—　），河北省石家庄市郊区（现在新华区）大郭镇岳村农民，一生习武，并收徒授业。敦春义（1944—　），敦双来的儿子，共产党员，人民教师，现退休在家。

1946年，日本投降第二年，国民党就和共产党争夺胜利果实。解放战争打响了，我们岳村不断有操着平山口音的人，以做生意的名义来宣传共产党的土地政策，宣传解放军如何爱护老百姓……我们听了人家讲的新鲜理儿，觉得非常好。我们多么想早日分到土地，去过安生日子呀。多么盼望解放军早日把国民党打跑呀。

1947年，解放战争进入第二个年头。听说解放军攻下了新乐、无极、藁城……我心想：我们这儿也快打仗了。这一年11月初消息传来，说解放军要解放石门。胆小的乡亲经常是晚上干活，白天躲在地窨子里，怕抓夫、怕抓丁……我倒是什么也不怕，每天白天下地，晚上早早关死院门和房门。

战斗打响前答应给解放军带路

1947年11月5日我们刚吃过晚饭，忽听有人敲门，“老乡家里有人吗？”我手提一根木棍准备去开门，我问：“找谁呀？”对方说：“请开一下门，找你有点事儿。”我开门一看，门外站着两个解放军战士，都在20多岁，其中一个年纪较大点的先自我介绍："我姓李，他姓赵，我们叫你开门，你害怕吗？"我说："怕什么？"他又说："我们就叫你大哥，你叫我小李，叫他小赵就行了，我俩是连长派来找人当向导的，你能帮一帮我们，为我们带路吗？你敢去吧？"我问："往哪带？"他说："带到小安舍。"我一听去小安舍才5里路，那还不是小菜一碟，痛快地答应下来。小赵问我："大哥，别人家男子汉都躲起来了，你怎么不躲起来？"我说："你们都是好兵，不欺负老百姓，我就愿意帮你们这个忙。"小赵说："大哥，你真是个好人。"小李说："大哥快回去吃饭，吃完咱就走。""我回去告诉家里人一声咱们就走。"小李又问："你吃过饭了？"我说："吃过了。"小李和小赵等我回屋说给家人后，就领着我去村东见连长。在路上，我问他俩："你们是不是去打石门？"小李说："是。"我一听真是要打石门，心里别提多高兴了，立刻说："是共产党领导咱们翻了身，分了房、分了地，我给你们带路就等于报你们的恩，这忙我帮定了。"小李和小赵握住我的双手一个劲说："谢谢！石门解放了我俩回来请你喝酒。"

你家中有嫂子和孩子，千万别上去，打仗是我们的事儿

天漆黑，北风冷飕飕的，我披着破棉袄和他俩走到村东一个大场边，小李和小赵把我介绍给连长。连长一看我就说："大哥真是个痛快人，给你添麻烦了。"说完他又回头对小李和小赵说："咱们连马上出发吧，走晚了就赶不上攻城了，你俩和老敦大哥在前边领路，快出发。"小赵说："是。"拉住我的手说："走！"

我当时40岁刚出头，身体也挺壮实，再加上从小跟父亲练过武术，走起路来一点也不比当兵的慢。小赵说："大哥，你真是好脚力，我才20多岁跟你走路还得紧跑。"连长也夸奖说："小赵，今天找的向导真是好样的。"小赵说："敦大哥，连长夸你呢。"我说："我只是在家练过几天武术，我不会打枪，我要会打枪，就和你们一块往上攻。"小赵哈哈一笑："你家中有嫂子和孩子，千万别上去，打仗是我们的事儿。"

岳村铺离小安舍五六华里，我们又是急行军，很快就来到小安舍北边一个小村庄里，这个小村叫马家店，往南一里便是小安舍，东边一里还

有个小村叫饮头口庄。我给连长介绍了一下这三个小村的位置，然后问："你们想去哪个村？"连长一听马家店三个字，立刻停住说："就是这个村。"连长告诉我们停下来，给小赵说了几句话，他让小赵把我带到村里一个老乡家，这家是三合院，北屋住着房主，东屋住着兵，西屋里有牲口的蹄踏声。在东屋里，小赵把我介绍给一个营长，说："三连前来报到，这个向导就交给你们营部了。"营长说："你们快上去吧，这里我来安排。"小赵一溜烟地跑走了。

我在小安舍临时当了5天饲养员

营长把我叫到西屋里说："老哥，前方打得正紧，我们也得上去，再麻烦你几天，代我们看养几天牲口。"我心里虽然有点犯难，又一想，既然是打仗为老百姓，我必须得帮忙到底，于是说："行，没说的。"营长高兴地给我敬了个礼，说："拜托了，你一定得等我们回来。"说完叫上几个战士飞奔而去了，他们是向枪响的方向冲去了！

于是，我便留在这里喂牲口，第二天早晨吃早饭时，早饭是房东给我端来的，一见面我们都笑了，原来，送饭的不是别人，是我们岳村铺嫁过来的一个同族侄女。她高兴地叫了我一声"三叔"。吃着饭我就请她快回一趟岳村铺，告诉家里人，报个平安。她满口答应，当天就跑到岳村铺把我给军队领路的事通知给我家里人。

我在小安舍当饲养员5天整，石门方向枪声停了……营长回来了，他把我叫到院子里，又从西屋牵了一头骡子出来，说："老哥，感谢你这几天帮忙，我们也没钱给你，这头骡子送给你，你回去种地使用吧。"我再三推辞，营长执意要给，我就牵上骡子回家了。

和当年的战士成了挚友

我回去的第二天，小赵带着几个战士来到我家，他们说："仗打完了，把刘英那老小子从大桥洞里活捉了。部队要休整，我们就住在你们岳村铺，今后家里有什么活，我们来给你帮忙。"我笑着说："今后咱们就是朋友了，你们可得多来家里呀！"

果然，小赵每个星期天都到我家帮干农活，我这才知道了他的真名：赵双福。1948年他在南新城华北军政大学学习时也还每个星期天到我家帮忙。我们成了挚友，直到1971年，他每年都到我家一两次。这就是我在解放石家庄时，给解放军当向导跟部队结下的鱼水情，这也是我为石家庄解放作的一点点贡献。

（来源：2017年11月4日A4版《燕赵晚报》）

攻打石家庄　接收缴获的国民党军队汽车

◎ 陈廷珠口述　南开宇整理

人物简介：陈廷珠（1927—　），河北保定阜平县平阳镇土门村人。自1939年3月2日在阜平县平阳乡土门村任晋察冀边区华北联大公务员。1944年8月到晋察冀军区后勤部做通信工作。1945年任晋察冀军区兵站部见习科员（排级）。1946年3月任晋察冀军区摩托训练大队学员。1947年11月6日参加了解放石家庄战役，之后参加了察南战役、解放太原、集宁战役、解放新保安战役。1948年12月在解放张家口时任连长，后参加了辽沈战役，曾荣获“解放奖章”“华北解放纪念章”“东北解放纪念章”“西北解放纪念章”。1950年2月调到华北汽车学校任队长兼教员。1951年3月中旬赴朝鲜参加了第五次战役。1954年12月回国，1955年3月到福建志愿军汽车八团车技处任主任。1958年转业后任福建省林业厅工程公司汽车队队长兼书记。1974年8月调石家庄维尼纶厂任运输科科长。1987年4月离休。

2017年，陈廷珠老人90岁了，笔者见到陈老时，他正专心致志地写战斗回忆录。他告诉笔者，这是他生活中最大的爱好，一天能写上好几个小时。虽年事已高，但他思维敏捷，而且身体硬朗。回忆起在解放石家庄战役中的亲身经历，老人仍能清楚地娓娓道来。

解放石家庄　抢救汽车装备和物资

1947年，在解放石家庄战役前夕，作为晋察冀军区摩托训练大队的一名汽车兵，我随部队来到驻扎在保定唐县军城镇蒋家沟村的晋察冀军区汽修厂，不久，又随部队赶到深泽县。那时汽车兵很稀少，会开汽车会修理汽车的人才少之又少。由于汽油紧缺，我和战友的主要工作是把从日军手中缴获的部分汽车改装成马车，再用马车将作战物资送往前线。

1947年11月6日，解放石家庄战役打响了，我们所在的部队不直接参加战斗，前方部队攻占区域都会有大量敌人的汽车装备及汽油等珍贵物资，都是由我们所在的部队及时跟进进行抢救、接收。11月7日晚上，我随部队沿京汉铁路柳辛庄段步行进入石家庄，并在花园村驻扎下来。我们的主要任务是，接收我军缴获的国民党军队的汽车以及汽车修理厂。

1947年11月12日凌晨，解放石家庄胜利在望，我和战友们被派到当时休门村附近的一个修理厂。在那里，我们接收了国民党部队的50多辆汽车。战士们见了这些美国产汽车都非常兴奋，至今我还记着车的型号是道奇T–234。就这样，我和战友们开着缴获的汽车，先把缴获来的弹药、物资按照指令运往石家庄周边的各个村镇。最后，又把当时晋察冀军区修理厂急需的大批汽车零部件拉到了保定唐县。

可以说，在解放石家庄这样的大城市中，摩托训练大队在抢救汽车装备及抢运物资方面起到了重要的作用。

成为解放军第一批汽车驾驶员

说起成为一名汽车兵的经历，陈廷珠感慨万千。

他回忆说，1937年秋天，八路军北上抗日，来到保定市阜平县建立革命根据地。当时的陈廷珠年仅11岁，被村里的小伙伴们推荐为儿童团团长，每天领着大家站岗、放哨、查路条。

1938年，日军开始在保定“扫荡”，来到阜平县平阳镇时牵走了陈廷珠家的牛、猪、羊，还在村里进行了惨无人道的屠杀，20多名手无寸铁的村民惨死。从那时开始，一颗愤怒的种子就在陈廷珠的心底埋下，他立志要为乡亲们报仇！

1944年，八路军来到陈廷珠所在的平阳镇土门村，一心想要报仇的他没有和家人商量，主动找到部队，正式参加八路军，任晋察冀军区兵站部见习科员。

第二年，日本战败投降，陈廷珠作为兵站部的一员随部队赶赴张家口，准备从日本人手里接收张家口。他们来到张家口对驻守日军传达了向八路军投降的命令。“但是驻张家口的日本兵说他们只向国民党投降，不向我们投降！”陈老愤愤道。于是，八路军就准备用武力收复张家口。“我们猛攻了一天，日本兵就坚持不住了，就开始有日本兵撤退。第三天，我们就攻进了张家口市，最后一批日本兵也撤退了，张家口就此解放。我亲眼见证了日军驻张家口最高将领向我们八路军投降！”陈老自豪地说。

到了1946年，组织选派陈廷珠到晋察冀军区摩托训练大队学习开汽车。就这样，陈廷珠成了解放军第一批汽车驾驶员，从此手握方向盘开始革命征程。

石家庄解放后，陈廷珠随部队又参加了察南战役、解放太原战役、集宁战役、解放新保安战役等，1948年作为连长参加了辽沈战役。新中国成立后，他作为汽车团一员参加了抗美援朝……1958年，陈廷珠转业到福建，后于1974年调回石家庄。这期间，陈廷珠一直从事汽车运输工作，而且早在1961年时，就获得了安全行驶122万公里的红旗奖状。他与汽车结缘一辈子，直到1987年4月离休才闲下来。

70年沧桑　石家庄变化翻天覆地

“解放奖章”“华北解放纪念章”“东北解放纪念章”“西北解放纪念章”“纪念石家庄解放60周年纪念章”“纪念抗日战争胜利60周年纪念章”……采访当天，陈老获得的荣誉奖章摆满了一桌子。

抚今追昔，90岁的陈老更感叹如今石家庄发展变化太大了。“过去刚解放石家庄时，全市一辆汽车都没有，石家庄市就公里街有一个交警，现在的石家庄高楼林立，到处都是汽车，连地铁都通了。”陈老说，他盼望着石家庄能发展得更好，更加现代化。

说着，陈老专门拿出来他自己作词的歌曲《太行山下有个石家庄》，用小调给记者唱了一遍：“太行山太行山，地呀地方好，山清水秀风光美。太行山上有个西柏坡，它早就闻名了全世界。太行山下有个石家庄，全国第一庄，本是个好地方，他本是聂司令指挥解放依呀咳。如今的石家庄，已经发展到近千万人口，道路宽广、环境优美、工业发达，河北省会，那咳依呀咳！住在石家庄，热爱石家庄，建设石家庄，美化石家庄，环境优美精神爽那依呀咳。现在的石家庄，高楼林立、物资丰富、市场繁荣、蒸蒸日上那依呀咳……”

回想战争岁月的点点滴滴，陈廷珠老人说，现在的美好生活来之不易，希望后辈们在了解历史的同时，珍惜如今的幸福生活。

历史回眸

1947年11月6日零时，担任攻城任务的晋察冀野战军三纵、四纵、冀晋兵团、冀中兵团共10个旅的兵力，对石家庄同时发起了总攻。至1947年11月7日拂晓，解放军攻克大郭村机场；8日拂晓，攻克石家庄外围制高点云盘山；10日傍晚，解放军突破敌内市沟防线，国民党“石家庄固若金汤，凭工事可坐打三年”的神话被彻底粉碎。

石家庄于1947年11月12日宣告解放。石家庄的解放，沉重地打击了苟延残喘的敌人，极大地鼓舞了解放军在各个战场的战斗士气，华北之敌被迫龟缩在了平津保三角地带，使我晋察冀和晋冀鲁豫两大解放区连接在了一起。这就为夺取平津战役的胜利和全国的解放进一步作好了准备。

（来源：《燕赵晚报》）

劝降太原城北守军，完整保留太原工业区

◎ 韩廷珍口述　康景琳整理

人物简介：韩廷珍（1922—　），河北省平山县人。1938年8月1日参加革命工作，16岁就加入了中国共产党，在晋察冀边区四分区工作，就任河北平山县“青年抗日救国会”三区主任，为所管辖的三四十个村秘密发展党支部，发动广大群众进行抗日。

1942年至1949年，韩廷珍是工作在阳泉、太原的红色特工。攻打太原前夕，他参与劝降太原城北阎锡山守军七十一师。城破前两天，七十一师准时秘密撤离全部阵地，把正面30余里宽的阵地，交给我二十兵团。

离休前，韩廷珍任太原市总工会主席。韩老先生今年（2011年）89岁，耳聪目明，记忆力尤其好。回忆过去，老先生说得最多的是战友，一边说，一边写下老战友们的名字。采访结束，他把名单交给记者，交代道:“他们的名字一定要写对啊，都不在了，生死兄弟啊！”

从盂县到阳泉，从阳泉到阳曲，再从阳曲到太原，韩廷珍开始了自己地下工作的自述……

没有良民证险些被日本人截住

我出生在河北平山县，自小放羊。1938年，我刚满16岁，就入了党。在晋察冀边区四分区工作，成为平山县“青年抗日救国会”三区的主任。在我管的三四十个村子里，每个村都成立了秘密党支部，党支部的工作就

是发动群众抗日。

1942年，我被调至二分区工作，地点在盂县。我的主要工作也是发展党员，向老百姓宣传团结起来抗日救国。

距盂县县城二三十里的牛村是日本人的据点，里面建了炮楼。牛村不是村，是个大镇子。为了更好地工作，我决定在牛村发展自己人。

一天晚上，我将牛村日本人自卫团的团长李云与牛村镇长李枝荣叫到村外。见面后，他们说了一句话，让我记忆犹新，“中国人都恨日本人，我们铁了心抗日”。

没多久，两人商量着就把我接进了村。

第二天晚上，李枝荣将全镇30多位有头脸的人物集中在镇公所，让我给他们讲抗日。那些人都是穿袍子的，我也不怕，站在那里给他们讲了一个多小时。

那天晚上，我住在李枝荣家。那是堪称豪华的里外套院，我住里面的院子。中午吃饭时，日本人的财务科长麻时元来了，我们叫他“麻乱团”。

午饭吃的是油丝饼，把面条用油裹了烙熟。就这样，我与麻乱团，敌对双方，一个外院，一个里院，互不见面，互不干扰，吃着一锅饭。

李枝荣的小名叫“稀儿”。对付日本人，潇洒自如；对共产党，热情忠诚，胆大心细，灵巧机智！

那次进村之后，效果特别好，大家积极想办法给我们传递情报。两三个月内，情报大量地被送出。日本人准备去哪个村子抢粮，阳泉日军给盂县县城派兵了没有以及汉奸的活动都被写成一张张的小纸条送了出来。

之后，我再被派往另外一个区任城工部部长，那里离盂县县城很近。城工部就是专门往城市派出红色特工的部门。一位阎锡山区公所的秘书被调往了阳泉，他叫吕岳，去给日本人的老翻译官当秘书。组织上让城工部派人前往，把他争取过来为我们工作，我决定亲自去。

带我进城的是之前派往阳泉的特工王万俊，小名“全锁子”，他有良民证，可以掩护我。

快下老爷山时，从阳泉城里开来3辆卡车，上面全是日本兵，戴着钢盔，端着刺刀，全副武装。汽车从我们身边开了过去，我以为没事了。没想到，开出100多米，突然停了下来，日本兵冲我连比画带喊，命令我站住。

全锁子在前面走，不敢回头看我。我只能停了下来。日本兵跑过来问："地雷的有？"我马上回答："地雷的没有！"原来，这些怕死的日本人是担心我刚走过的沙地里埋着地雷。

回答完毕，我怕查我的良民证，就慢慢地向前走去，不一会儿，日本人的汽车开走了。那一次太危险了，万一他们要看看我的良民证……

在全锁子的掩护下，我安全地进了阳泉城，见到了吕岳，给他安排了收集、传递情报的方法与途径。我也就成为他的单线联系的唯一上线。

遭日军包围　老百姓救了我的命

1943年，我在盂县县城北30华里的三苌池工作。三苌池是对东苌池、西苌池、南苌池的总称，三个村子共六七百户人家，间隔一华里。

地下工作那5年，我睡觉总是穿着衣服，从不脱鞋，枪永远在头下枕着，每晚睡觉的地方都不一样。有一次，我在西苌池睡，第二天凌晨三四点，我听到狗叫，从破窗户向外张望，发现日本兵哈着腰，端着枪正往这边跑呢。我扭头往东苌池方向跑，没一会儿，发现盂县的日本人也过来了。

我不敢往村外跑，决定在村里藏起来。

我对地形熟，很快在小胡同找到一家人。村里人管这家男主人叫"忠盒子"，他30多岁。见到我，他一把将我拽进草料堆，用草埋了起来，上面又盖了个大筐。没一会儿，他折回来，又把我推上房。盂县的民房是房与房之间有一处巧妙连接，可以容身。从下往上看，一点也看不到。我就藏在了这个连接处，平展展地躺在里面一动不动。不一会儿听到日本人进院，把家翻了个底朝天，草料堆被他们用刺刀扎遍了。

不一会儿，我恰好内急，实在憋不住，只能躺着解手。中午12点，日本人离开村子，我跳了出来。紧接着，隔壁屋顶上也跳下一位同志，浑身湿淋淋的。得知是我干的"好事"，他看看我，我看看他，我们俩哈哈大笑。

还有一次更惊险。

我在盂县县城内日本人的“剿共队”里发展了个党员叫张王成，他是剿共队的班长，经常能为我送出些情报来。有一天，100多名日本兵突然将我经常出入的西吉村包围了，指名抓“小韩”。当时，村里人不知道我的真名，都管我叫小韩。

张王成知道我的藏身之处，故意将日本人引至村里大财主家，他们在里面翻天覆地寻找。我藏在老乡家的窝棚里，这里又养牲口又当厨房，老乡知道日本人来抓我，将窗台上的油瓶、盐罐，盆盆碗碗足有十几样家当全部挪开，打开窗户，把我塞到棚子与后墙中间。我进去后，他又把那些东西一丝不差地摆了上去。日本兵进来搜查，什么也没找到，扭身走了。

但那次是谁告的密，至今是个谜。

劝降阎锡山七十一师　完整保护工业区

1946年2月，我被派到阳曲县工作，任东阳曲城工部部长。

1948年，晋中战役中，阎锡山的野战总司令赵承绶被俘，太原前线总指挥部把赵承绶送到了阳曲县七军敌工部关押。我们城工部在敌工部隔壁。敌工部部长找到我，想利用赵承绶瓦解他的嫡系七十一师。

七十一师驻守太原城北的核心地带，北起黄寨、陈家窑东西一线，南到飞机场、新城地区的7公里纵深。在该师的防御地域内，控制着阳曲通往太原的唯一通道。

赵承绶的参谋长执笔，赵承绶在落款处签名，规劝七十一师起义。赵承绶让我们将信转给他在太原城内的二姨太，再由二姨太带入七十一师。

谁去送信？我开始寻找人选，最终确定了城工部发展的两位女党员，她们都是阳曲县人，其中一位姓乔。接到任务，她们将信藏在头发里。我给了她们一些白洋，让她们过阵地时打点用。

白洋开道，两人以去太原买布为名，顺利进入太原城内。在国师街的一处院子，找到了二姨太。二姨太什么也不让她们说，只告诉了另一个地址，让她们速去，她随后就到。

没一会儿，三个女人在约好的地点见面了。二姨太说，赵承绶被捕后，阎锡山派来监视，日夜换岗监视，家里反而成了最危险的地方。

第一封信顺利地交到她手上。

为了保证万无一失，我们决定再派人去找二姨太。这次，赵承绶将手上的金戒指取下，又写了一封信，让一并交给二姨太。我记得赵承绶说过，戒指就是信物，二姨太见到后便会深信不疑。

我派出地下党员韩宽小前往，将第二封劝降信连同金戒指交给二姨太。与此同时，敌工部也派人直接前往七十一师进行接洽。

两方面合力做工作，七十一师决定起义。1949年4月22日拂晓，七十一师以接受新任务为名，按约定时间准时秘密撤离，将正面30余里宽的阵地，全部交给了我二十兵团，我军径直冲到了现在矿机附近。这样一来，阎军城北的防御阵地，变成了解放军攻击太原的前沿阵地。

七十一师的起义，为解放太原创造了有利条件，并完整保存了西北炼钢厂、太原兵工厂、发电厂等重要工业基地。

1949年4月24日，解放军攻破太原城后，我是接管内二区的军代表，地点就在现在的开化寺街。

那一天，我的革命工作，终于从地下转入了地上。

（来源：《山西日报》）

我的参军岁月

◎ 尤继四口述　王彦红　刘亚杰整理

时　　间：2017年11月23日

地　　点：河北省平山县光荣院

被采访人：尤继四

人物简介：尤继四（1929—　），1929年7月出生，河北省平山县大吾乡尤家庄村人。1946年参军。参加过解放正定、新乐、望都、定县、井陉微水、获鹿、石家庄等战役。石家庄战役中负伤，后复员回家务农。

2017年11月23日，寒风萧萧，吹散了平日里盘桓在大气里的沉沉雾霾，天气出奇的晴朗。我和同事到平山光荣院采访曾经参加过石家庄战役的残疾军人尤继四。到达光荣院，由于天气格外好，在这里住的老人们都出来坐在日头地儿里晒暖暖。一位穿白大褂的女服务人员问明情况后，热情帮我们找到了尤继四老人。

◎ 尤继四

尤老身着一身绿色军装，这可能是他觉得能体现自己的军人身份吧。他看上去精神挺好，只是历经岁月的沧桑，容颜已显苍老，腰杆也微微驼了下来。他热情地带我们到他居住的宿舍里，招呼我们坐下。宿舍里同他一起居住的还有一位92岁的老人，看上去身体状况明显不如尤老。为了采访的方便，那位女服务员将尤老的同伴安排到别屋，并将他的被褥整理整齐。

我们说明来意后，尤老打开了话匣子。

刚参军时在地方团

我叫尤继四，平山县大吾乡尤家庄村人。1929年7月出生，1946年参军，当时刚刚18（虚）岁。刚入伍时，我们被编在地方团新八团，属晋察冀边区四分区管辖。团长顾聪明，江西人，媳妇是平山县孟岭村人。由于是战争年代，刚入伍就给我们发了武器，每人一支步枪。连里还有机枪，有机枪班。一个连有两门小炮、两挺轻机枪。当时我们的主要任务就是在部队接受训练，大约有半年时间。其间，也执行过一些任务，参加过解放正定、新乐、望都、定县、井陉微水、获鹿等战役。

1947年编入正规军

1947年春，我们的部队到了山西，被编为正规军晋察冀边区独立二旅五团二营六连，曾在五台县东冶镇的槐荫村、五级村等地驻扎。当时山西、河北、察哈尔一带属晋察冀边区，统归晋察冀军区司令员聂荣臻领导。我在部队就是一名普通战士。在山西，曾在忻州、阳曲、寿阳等地打过仗。主要是消灭阎锡山部队外围小股势力。记得在攻打寿阳县宗艾和段王时，消灭了敌人两个团的兵力，还缴获了两辆汽车。那时部队里没有会开车的技术人员，于是大家就想了土办法，找来12头牛，每辆汽车用6头牛拉回去的，下坡时，为了控制汽车，用木头阻着。

印象最深的是参加清风店战役和解放石家庄战役

在我参加的战役中，印象最深的是清风店战役和解放石家庄战役。

打清风店战役时，我们是从山西盂县上社出发的，路程很远，但我们是一步步走过去的。当时我们背着被子、子弹、手榴弹、枪、铁锨、洋镐等东西，估计有几十斤重，但一天一夜还得急行军240里，基本上是一溜小跑到的清风店。那时小村子记不住名字，大一点的村名都能记住，从山西盂县的六岭关、建屏县（1958年与平山县合并）的下口、唐家会那个方向过来的，经建屏县洪子店、东寺下来，经过南庄，沿滹沱河北河沿去的清风店。由于路途遥远，等我们到时，战役已经结束。虽然没能参加这场战役，但很受鼓舞，据说国民党从石家庄出一个军，把军长罗历戎活捉，聂荣臻还是罗历戎的老师。

没打成清风店，所以部队领导就把我们此次出征的重点放在了打石家庄上。

石家庄当时有三个兵营，南兵营、西兵营、北兵营（编者注：讲述者可能记忆错误，当时还有一个东兵营）。北兵营是一个炮兵团，东边是柏林庄，西边是高柱。我当时就在北兵营这边。当时石家庄城封锁很坚固，它不是城墙，而是护城沟。从外到里有三道沟，头道沟好过；二道沟打得很艰难，围困了好几天才过去。我们当时从高柱、柏林庄进攻的，也就是现在的河北医大第二医院那个位置。从二院那儿进了几次，由于进的路口不对，伤亡人很多，也没进去，后又返回到东边柏林庄才打进去的。

当时进攻大部分时间是在夜晚，因为对方火力强，天上有飞机，地下有大炮，为了避敌锋芒，只好等天黑下来再强攻。有时白天敌人冲出来，因为他们有飞机、大炮，崩得我们眼睛根本看不清楚，一天冲锋了好几次，也没能打过去。

石家庄战役是阴历九月二十三晚上开始的，当时天气已经冷了，由于物资匮乏且条件艰苦，我们一天只能吃一顿饭。就这样的条件也已经很不容易了，炊事员大师傅都是用担子担两桶小米干饭从十几里外的地方给我们送过来的，大家吃了小米干饭，每人再发一张饼，等晚上打仗饿了再吃。就这样我们硬是在二道沟围了7天才打开。当时是靠着梯子下去的，下边有好多死人，我们就踏着死人往前冲。战争很残酷，根本记不清打死了多少人。

我就是在这次冲锋中发生了不幸，刚冲出二道防护沟，一发子弹击中了我的左脚踝，我趴在地上动弹不得，从天刚黑一直趴到了天快亮，担架队员才发现了我。当时担架队人员很多是平山人，光是我村就出了五副担架，后来由于牺牲等原因，最后只剩下一副。发现我的担架队员正好是我们村的人，并且是我家一个亲戚，就把我抬到了位于杜北乡北高基村的后方医院，从此我离开了战场，结束了我的当兵生涯。

由于伤残复员回家

当时在后方医院做了手术，取出了一块儿骨头，后又转了好几个医院，在获鹿市宜安镇西鲍庄村住了一段时间，在平山县烟堡村住了3个月，在灵寿县中倾井村住了一个多月，在曲阳健康连住了20多天，出了医院，最后到了阜平史家寨办了退伍手续。政府给我发了1400斤小米的安置款，用毛驴送我回家。

回家之后，我一直靠种地为生，由于家里穷且身体有残疾，一直没能成家。大哥二哥都是半路娶的媳妇。我自己一辈子就修了一个好身体。2001年，国家有优抚政策，把我这个孤寡老人接到了平山县光荣院养了起来。我很感谢党对我的恩情，并且永远铭记在心，永远跟党走。

珍藏70年的慰问袋

采访临近结束，我问老人还有没有当年留下来的东西。老人告诉我他一直珍藏着一个当年群众慰问解放军的慰问袋。他步履蹒跚地走到衣柜前边，打开衣柜，拿出一个白色包袱，在一个包了白洋布、大塑料袋、小塑料袋、白色大布袋、白色小布袋、塑料袋、纸袋七层的包袱里，藏着那个珍贵的白色慰问袋。慰问袋是用白色老粗布做成的，袋口穿一条绳，可以将袋口封上。袋子中间用黑色毛笔写着“勇敢前进”四个大字。慰问袋里边装着见证他一生的残废证——中华人民共和国残疾军人证。

老人说，在山西寿阳打完胜仗返回时，在盂县西雁村群众列队慰问解放军，他们高呼口号：“欢迎解放军！欢迎解放军！”当时，群众还给他们分发了这样的慰问袋，装着一包包瓜子，袋子上写着“勇敢前进”字样。“我当时得到这个袋子后，一直作为念想珍藏着。转眼已经过去70个年头了，却恍如昨天。它是我今生作为一名军人的光荣，不仅见证了人民解放军攻打寿阳的光辉历史，并且见证了军民一家人的优良传统。”

当我们表达了想征集这个慰问袋时，老人表现了极大的不舍。毕竟珍藏了70年，毕竟他孤独终生，这就像他的一个孩子，留着慰问袋不仅是一种念想，更是一种寄托，我们非常理解老人的心情。老人对我们表示了歉意，但他也表示了对我们工作的极大支持，他说百年之后，会让哥哥家的孙子捐赠给西柏坡纪念馆的。

（采访人：王彦红、刘亚杰）

在西柏坡，从娃娃兵成长为电台技术骨干

◎ 范海保口述　张军锋整理

人物简介：范海保（1932—　），河北省平山县郭苏村人。1947年参军，1948年到军委三局发讯台学习工作，当时是中共中央军委电台机务员。

俩苦孩子从县城到西柏坡，徒步百里参军

1947年5月，中央工委到了西柏坡。我们学校几个老师对我们说，工校招人，要求有文化，让我们可以去试试。当时我才15岁，高小没毕业，可家里父母双亡，靠亲戚靠邻居接济着上学、生活，在这种情况下，我决定去试试。

当时，学校一位姓韩的老师给我们同行的几个人开了介绍信，可走到半路，其他同学担心考不上，就回去了，只有我和东街的王中婷执意前去。她的家里也很苦很穷，后妈虐待她，我俩情况差不多。我们从平山城出发，带了点干饼子、菜饼子，徒步从平山城到西柏坡走了整整一晚上，一共是50公里，中间在夹峪村一个老乡的房顶上睡了一晚。

第二天到了西柏坡，结果人家说要求中学、师范生，说我们才小学文化程度，太低，年纪太小也不行，不收。我俩哭哭啼啼不愿意回去。那个主任宋彪说："这么小的孩子，这么穷叫他们回去怎么办？"就留下我们了。宋彪20多岁，四川人，是个老红军干部，后来曾任中央机要局副局长。

我在学校的时候喜欢画画、写艺术字，在学校考试写作文基本上都是100分。经过考试，宋彪说我们俩还不错，破格录取就把我们留下了。这就是1947年6月份，我们算参军了，以为成为八路军的人，那时候我们光知道八路军，共产党都了解很少。因为喊口号知道共产党，知道八路军，其他接触很少。一开始让我们学习文件，学习毛主席的文章，还有学习共产党报纸上的文章。同时我们也参加村里面的土改，进行"三查三整"。审查这个阶段过了以后，要进入专业学习，这时候说机要人员必须是共产党员，我们不是共产党员不行。于是王中婷调到了在西柏坡的中央卫生部，入城以后就是解放军361医院医生。我到了中央军委三局，后来进城后改成了中央军委通信部，在那儿管机器，开机器、调机器、修理机器，保证机器正常工作，我们叫机务员，发报的叫报务员。

刘少奇同志为我们作报告，朱德总司令讲长征故事

1947年7月1号上午，刘少奇到我们学习的地方看大家。当时很多学员都是小孩子，一般大的十八九岁，年龄最小的14岁，一共有8个班，我是第二班。我们排队等着，等刘少奇到了，我们就到了那个打麦场，集中听讲话。宋彪主任讲现在开会了，请少奇同志为我们作报告。那时候他们都称呼名字。其实同学们也知道这是中央首长，但是都没有见过面。刘少奇讲的是湖南话，语速较快，逻辑性、哲理性都很强。他从全国形势、当时解放战争的形势，讲到我们党的历史，讲到目前的任务，讲了约有一个钟头。

刘少奇讲道，我们是共产党领导下的队伍，我们是共产党，共产党是什么呢？共产党是工人阶级的先锋队，工人阶级先锋队是革命的，是领导全国人民要解放做主人的，要领导全国人民自己必须要建设好，要有纪律。共产党人就如一个人身上的细胞似的，你一个人不是个体嘛，身体机器由细胞组成的，共产党里面的每一个成员，就跟人的细胞一样，必须经常地要清理、要梳理。有了病要治，必须经常地进行组织建设，否则和人一样的，得了病要不治，很快就死了。

听了讲话，我感到也是这样，一支队伍必须把组织建设搞好，经常防

止或者克服资产阶级、剥削阶级思想，否则就要受到侵害，这样才能够组织全国人民，领导全国人民，从乡村走向城里。这在当时印象比较深，其他的我就没有多思考。

1947年8月1日那天下午，天气非常热，我们训练班派了十几个代表到西柏坡看望朱德总司令，我是其中一个。朱总司令住的是农村普通老百姓的土坯房子。我们坐在院子里，朱总司令说，这个小鬼怎么这么矮这么小？他拉着我进屋了，我坐在他的炕上，觉得朱总司令好像家里的大伯似的亲。他给我们讲红军长征过草地、爬雪山、吃草皮、吃皮带等艰苦的故事。那时候我年纪小，听着很新鲜，但都能听得懂，就这样用心听了整整一个下午。

离开训练班，到军委三局发讯台学习

1948年春节前后，我们训练班一个通信员带着介绍信，把我领到西柏坡附近通家口的军委三局，见到了军委总台副台长刘发勇，他也是老红军。当时屋子里面坐了很多人，正在收听陕北新华广播电台播放毛主席的《目前形势和我们的任务》报告。刘副台长问我："小鬼你从哪儿来的？"通信员递给他介绍信，他笑着说："好，小鬼欢迎欢迎，我们这发讯台正需要人，带他到那儿去吧。"

于是，我就到了窑上村。窑上是发讯台的第二工作间，东黄泥是发讯台的台部和第一工作线，窑上离东黄泥村不远。窑上车间的十几个人都是从延安过来的，其中有一个老同志山东人，是个抗日干部，当我师傅，带我见习。在带着我值班过程当中，他老教训我，要求非常严，一丝不苟，能把我训得哭鼻子。

下了班以后，完全变了样，师傅就好像变成另外一个人，嘻嘻哈哈。我那时候年龄小、个子小，他老抱我，带着我玩，用胡子扎我，有时带我到滹沱河里面去游泳、摸鱼，在田里捉田鸡。这样，我们师徒两个关系非常好，他值班的时候训我，下班以后就老逗我。严师出高徒，把我训练出来了，没有多长时间我就出师了，可以独立值班，调机器、修理机器，机器出了故障修理的各项技术都慢慢掌握了。

不眠不睡，三大战役最紧张

中共中央在西柏坡村，那里是五大书记集中指挥全国各战场、各区域的总指挥部。三大战役的很多电报都是毛主席亲自起草的，在4个多月的时间里，消灭和改编国民党军队154万多人。那个时候特别忙，基本上日夜工作，睡觉很少，困了，就在机器旁边打个盹儿。

有时候我们喊累，我们收讯台台长齐复华，也是平山人，就说："你累，你看看毛主席他们累不累？"我们就觉得我们累是身体累，毛主席是脑子累。所以就连续作战，实在没有办法了，把旁边那个电通到身上，一打瞌睡通电了马上就被电醒。那时候最紧张，三大战役时最紧张。

那时电报分五个等级，1个A是平报，2个A是急报，3个A是加急报，4个A是特急报，5个A火急报，就是十万火急。这五个等级，1个A的电报要求三天之内发出去，2个A的电报是两天之内发出去，3个A的电报是一天发出去，4个A的电报一个小时发出去，火急报随到随发，一分钟一秒钟都不能耽误。那时候，4个A的、5个A的电报多得不得了。

我是军委三局，负责人是王诤，我们的电台跟莫斯科专台连着，有个苏联人叫阿洛夫，专门管我们，经常到我们电台去视察，他保持着和苏联方面斯大林的联络。

七届二中全会是1949年3月5日开始的，在这之前上级通知要成立个专台，调我们三个调配员，还有一个开发的，在东柏坡设了一个电台。我们台设在东柏坡一个高岸上，那个地势比较高，房东是个贫农。房东住在西房，机器安在两间北房，我们就在南面过道门洞里面支了两块门板，吃饭睡觉在那里。

七届二中全会结束后，中央决定中央机关离开西柏坡，进发北平。那时候的车，都是从东北四野和华北汽车团调来的。1949年3月23日那一天，我们是第一辆车，是辆大卡车，打前站的，在前面，毛主席他们是第二辆，坐的吉普车，周副主席他们坐的中吉普，那时候还没有小吉普。我们在前面走，一面走一面保持电台通信联络，找个地方一看，行军正常，平安无事，继续走。

七届二中全会军民一家情，中央礼堂慰问演出

召开七届二中全会时，三大战役已经胜利结束，西柏坡的气氛不那么紧张了，来自前线的很多中央委员、候补中央委员都到西柏坡来开会。其间，我们电台上一些战士被调去服务，我也去了一次，会议期间给他们倒水。

西柏坡中央大院就那么大，所以很多人就住到村里的一些人家，挤一间房子。当时听老乡们说条件差时，那些首长们就说，在战争的时候，我们的战壕、行军条件比这个差多了，因为快胜利了，大家当时都显得特别高兴。

七届二中全会期间，华北京剧团到西柏坡来慰问演出，就在东柏坡的中央礼堂，能坐五六百人。记得那次一共演出5场，第一场是中央首长、中央机关和参加七届二中全会的代表看的，第二场、第三场都是给周围的老乡演，我是参加的第一场。第一场是晚上七点半开演，因在电台值班去得晚了，进去的时候礼堂都坐满了人，我就在后面站着挤着看。前排的椅子都是木头做的，长长的。

朱总司令、刘少奇等书记到得比较早，毛主席来得晚些，周恩来最后进来。当时看到毛主席的精神非常好，全场起立鼓掌，喊“毛主席来了”。戏开演了，演的是《逼上梁山》《三打祝家庄》。毛主席平常就喜欢京剧，这次给中央首长演，剧团也是下了功夫了，演得确实好，从七点半演到九点半。结束的时候全场起立鼓掌，也有很多人看毛主席，因为平时很少看到。

我在西柏坡的工作经历

◎ 刘建明口述　张军锋整理

人物简介：刘建明（1932—　），河北省平山县南庄村人，1947年在中央警卫团警卫二连做服务员，9月调到董必武办公室，后调到警卫科搞内勤，1949年随中央进京在中南海中央警卫团工作。

在南庄参加工作，到西柏坡大院行政科

1947年，我在南庄村参军，在中央警卫团警卫二连，当时村里驻着中央组织部。因为我才15岁，年纪小，连长、指导员担心我站岗放哨不行，就让我在连部当通信员。当通信员不到半个月，指导员让我到中央组织部找戴处长报到。戴处长问了我家庭情况，对我说决定调我到西柏坡工委工作去。

第二天，我到西柏坡，分配到行政科公务班做服务员，主要是为机关科长以上干部服务，每天起来就是为机关送水、打扫卫生，做这些工作，居住在西柏坡西岸村干部王树生家里。

刘少奇同志和朱德总司令住在机关大院里，董必武住在西岸。一直到七八月份等房子修好以后，董必武才搬到东岸上机关大院，这时公务班房子也盖好了，我们也就搬到中央机关大院里去了。这一时期，因为来的人多，机关大院一直还在修建房子，修好一部分就搬过去一部分。如后来毛主席指挥三大战役的军委作战室，还有两边的东西房，都是那时候修的。

为全国土地会议做准备、服务工作

我们搬到中央机关大院的时候，中央工委正在准备召开土地会议。当时负责我们的领导给我们公务班开会，让我们布置会场。会场是西柏坡村旁边一个露天的打谷场，因为天气炎热，我们弄一些白布拴在树上搭起来，太阳照不到里边，是一个自然的会场。另外，比我年纪大的同志做了一些小板凳，准备让与会代表们坐。7月份开会的时候，正是北方最热的时候，开的时间也比较长，7月17日一直开到9月13日，我们几个同志主要是为大会服务。

记得大会正式开幕的时候，刘少奇、朱德、彭真、聂荣臻、叶剑英等在主席台上坐着。第一天会议刘少奇同志作报告，后来就进行分组讨论。当时来了不少华北、东北等大军区的行政干部，将近100人，地方和军队穿的衣服都是一样的，灰布服装，没有什么变化。

再后来，好多中央的、东北、华北、西北各大军区行政区一些负责人都到了，我只认识坐在主席台上的朱德、刘少奇、董必武这些在西柏坡住的首长，像叶剑英、彭真、聂荣臻在主席台上坐着，我都不认识。贾玉田股长给我们讲这是谁那是谁，比如说聂荣臻的名字我知道，是晋察冀军区的司令员，但是没见过，所以贾股长告诉我。

因为我的主要工作是为会议服务，具体首长们一些情况，包括会议内容，人家也不说，我们也不问，这是当时的纪律。

朱总司令对我说，服务工作也是为人民服务

有一次，我们用大壶给大家送水、倒水，到朱德总司令了，他见我们几个中我的个子最矮，可能感觉我比较小，就问我话，我站那儿一紧张也不知道讲什么。贾股长赶紧跑过来，告诉朱总司令，说这个小鬼才参加工作两个多月。这样给我介绍了以后，我就不怎么紧张了。朱总司令就慢慢地问我："小鬼，是陕北人吗？"我说："不是，是河北平山南庄村人。"之后总司令又问："你多大了，这么小的小鬼就来参军，你父母亲同意吗？"我说："我15岁，刚来没多长时间，我父母亲不在了，家里只有哥哥

嫂子。”

总司令又问：“你为什么当兵？”我说：“我的姐姐1941年被日本鬼子杀死了，我的父母亲想念姐姐，得了传染病，相继不到一个多月去世了，我那时候九十岁的样子。”总司令说：“你的意思是小日本把你姐姐杀了？”我说：“日本人杀我姐姐的时候，我都看到了，拿刺刀给捅死的。我特别仇恨日本人，当时日本人‘扫荡’的时候，我姐姐才15岁，我姐姐把我藏在一个地方，帮着邻居抱小孩儿去了，这时候日本兵碰到她，连小孩一起拿刺刀捅死了。日本人走了以后，我才看到我姐姐的尸体，肠子都出来了。我当时哭了，我特别恨日本人。”听到这些后，朱总司令说：“日本是咱们的民族敌人，咱们已经把日本打败了，也算给你报仇了。”我说：“可是现在又打起仗来了，蒋介石又发动内战了。朱总司令说：“是啊，把日本人打走了以后，蒋介石又发动内战，所以咱们党中央毛主席领导我们进行自卫反击。反击以后，毛主席在陕北指挥战争，现在咱们取得胜利了，不久就可以解放全中国了。”我说：“我在这儿做服务工作，年纪太小也不让去前线。”朱总司令说：“你这小鬼，这服务工作也是为人民服务，跟参加打仗一样。”我听到这些后，马上说：“我一定要按照总司令指示，把服务工作做好，为人民服好务。”这时，朱总司令点点头，笑着对我说：“好嘞，那就对了。”和朱总司令的这些谈话，我记忆非常深刻，记了一辈子。

董老和何大姐对我的帮助教育，终生难忘

开完土地会议以后，我就调到董必武办公室做勤务员。在董老的办公室待了一年，从1947年的9月到1948年9月，都在那儿工作，就是为首长服务，打打水、搞搞卫生。

那是9月份，王秘书把我带到董老办公室见董老。董老是湖北人，口头语是“为大众服务”，也就是毛主席讲的为人民服务。我介绍自己的大名叫刘建明，乳名叫刘兰锁，上过一年小学。董老了解了我的情况后，对我说，今后叫你刘兰锁吧，文化低可不行啊，要学文化，将来还要为人民做事，为人民服务，没有文化不行。接着他对身边的王秘书和勤务员小任

说：“你们教他，一天认五个字，行不行？”我说行。

从那以后，王秘书和小任帮我认了一部分字。三四个月后的一天，董老说要考我一下，让我把“华北”两个字写写。我就写了，接着董老问我这两个字怎么讲啊？我说华北的华是漂亮的意思，北好像是东西南北的北。董老说，对了，还要努力啊。

董老对我教育这件事我真的终生难忘，至今想起董老来，还很想念他。从他这里开始，我懂得了学文化的重要性，懂得了为人民服务。1973年，我去看董老时，说：“董老，你对我的教育终生难忘。”董老当时跟我开玩笑：“你现在做什么官了？”我笑了：“是你教育我为人民服务，你教我下决心认字，现在我的程度达到初中水平了。”董老听了特别高兴。

在西柏坡时，中央机关号召大家搞劳动生产，每人分有任务，一个月纳一双鞋底。我不会纳鞋底，也纳不好，董老的夫人何莲芝就教我，用夹板把鞋底固定住，然后拿锥子扎过去，然后再拿针这么扎，又快又好，这一件事是何大姐教我办的。有时她纺线，我们纳鞋底，想起来真是终生难忘。

在西柏坡，毛主席用毛笔打败了蒋介石的偷袭部队

董必武后来到华北人民政府工作，时常不在西柏坡住，我又调到警卫科，还是搞内勤。因为警卫参谋很多都是老红军，且每个首长身边都有警卫员，只有开会、搞活动，警卫科才去搞警卫工作。像开九月会议、七届二中全会，负责会场的都是警卫科。我和山西一位同志主要做内勤，就是搞卫生，打打水、扫扫地。

有一件事情我记得比较清楚，中央前委转战陕北，过了黄河后，从阜平到西柏坡来时，周总理和任弼时先到，等毛主席来那一天，机关大院里挺热闹，刘少奇、周恩来、董必武都到大院里迎接毛主席。我那是第一次见到毛主席，比较激动。

1948年10月，傅作义偷袭石家庄，我正好在警卫科，那时情况确实挺紧急的。我们科长召集全科开会说，根据社会部的报告，蒋介石坐镇北京，命令傅作义、阎锡山偷袭石家庄。西柏坡周围除了警卫团，别的没有

武装力量，形势危急。中央首长指示，要先把机关大院的家属小孩都转移走，转移到平山县小觉那边的山区里。李科长还安排我和山西那位同志，跟着警卫科的家属和小孩转移，剩下的待命。我们到小觉那边住了不到一个礼拜就回来了，原来是毛主席唱了一出空城计，就是毛主席写了几篇文章，就把蒋介石、傅作义给吓跑了。当时我们同志们就讲，毛主席是用两支毛笔打败了蒋介石的偷袭部队。

七届二中全会期间，我看到了几大军区的司令员

七届二中全会的召开，是西柏坡中央机关的一件大事。我们警卫科精心分配了任务，那些老革命，有经验的参谋都上会场服务了，我们几个年轻的就留在家里值班、守电话。

虽然我没有到会场，但我见到了不少大军区的首长。因为开会的会场在大院的西北边的食堂，首长们来的时候都要经过机关大院门口，我们都见过。我是第一次见彭德怀老总、贺龙老总，还有林彪、陈毅等等这些大军区的司令员，心里很激动。我们警卫科设在大门口，有个值班参谋是老革命，他都知道这些人是谁，于是首长们进大门时不用登记。只见首长身边的警卫员，穿得跟我们一样，没什么特殊的。

还有一件事，济南战役胜利以后，华东野战军缴获了一辆小卧车，是防弹小卧车，后来就开到西柏坡给毛主席了，毛主席没坐。我们很多人第一次见到小卧车，觉得挺稀奇的，围着看了很久，觉得很漂亮。

周总理亲自动员，我们为毛主席进北平打前站

七届二中全会结束以后，就准备进北平的工作了。周恩来同志和中央办公厅主任杨尚昆组织机关大院里的同志们，给大家做思想工作。周恩来副主席在大院里给同志们开会，说毛主席的指示，要准备好咱们就进北平，准备不好咱们不进。什么叫准备呢？就是做好思想准备，也就是说进了城，一定要保持艰苦奋斗的作风，不能学李自成。这是一次动员会，接着杨尚昆继续布置怎么组织怎么走。

为保证进城队伍的安全，当时定的由警卫科打前站，还有警卫连的一

部分同志。警卫团分了两部分，一部分打前站，一部分做后卫。我们警卫科分配有两辆大卡车，我在第一辆大卡车打前站，3月23日出发，当晚在保定住了一个晚上，24日依然打前站，直接进了北平的永定门，然后从西直门过来，直接就开到香山，住在双清别墅下边的一栋房子里；还有一个车跟着毛主席、周副主席他们，到涿县以后坐火车，之后进的城。

当时第四野战军几个汽车团都开到西柏坡，浩浩荡荡有200多辆卡车，之后从西柏坡出发到北平，沿途都有解放军护卫，几十辆大卡车一块儿走，进了北平。

在北京，毛主席赞扬西柏坡人民

1963年，我在中南海中央警卫团，组织上任命我为干部大队一中队的副指导员。我们一中队有130多个人，一中队的任务主要是保护毛主席，跟随毛主席出去，做安全警卫工作。当时我们警卫部队规定，中队以上的干部，每天晚上10点到第二天早上6点钟，轮流查哨，每人两个小时。10月23日这一天，轮着我查哨，当走到毛主席住的菊香书屋已是24日凌晨一点钟了，站岗的哨兵叫李永福，我正和哨兵李永福说话时，毛主席从办公室出来了，看到我俩，就问："怎么你们今天两个人站哨？"李永福说："报告主席，我们副指导员来查哨的。"毛主席就问我："你是做政治工作的，部队现在在学什么？"我说正在学习反修文章。主席又问我是哪里人，我说是河北平山县南庄村。毛主席听了说："是不是离西柏坡两华里多的南庄村？"接着又带着感情说："西柏坡是个好地方，抗日战争时期，聂荣臻说那儿是乌克兰，确实名副其实，那地方又产大米，又产小麦，是个鱼米之乡，很好。我们住在那地方，西柏坡群众对我们部队支持很大，很热情，你们西柏坡群众很好啊。在西柏坡，我还和总理啊、少奇同志、朱总司令、任弼时组织指挥了三大战役，消灭了蒋介石的主力部队，为新中国打了基础，真是一个好地方啊。"

毛主席这段话特别是赞扬西柏坡人民群众的话，令我很受感动，我在回忆录里把这个情况写出来了。

我在西柏坡中央军委作战室的点滴回忆

◎ 巫志远口述　周艳芝　王彦红整理

时　　间：2018年1月4日

地　　点：北京

被采访人：巫志远

人物简介：巫志远（1922—　），原名巫捷响，字光名，曾用名江平。1922年生，广东省普宁市人，1939年参加中国共产党。两岁丧父，随母往泰国，后回普宁。年轻时在潮汕参加革命，转战大江南北，奔赴山东战场，在山东部队军校毕业，曾参加抗美援朝战争，指挥金城战役。先后在元山、平壤、仁川及越南、老挝、柬埔寨等地进行考察。1981年驻泰国大使馆武官。1985年以副军职离休。1985年10月，他被聘为汕头经济特区顾问。1993年7月，北京潮人海外联谊会成立，他被选为副理事长，1994年11月被选为理事长。

◎　巫志远

2018年1月4日，笔者赴京拜访了巫志远老人。

巫志远老人今年（2018年）96岁，虽然刚刚出院不久，身体略显羸弱，但精神很好，思维也很清晰，而且老伴儿也健在。老人见我们到来，很激动，赶紧拉我们坐下，迫不及待地为我们讲述他当年在西柏坡中央军委作战室的点滴记忆。

秘密加入中国共产党，走上革命道路

我1922年出生于广东省普宁县（今普宁市）十八乡坡乌老村的一个贫农家庭。我两岁时父亲去世，跟随母亲长大。

七七事变后，全国掀起了轰轰烈烈的抗日群众运动。在滚滚抗日洪流中，正在家乡读高级小学的我参加了中国共产党领导的潮汕青年抗敌同志会，积极进行各种抗日活动和反对国民党镇压“青抗会”的斗争，积极参加普宁“青抗会”组织的救亡宣传队、剧社及救护训练班等活动。1938年秋因参加反对国民党压制“青抗会”和禁止学生参加抗日活动的请愿示威游行、罢课，要求撤换校长陈创筹（国民党员）等的斗争，我和孔祥集、许义海等5位同学被宣布开除学籍。

1938年11月中旬，也就是开除我们学籍的第二天夜晚，孔祥集把我带到一个幽静的小溪沙滩上谈心，提出要介绍我参加中国共产党。我当即表示愿意。过了几天，在一个明朗之夜，孔祥集和王德州（兴文中学学生）约我到村边田野的小溪旁，正式介绍我参加了中国共产党，庄严宣誓成为一名光荣的中国共产党员。

1939年初，经亲戚方鸣洲推荐，我到了揭阳县石牛埔南侨中学一校文专部学习。当时主要是学习文学、哲学、社会科学、群众运动、游击战术等学科，也经常秘密举行党课教育，坚定了我的无产阶级革命人生观和党性意识。

1940年我回到家乡，在村里组织读书会和国术馆，开展团结学生和农民的工作。1941年至1944年，我先后在泗竹埔、上寮、陇头、径仔等学校任教，积极进行抗日、反对国民党反共顽固派的斗争。1941年1月“皖南事变”发生后，在地下党组织的领导下，我们印发传单，揭发蒋介石反动集团假抗日真反共的面目。在蒋统区白色恐怖的情况下，潮汕地下党组织实行单线联系，先后和我联系的有孔祥集、詹益庆、吴英、陈欣丰、张希辉、陈维勤等。1942年中共“南委事件”后，潮汕党组织根据中共南方局书记周恩来的指示，暂时停止组织活动，一些已暴露身份的骨干撤离潮汕。我被组织留下来坚持秘密斗争。

1944年日本侵略军侵入广东腹地，占领了揭阳、潮阳、普宁等县城和交通要道，潮汕人民更处于水深火热之中。为了救国救民，中共潮汕特委决定恢复组织活动，开展抗日游击战争。当年11月国民党反动当局为了破坏共产党的上述行动，对潮汕地下党发动全面大逮捕，仅普宁、揭阳等县区就逮捕了共产党员和进步群众几十人。我也被国民党列入逮捕的黑名单中，但当国民党特务来家里抓我时，正好我不在家而得以幸免。从此我便隐蔽在石泉美、马公栅、钱家寨、坡沟等地。这年12月底，地下党组织负责人张希辉通知我到揭阳县石牛埔地区集中，参加组建潮汕人民抗日游击队工作。

1945年1月26日夜，潮汕特委书记林美南和曾广等，领导着地下党组织的骨干约300人，在揭阳县石牛埔山村庄严宣布：潮汕人民抗日游击队成立了。当晚，队伍开往普宁县南阳山与同时成立的另一支潮汕人民抗日游击队会合，编成两个突破队。我被编入第二突破队统战组工作，主要负责与地方实力派、伪维持会及国民党乡、保长开展统战和筹粮筹款工作。从此，潮汕人民抗日游击战争的烽火便越烧越烈。同年3月潮汕人民抗日游击队进行整编，抽调部分同志加强地方工作，我被派到潮（安）揭（阳）丰（顺）县委工作，任副特派员，主要任务是筹建小北山人民抗日游击大队和韩江纵队第一支队。经过一番努力，于当年5月首先建立了小北山人民抗日游击大队，特派员钟声任党代表，我主要负责县委工作。在潮汕党组织的领导下，7月又建立了韩江纵队第一支队。

日本帝国主义无条件投降后，国民党顽军集中力量向我游击队进攻。部队向大北山转移，潮揭丰县委进行调整，潮汕特委派杨英伟任书记，我任宣传部部长。我带部分工作人员，以开烟厂为掩护进驻揭阳城邓家祠，后转移驻潮安县玉窑镇，一直坚持到1946年4月奉命经香港至大亚湾集中北撤山东。

1946年6月韩江纵队的48名干部和东江纵队主力一起乘美国兵舰撤至山东解放区，加入华东我军序列，驻临沂地区。其间，我开始在东江纵队政治部任宣传干事，后调山东军政大学学习。1947年8月1日成立两广纵队，我被任命为该纵队第三团第三营教导员，转战于山东战场上。

服从革命的需要，到西柏坡中央军委作战室工作

1948年7月，为准备南下接收两广，叶剑英从各地调集部分两广籍干部到位于石家庄的华北军政大学学习，我也在其中。

中共中央到西柏坡以后，要组织战略反攻。由于人手不够，毛主席要求从各个军区、各个野战军抽调有经验的参谋到中央军委作战室工作，另外又从华北军政大学选调了10名同志，当时我就从华北军政大学调来西柏坡。同年8月，我和邓汀、徐亩元、严子岗四个广东籍干部被调中央军委作战室工作，来到当时党中央和中央军委驻地河北省平山县西柏坡。我当时在作战室二科敌军科任参谋，直接为军委首长作战指挥服务。

我记得西柏坡中共中央旧址大院南边有一条河叫滹沱河，河滩地都是稻田。当时中央大院里人为地分为三个院，毛泽东、周恩来、任弼时、李涛等在一个院儿；军委作战室在一个院；朱德、刘少奇、王明等在一个院儿。大院靠后边还有一些房子，再后边还有一个礼堂，在这里开会。

中央军委作战室属中央军委作战部一局，当时作战部部长是李涛，副部长是王诤。作战部下边分四个局，一局作战局，二局情报局，三局通信局，四局军事训练局。一局局长由李涛部长兼，下设两个室，一室分管作战，驻西柏坡，室主任也由李涛部长兼，副主任张清化。二室分管战史及兵要地志，驻夹峪，主任暂缺，副主任张明（又名张水发）。

一室（作战室）下设两个科，一科（作战科）科长成普，二科（敌军科）科长江右书。我当时在二科敌军科工作。当时就两个科，很简单，最初有十几个人，后来增加到二十几个人。他们是李涛、张清化、赵云慈、刘长明、江右书、成普、陈宝田、王亚志、刘波文、赵真、程锦科、张希、张一民、吴传保、张明、马维林、邓汀、徐亩元、孙精元、高瑞鑫等。

当时中央军委作战室的主要工作：一是搜集研究敌军情况，编写各种敌军资料。广泛搜集敌军的资料，对中央军委的作战指挥有十分重要的意义。毛主席、中央军委对作战室关于敌军情况的分析研究很重视，毛主席

写的作战指挥电报中和关于作战问题的讲话中，有关敌军的情况，大部分都是作战室提供的。作战室先后编写过很多敌军材料和图表，如《国民党军战斗序列》《国民党军调查》《国民党军海空军部队及特种部队后勤部队调查》《每日敌情综合》等。

我当时就负责《每日敌情综合》的编写工作。把每天的情报收集整理，编写成刊物，每天出一本，当天夜里12点之前必须将刊物编写出来，第二天早晨8点准时送到五个书记那儿。当时条件比较艰苦，没有电脑，都是手写，我编写完稿子后，有专门的打字组进行刻版油印。打字组组长刘克宽，字写得很好，被人们称之为“铁笔英雄”。稿子油印好后，由专人送五位书记，一般情况下是李涛、张清化等，一般工作人员进不了五位书记的门儿。当时工作非常紧张，基本天天都熬夜，12点吃了夜餐以后，作战科、情报科各留两三个人值班，其余人休息。当时每天最多只能睡三四个钟头。毛主席都是晚上办公，有时紧急的时候，都是连夜工作。

二是掌握我军作战行动。作战室每日都编写《军情综合》，主要内容是各战区的敌我态势，各野战军的位置，野战军首长的决心意图，作战方案，兵力部署，打击的重点，主要突击方向，战役开始的时间，周边敌人可能的行动情况，相关野战军的协同等。作战室的标图，按情况范围大小、内容繁简而定，有态势图、情况图、要图、略图、示意图等。当时由于条件艰苦，就用大头针和电光纸制作的小旗，插在墙上。敌军用蓝色，我军用红色，军（纵队）一级是长方形，师一级是三角形，上面注明军、师的番号。敌我战线的变化用红蓝毛线标示。除标图外，我们作战室还绘制各野战军或每个战役的参战部队序列表。

三是及时准确的战绩统计。通过战绩可以了解每个战役的胜利成果，可以了解敌我力量的消长情况。每个战役一结束，必须迅速打扫战场，统计战绩，经核实后逐级上报。每个战役及大的战斗，必须将详细战绩上报中央军委，由我们作战室进行综合统计。解放战争中的战绩统计，要求是很严格的，必须核实准确，不能有任何浮夸错漏。战绩公报由我们编写后，先送周副主席审批，而后新华社以人民解放军总部名义对外发布。战绩公报有月度公报、季度公报、半年公报、年度公报等。通过定期地发布战绩公报，对全国人民了解解放战争的发展形势，鼓舞斗志起着极为重要的推动作用。毛主席很善于利用我们作战室提供的战绩统计，通过对敌我态势和战绩的分析，决定我军的战略战役部署，制定我军的作战方针，规定各战略兵团和战役兵团任务。

四是情况通报。为了使各军区各野战军领导同志对战争全局有个全面了解，我们作战室定期或不定期地综合解放战争的全局情况，向各军区各野战军通报。除通报战况外，我们作战室还将各野战军的作战经验，根据毛主席、周副主席的批示，向全军通报，供各作战兵团学习和交流经验。

我们作战室每周开一次战况汇报会，总结、分析一周的战局变化，提出下一步的作战计划和设想。这种战况汇报的效果很好，中央军委首长很重视，特别是朱总司令经常亲自参加，并作过多次重要指示。

紧张严格的工作环境，养成了高效严谨的工作作风

当时西柏坡工作生活条件都非常艰苦，中央军委作战室的办公地点就是四间普普通通的土坯房，大概仅有70来平方米。办公室内3张长方形的大桌子，十几把普通的木板椅，一部电话机。墙壁上挂满了军用地图，当时地图是多幅的，仗打到哪里，就挂哪张地图，再根据军事变化情况标图。工作人员绘图、制表用的红蓝铅笔都是从敌人那里缴获来的，为了节省，就用大头针别住红蓝毛线表示敌我作战区域，用红蓝电光纸做成小旗来标明敌我战场情况。那时工作人员睡地铺，底下铺些麦秸，上面是苇席，以后才有铺板。

虽然条件艰苦，但大家的工作热情却十分高涨。据不完全统计，中共中央和中央军委在西柏坡短短的10个月里组织指挥了24次规模较大的战役，中央军委发往前线的电报仅三大战役期间就有197封之多。周恩来副主席曾风趣地说："我们这个指挥部可能是世界上最小的司令部，我们一不发人，二不发枪，三不发粮，就是天天发电报，就把国民党打败了！"

在这里，作战室工作人员还曾设计、研究、讨论了中国人民解放军军旗的图案。七届二中全会通过了关于军旗的决议。

当时在西柏坡中央军委作战室工作时，虽然人少，但我们的工作效率

是非常高的，为中央军委首长发挥了很好的参谋助手作用。那为什么能在如此艰苦的条件下有如此高的工作效率呢？我认为有几个方面的原因：一是当时人员十分精干。作战室两个科开始只有十几个人，后来增加到二十几个人，每个同志都有着高度的责任心，保持着旺盛的革命精神。做参谋工作必须不图虚名，有甘当无名英雄的品德。同志们都自觉要求自己，全部精力都扑在工作上。二是工作程序非常简捷。一份文电从参谋拟制，经科长、室主任、局领导、部领导审阅，均在作战室内用很短的时间完成，而后由经办的参谋直接呈送周副主席，周副主席批阅后再由经办参谋直接呈毛主席和中央军委其他首长。除综合性的大型文件需要几天外，一般文件图表没有超过一天的，都在几个小时内完成。三是主管首长严格要求。周副主席直接领导军委作战室，对我们作战室的工作要求很严，抓得很具体，我们作战室送的文件图表，任何一点错漏，绝对逃不过周副主席的眼睛。一旦发现疏漏，就立即将直接办理的参谋同志叫去，当面批评指正。作战室的工作效率，完全是周副主席的严格要求培养出来的。四是参谋业务熟练。参谋人员必须精通业务，当时要求我们每个参谋的业务水平，都要成为活字典。自己分管的工作，在中央军委首长面前问不倒，能对答如流。在周副主席面前，做到这一点很不容易，但是经过奋发努力，我们作战室的参谋基本都过了这一关。五是严谨扎实的作风。战争时期参谋工作稍有疏漏，就可能造成重大损失或不良影响。当时我们作战室的工作要求是严肃、严格、严密、快速、准确、细致，特别注意防止粗枝大叶的现象。参谋工作中常常由于在文件中用了“大概”“也许”“可能”等含糊不清的词语，或在统计表中写错了一个数而受到周副主席的批评。

在西柏坡中央军委作战室短短半年多的时间，我们受益匪浅，养成了高效严谨的工作作风，并且终生受用。

离开西柏坡，踏上新的革命征途

1949年1月北平解放。3月作战部随中央军委进驻北平。1950年初作战部组织机构扩大，我任第五处南亚组组长，负责研究东南亚各国情况。

1950年6月25日朝鲜战争爆发后，总参谋部在中南海设立作战指挥机构——作战室，我参加作战室工作，负责处理朝鲜战场敌军情况。1953年1月到朝鲜前线，在志愿军第19兵团某师前指工作，参加了金城战役。朝鲜停战后，我奉命和其他同志一起到元山、平壤、仁川等地考察后回国。

1956年6月作战部五处与总参二部合并，我任二部八处南亚组组长。1958年4月带工作组赴越南研究抗法战争情况。1961年1月参加中缅边境勘界警卫作战，把国民党军柳元麟残部赶到缅、泰、老边境的“金三角”，1962年5月参加中国代表团出席日内瓦国际会议，进行印度支那停战谈判。

1964年4月我任总参二部八处副处长，5月参加中国军事代表团，任代表团秘书组组长，赴越南、老挝考察，对印度支那战场和抗美战争情况进行全面了解和研究。

“文化大革命”中我受到批判，后到天津农场和河南总参“五七”干校劳动。1973年1月调回总参二部。1973年11月任总参二部七处负责人，分管东南亚、西亚、非洲情况。

1979年6月中越边境自卫还击作战后，中央成立南方工作组，我被任命为昆明中央南方工作组副组长，负责开展对越南、老挝的工作。

1981年9月我调任中国驻泰国大使馆武官，作为中国军队的代表开展工作。先后两次进入柬埔寨，进行调查研究，并结识了许多华侨人士。1984年12月回国。

1985年9月离休，行政12级，副军职。同年10月经总参二部领导批准，被聘为汕头经济特区顾问。1993年7月北京潮人海外联谊会成立，被选为该会副理事长，1994年11月被选为理事长。

我的这一生颠沛流离，征战南北，目睹了中国共产党领导千千万万中国人建立新中国的艰难历程。但我觉得很值，能为新中国的建立贡献自己的绵薄之力是我一生的光荣和自豪。

（采访人：周艳芝、王彦红）

红色后人慰忠魂

◎ 邢贤一口述　刘亚杰整理

时　　间：2018年5月15日

地　　点：北京

被采访人：邢贤一

人物简介：邢肇棠（1894—1961），原名光祖，字肇棠，甘肃省通渭县人，毕业于甘肃陆军测量学校。曾任西北国民军旅团长，参加过北伐战争。抗日战争开始后，任冀察游击司令部副司令，新编第五军副军长，长期同中国共产党保持联系。因坚持国共合作而受到国民党顽固派的打击，1943年到延安，1945年底加入中国共产党，1946年任民主建国军副总司令。1947年后，任华北人民政府水利委员会主任。新中国成立后，任西北军政委员会委员、宁夏省人民政府副主席、主席，河南省副省长。1961年5月31日在郑州病逝，终年67岁。

◎ 邢贤一

2018年5月15日，我和同事史进平、王彦红三人到北京走访老同志并征集文物。第二天下午我们拜访了西柏坡时期华北人民政府水利委员会主任邢肇棠之孙邢贤一。他曾在前一段时间到西柏坡寻访爷爷的足迹，在西柏坡给我们留下了一些珍贵的资料，由于时间匆忙，没能做深入的交流，此次走访既是对邢老的一次礼节性回访，也是我们进行西柏坡口述历史工作的继续。

我们按照邢贤一老人之前发给我们的乘车路线，经过一个多小时的乘车，到达目的地。之前看天气预报，显示北京那几天有雨，谁知那天天气出奇的好。一下公交车我们就认出了邢老，虽然头发已经花白，但他站得笔直，精神也很好。公交站周围是新盖的楼盘，没有什么遮阳的树木，他就在没有任何遮挡物的公交站牌边等我们。邢老很快也认出了我们，热情地跟我们握手欢迎。在和邢老交谈时，我们得知那天正好是他的生日，顿时感觉此次采访更有别样的纪念意义。近几天抢救历史工作的丰硕收获让我们感到兴奋，同时也对邢老的采访充满了期待。

我的革命家庭

我叫邢贤一，1942年5月16日出生。我的父亲名叫原烨，母亲名叫邢华，他们都是地下党员。我父亲姓原，我母亲姓邢，我为什么姓邢呢？实际上我是邢肇棠的外孙，在我小的时候父母亲双双去世，爷爷（实际上是外祖父）邢肇棠就把我和姐姐从老家甘肃接到宁夏去，由他和朱仲芷奶奶抚养我们。我从6岁开始就跟着爷爷生活，在爷爷去世的时候，奶奶就跟我商量说："爷爷对你那么好，为了表示对爷爷的纪念，你应该改成邢姓。"就这样，我由原来的原贤一，改成了现在的邢贤一，我的姓就是这样来的。

◎ 邢肇棠夫妇和邢贤一姐弟合影

我爷爷早年在外边搞革命的时候，没有时间照顾我的母亲和舅舅，就把孩子寄养在北京好朋友家。他的好朋友是一个民族资本家、绸缎商，也是一位爱国人士，他家也是共产党人的一个秘密活动点。我母亲当时在北平女三中、志成中学读书，学习成绩优异，而且十分关心国家大事，经常去听进步学生的演讲，在此期间结识了我的父亲。我的父亲原烨是甘肃省甘谷县人，早年在北京志成中学读书。志成中学有许多东北流亡学生，父亲目睹了他们流离失所的苦难，也意识到国家民族的危机，便积极地投入到北平由党组织的各种抗日救亡活动中。父亲因为参加一二·九爱国运动，被捕入狱，后来经我的祖母求助邓宝珊通过各方关系几经周折，父亲才被释放。

九一八事变后，母亲到西安读书，在西安继续投入到抗日救亡活动中。经过多次考验，1935年母亲光荣地加入了中国共产党。1936年我的父母在西安结婚，结婚后父亲在杨虎城所属教导团政训室任政治员，因工作成绩突出，被该团团长李震西介绍加入中国共产党，直接参加了“西安事变”这一震惊中外的事件。“西安事变”后西安情况变得更为复杂，汉奸、特务趁机在军内挑拨拉拢，造成军内大分裂，处于军内的共产党人生存更是命悬一线，我的父母被迫离开了西安。

我父母于1937年到甘肃兰州，当时甘肃省的主席叫贺耀祖，贺耀祖是谢觉哉的同乡，所以中共中央派谢觉哉到甘肃八路军办事处做中共代表。我父母亲在兰州和党组织联系以后继续参加地下活动，配合八路军办事处工作。当时贺耀祖夫人倪斐君响应何香凝号召于1937年8月成立了“中国妇女慰劳前方抗日将士甘肃分会”（简称甘肃妇女抗敌后援会），倪任会长，我母亲任理事、秘书长、宣传股长，年底倪斐君随贺耀祖离开兰州，我母亲实际主持了全部工作。在此期间我父母参与了很多抗日社团的组建，并在这些团体中担任要职，这些抗日救亡的团体，在当年甘肃兰州抗日救亡运动中起了开路先锋的作用，作出了积极的贡献。母亲炽热的革命热情、吃苦耐劳的精神、卓越的才能、显著的工作成绩，深受甘肃各阶层妇女的敬佩、革命同志的赞扬。谢觉哉就曾称赞道：“邢华是一位坚强的女干部。”当年共同战斗过的老同志回忆这段革命历程时，总竖起大拇指说：“她是一位正直、热情、诚实的共产党员，才貌双全的奇女子。”

爷爷参与改造高树勋运动

爷爷在1954年曾经写过一本自传，讲他这一生的很多事情，里面记载着他追求真理、追随共产党的心路历程。

爷爷的入党申请是毛泽东主席亲自批准的，毛主席批准的时候还说邢肇棠早就该入党，因为他的思想上一直在加入。爷爷入党是秘密的，没有公开，一直到第一届政协会议开完以后，周总理把傅作义、董其武、邓宝珊还有我爷爷叫到西花厅里，告诉大家邢肇棠是共产党员，这才公开党员身份，傅作义知道爷爷是共产党员后很吃惊。爷爷他们这些人一辈子都在追求着一种崇高的理想，为了自己的国家的独立、民族的复兴，信仰坚定，甘心奉献，那是令我辈非常佩服的。

1945年，著名爱国将领高树勋对蒋介石在国民党军队内部排斥异己、挑起内战的行动表示不满和反感。在刘伯承、邓小平的秘密争取下，高树勋率新八军万余人宣布起义，以通电形式向全国发出了《停止内战团结建国的起义宣言》，声明脱离国民党阵营。高树勋率部起义后，敌军受到很大震动。中共中央决定派爷爷邢肇棠前往邯郸改造高树勋起义部队，起义部队改编为民主建国军，爷爷被任命为民主建国军副军长。

在爷爷的笔记本上有这样一段记载：

> 我的新任务，去年民主建国军事结束后，滕副司令（滕代远）要我和高树勋住在一起，我以为高树勋因特务事件而被看管，没有和他住在一起的必要，因此我仍然住在参议会，在清净的环境当中又得到了半年的学习机会。1948年2月24日，接到杨副主席（杨秀峰）转来的电话，要我即刻到冶陶找王副参谋长（王世英）。什么事情呢？去吧，见面自然会知道的。往返20里的石头山路，走一趟就觉得有点累了，哎哟！这是老了，想着真是泄气。王副参谋长说中央局决定要你和高树勋住在一起，一起学习，给你们准备了一所房子，你明天就搬过来，将来如果人多的话还可以成立一个高参室。25日把高树勋夫妇从牛头搬来，二十六军军区司令部欢迎高夫妇。薄一波、王世英、宋任穷做主人，我也算是陪客，吃饭时大家只喝酒吃菜，没有谈任何事

情。饭后薄、宋先走了，我和高夫妇住在一起。头几天高树勋承认他不懂革命，心上虽然想革命，但行动上有许多不革命的表现。27日，农历正月初八，边府的杨、张、戎又请高树勋吃饭，滕、薄、王、李、廖和我作陪。饭后我因朱仲芷同志有病先回，后高同薄、王回冶陶，高借喝了几杯酒，沿途有些牢骚。当时薄一波同志向高树勋表示我代表毛主席、朱总司令向你保证，我们共产党是永远欢迎你的。第二天，高树勋找薄、王解释，说他最后说什么不知道了。

爷爷任华北水利委员会主任

我这里有一份华北人民政府对爷爷的委任状：兹任命邢肇棠为华北水利委员会主任，此状，主席董必武，副主席薄一波、蓝公武、杨秀峰，中华民国三十七年九月二十六日。

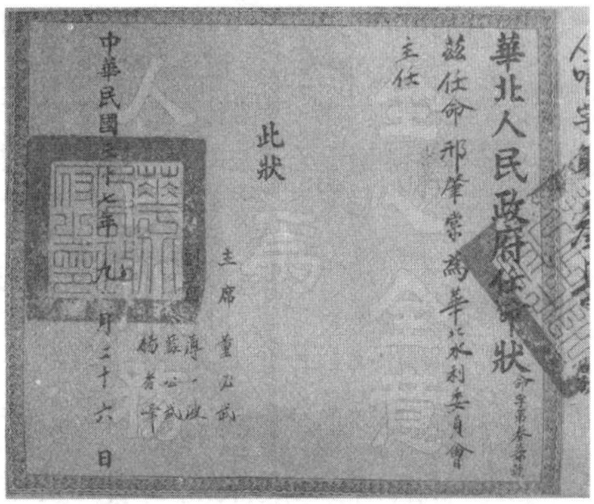

◎ 华北人民政府水利委员会主任委任状

1948年9月26日，华北人民政府正式成立，华北水利委员会作为政府重要组成部门同时挂牌成立。在华北水利委员会旧址保存有爷爷《关于海河工程治理问题致董必武的函》的手稿，他提出的治理海河、开凿支渠的设想既能克服海河水患，又能提高水资源利用效率。毛主席对爷爷的想法非常认可，在此基础上提出了“一定要根治海河”的号召。

爷爷在日记里这样写道：

1948年7月，晋察冀边区政府和行政委员会合并，华北临时人民代表大会选出华北人民政府，我当选为华北人民政府委员兼华北水利委员会主任委员……北京解放后，国民党遗留下来的庞大而复杂的北京天津等地的水利机构，只天津新港和海河工程处挂名领薪不做工作的秘书就有九十几个。在这一阶段工作中，首先要整顿与纯洁水利机构，正常开展业务，提高工作效率，就成为当前的迫切任务。我们在党中央的直接领导下，胜利地完成了这一任务。

1949年9月中旬，华北一带连降暴雨，黄河遭遇特大洪水，年久失修的黄河堤线上到处是危险的漏洞。灾情紧急，更紧急的还有即将举行的开国大典，如果黄河决口，向北泛滥，一直冲到京津冀，那就会影响新中国成立典礼。面对这千钧一发的险情，华北水利委员会指挥平原、河南、山东三省的党政军民组成40万抗洪抢险大军，昼夜守在黄河边上，把人员部署落实到每一米堤防。在40个日夜的艰苦奋战之中，军民齐心战胜了黄河回归旧道后的第一场大洪水，为开国大典的顺利举行作出了重大贡献。

此外华北水利委员会组织专家和技术人员组成水利考察团，对海河、滦河、黄河流域进行深入勘察，尤其是结合防灾抗灾抢险的经验和教训编制了华北区治河计划，明确了各河治河要点，给水库、水找好了安家的位置，为新中国成立之后大规模治理海河、黄河的工作提供了科学依据。

王稼祥使用过的助听器

我小的时候在乡下生活，有一次感冒发高烧，把耳朵烧坏了，烧坏以后听力受了影响，慢慢变差，后来就开始佩戴助听器。

助听器，在当时来说是很昂贵的东西，所以我的第一个助听器是王稼祥曾用过的。我为什么会有王稼祥的助听器呢？实际上，奶奶朱仲芷是朱仲丽的姐姐，也就是说王稼祥是奶奶的妹夫，因为亲戚关系，交往较多。王稼祥耳朵不好，配有助听器，听说我耳朵不好后，就把自己使用的助听器给我使用。因为物资匮乏，在那个年代，这些助听器可是珍贵的东西，帮了我的大忙。

这些助听器，是美国20世纪三四十年代的产品，质量很好，我一直使用了几十年，现在虽然不用了，但一直珍藏着，这记录着老一辈对我的关心和厚爱，我将永远铭记于心。

爷爷邢肇棠在1961年去世，当时我还在上中学，作为革命后代，国家每个月给我25块钱一直到高中毕业。毕业后，我决定自食其力养活自己，于是到北京汽车制造厂从学徒工做起，做了一辈子。在我的一生中，始终恪守着爷爷奶奶传承给我的人生信条，那就是做人善良，行事勤奋，具有家国情怀。

爷爷去世后，他所有的资料奶奶都交由我保存，这是他革命一生的记录，我的愿望就是要整理出版，让爷爷为民族解放、国家富强而奋斗的一生，被世人所知。他波澜壮阔的一生，他的每一步、每一言，都是中国革命伟大历史的组成部分，值得永远被世人铭记。

（采访人：史进平、王彦红、刘亚杰）

难忘的岁月

◎ 何理良口述　王彦红整理

时　　间：2018年5月17日

地　　点：北京

被采访人：何理良

人物简介：何理良（1926—　），女，1926年出生，浙江余杭（现杭州市余杭区）人。国务院原副总理、中国国际友好联络会原会长黄华同志夫人。1940年参加革命，1945年毕业于延安俄文学校，1958年毕业于莫斯科国立国际关系学院历史系。1960年至1976年先后在加纳、埃及和加拿大大使馆以及常驻联合国代表团任外交官至参赞，1977年至1986年任外交部国际司副司长。曾任第五、六、七、八届全国政协委员和全国妇联执委。她热爱绘画艺术，并有很高的造诣。

2018年5月17日上午，我们一行三人拜访了国务院原副总理、全国人大常委会原副委员长、外交部原部长黄华同志的夫人何理良。何老为我们无偿捐赠了黄华同志在西柏坡时期曾经用过的一件滩羊皮大衣，并为我们讲述了跟随黄华同志从陕北到西柏坡的点点滴滴，深情回忆了她令人骄傲的革命家庭。

黄华同志的滩羊皮大衣

这件皮大衣，是朱德总司令送给黄华同志的，很珍贵的滩羊皮做成的。滩羊皮是晋北特产，是宁夏五宝中之“白宝”，它底绒少，绒根清晰，不粘连，具有波浪形花弯，俗称“九道弯”，毛长，柔软，灵活，光润，毛色多为纯白色。

滩羊皮大衣是晋绥军区首长托人专门特制的。1946年秋，晋绥军区的同志送给朱总司令两件，当时黄华同志任朱总司令的政治秘书，朱总司令即分了一件给黄华。黄华同志曾披用过几次，后被珍藏。1947年3月，黄华同志随中央工作委员会撤离延安去晋察冀时，路上随身携带。4月24日，刘少奇、朱德一行行至五台县境内快到松岩口村时，来到清水河旁，河上有座小小的木桥，走到桥上，不知为什么，刘澜涛骑的马突然停止不前并向后退，致使紧随其后的刘少奇连人带马掉进了河里，幸亏水浅，人马都没伤着，只是衣服都湿了，黄华马上拿出朱德同志送他的滩羊皮大衣给刘少奇同志穿上，然后继续前行。大衣的面子是棉布的，灰色，新中国成立后曾换过。我的父亲何思敬同志曾用过一两次，后来我的母亲王艾英把它交由我保存至今。

我记得黄华同志是1939年返回延安的，参加筹备延安青年干部学校。1940年5月，朱德总司令从前线回到延安。朱总司令曾在国外多年，德文很好，当时我党已经有了一些对外交流的活动，黄华同志是1936年的老党员，德文、英文都很好，而且写得一手好字。朱德总司令看上了黄华。于是，1941年7月，朱德将黄华同志从青年干部学校调到了自己身边任政治秘书。

朱德总司令平易近人，不论从工作还是生活都很关爱身边的同志。所以当晋绥军区同志送他滩羊皮大衣后，就分一件给了黄华同志。

延安时期，王家坪是中共中央军委总部驻地。我们和朱总司令住在一起。一个山包包挖的窑洞，朱总司令和康克清同志住在有5个窑洞的院子里，朝南的3个是他们的书房、会客室和卧室。黄华和总司令的机要秘书潘开文各住在西侧的窑洞里。大家关系处得非常好，其乐融融。

撤离延安来到西柏坡

1947年3月，国民党进攻延安，中共中央决定主动撤离。3月9日，我们随外事组成员离开延安。全队约40人，由薛子正任队长，黄华担任副队长。10天之后的3月19日，我们的队伍渡过黄河，来到山西晋西北军区贺龙司令员的总部兴县。在兴县，我们听说，1947年3月29日，中共中央在陕北清涧县枣林沟召开了政治局扩大会议，决定毛主席、周副主席、任弼时留在陕北主持中央及军委工作，以刘少奇为书记、朱德为常委组成中央工作委员会前往晋察冀进行中央委托的工作。4月中旬，黄华便接到命令，由他担任朱总司令的秘书，随中央工作委员会去晋察冀军区。于是我们告别了联防司令部司令贺龙和外事组的同志马上上路。

我们这一行人由刘少奇、朱德率领，有朱德夫人康克清、徐冰（原名邢西萍，刘少奇同志秘书）、张晓梅（徐冰同志夫人）、潘开文（朱总司令的机要秘书）、黄华（朱总司令政治秘书）、米里尼科夫大夫（苏联内科医生）、朱总司令的卫士长齐明臣同志和我（给米里尼科夫当翻译）。朱总司令和少奇同志骑着马，其他同志也配有牲口，驮着内装被子衣物的马褡子。我们有时骑马，有时步行。

我们沿着山西北部山区向东行进，走过吕梁山、五台山、太行山，经过岢岚、五寨、宁武、崞县、五台，到达河北省阜平县城南庄，前后共走了20天。

我们走过的这一带应该是中国最贫穷的地方。我本以为陕北是中国的首穷，没想到晋北有些地方比陕北还穷。记得过了同蒲铁路之后，到了崞县，一天晚上，我们在一个小村子里过夜，老百姓都好奇地挤上来看我们，问这问那。早春的山区还相当冷，冰雪还未融化，我们看到一个10岁左右的小姑娘，她只穿着半截土布单裤，披着一块破碎的羊皮，脚下是破旧的鞋片，脸、手和脚又脏又黑。她对我们说，她难活哩，希望我们带她走。黄华对她说，你能不能洗洗脸？等了一会儿，一个脸蛋干净漂亮的小姑娘在我们窗口外出现了。她长着一对乌黑明亮的大眼睛，双颊红润，真是可爱。她想跟我们说许多话，我们就到她家里坐了一会儿，了解到她的父亲是煤矿工人，是从内蒙古那边到这里来落户的。看到她家除了几个存粮食和腌菜的大缸和炕上两条发黑的被子外，什么都没有。因为战争，因为煤老板和地主的剥削，这些赤贫人民的生活实在太苦了。当时我手头没有什么可给她的，只找到了一块约3尺长的包衣服兼做枕头的白布给了她，她高兴地拿走了。第二天早上，她穿着那块布做成的褂子来看我们，说是她姐姐连夜给她缝好的。

最令我们吃惊的是，当时有一个年轻的姑娘对黄华的红宝石色的赛璐珞牙刷把儿很感兴趣。黄华就问她要这个干什么，她说，她想把它磨成耳坠子，戴上好看。我们当时都没有想到，这么贫困的条件都没有打消女孩儿的爱美之心。当时，黄华就把牙刷把儿掰断了送给了那位姑娘，那位姑娘特别高兴！

在我们去河北的途中，米里尼科夫不知道为何又回地处三交的后方工作委员会去了，我自然也就不用当翻译了。少奇同志利用晚上的时间召集当地党政干部开会，调查研究农民的土地占有情况和土改中存在的问题。会后他写报告给中央，有时写到深夜，交给我帮他誊清。

到达城南庄以后，刘少奇、朱德先后和聂荣臻、萧克、罗瑞卿等军区的同志们召开了工作会议。会议结束后，刘少奇就来到建屏县（后改为平山县）的西柏坡村。6月间，黄华作为朱总司令的秘书，随同他前往冀中军分区解放战争前线去视察备战情况。朱总司令先后到河间、白洋淀等地，同军分区的孙毅等同志策划和组织保定以北的战役和青县、沧县战役。

7月上旬，我们随同朱总司令来到西柏坡。

在西柏坡的日子

刚到西柏坡时，由于住房紧张，刘少奇和朱德住一个院里，我们和朱总司令住在一起。1948年5月，中共中央和中央军委机关到达西柏坡后，我们便搬到了东柏坡的一个老乡家里去住。

在西柏坡期间，我除了做翻译之外，更重要的一项工作是参加了全国土地会议和土改。1947年7月17日，全国土地会议在西柏坡召开，我记得会场是露天的，只是搭了一个简单的主席台，一个为了遮阳的白色布篷作为会场。我当时是会议的记录员，另外还有一个是邓颖超的秘书陈楚平。开会期间，我们两个就坐在主席台旁边做记录。会议开了一个多月，9月会议结束后，我和黄华都参加了晋察冀边区的土地会议，并前往阜平县王快镇附近搞土改。我们这个土改工作组，黄华是组长。下面分成两个工作队，一个在草场口，一个在细沟。我和黄华是在草场口进行土改。没过多久，邓颖超和她的秘书也来到阜平，在细沟村指导土改工作。由于阜平是老解放区，之前已经进行了土改，因此，我们土改组的主要工作就是进行土改复查和填平补齐等工作。

黄华待了大约一年的时间，在中共中央到达西柏坡后，任弼时要求黄华参加青年工作，便把黄华调回到了西柏坡。我是最后一个离开草场口的，直到土改基本完成，大约是1948年年底才回到西柏坡。

后来，米里尼科夫大夫跟着后委的叶剑英同志来到西柏坡，我继续给他当翻译，直到1949年进入北平。有一件事记忆非常深刻，中央来了以后，当时任弼时同志糖尿病很严重，于是中央派我到石家庄采购Insulin（胰岛素）。去时让我带了100万边币，那时我根本没见过这么多钱，觉得好多。到了石家庄，发现这种药特别贵，就没花钱买又返回来了。回来之后，受到了领导批评，说不管多贵，药都得买，钱不能省着，首长的身体健康是最重要的。我从中也受到了很深刻的教育。

1949年1月31日，北平和平解放。听到这个消息，大家都很兴奋，也积极地准备进城。因为我们在东柏坡住，中央宣传部的人员也在东柏坡住，因此，我是跟随中央宣传部一起离开西柏坡的。我们离开时，坐着敞篷卡车，在石家庄住了一夜，后来到达香山。但我不是和黄华一起离开西柏坡的。他接受了中央的另行命令，已经提前离开。1949年1月17日，在天津市解放后的第二天，黄华和章文晋离开西柏坡前往天津市，担任军管会外侨事务处处长和副处长职位，负责天津市外侨接管等事宜。

和黄华同志相识相爱

我和黄华同志走到一起，这还得归功于朱德总司令和康克清大姐，可以说是他们撮合我们在一起的。

那是1939年冬，我随母亲从香港到达延安。到延安后，我首先到边区师范学校学习，不久转到延安自然科学院初中部，后又转到抗日军政大学三分校俄文大队。我只读了几个月，抗大三分校就搬迁了，俄文大队也随之结束。不久，我又转到中央军委底下的俄文学校。当时，中央的意图是培养一批俄文干部，以备苏联向日本宣战时当翻译。我在俄文学校4年，但实际上学习时间并不长，中间两年主要搞整风和审干。

在延安自然科学院学习时，我和朱总司令的姨侄女贺高洁是同学，关系很好，所以经常到朱总司令院子找贺高洁玩，这样就与朱总司令和康克清大姐熟悉了，同时认识了黄华。刚开始，我对黄华不大了解，只知道他是大学生，懂英文，还在学法文，是朱总司令的秘书。但他具体干什么我不太清楚。

俄文学校距离军委总部所在地王家坪只有两里路，离朱总司令住地也很近，所以在俄文学校学习期间，我依然常去找贺高洁。抗日战争时期国共进行谈判，周恩来、吴玉章、叶剑英从重庆回来后常作报告。俄文学校学员就去听报告。每次报告活动，黄华也都参加。那时，他30来岁，我十七八岁。我能感觉到他常常远远地偷偷看我，我虽感觉不好意思，但并未在意。

除了听报告以外，有时候王家坪还举行舞会。舞会非常简单，大家着装也非常朴素。因受父亲影响，我也喜欢音乐，并懂一点简谱，会吹口琴，还是乐队的指挥和鼓手。黄华跳舞水平虽一般，但常去参加舞会，估计是“醉翁之意不在酒”吧。黄华刚开始有意无意关注我时，我并未多想，更没放在心上。直到有一天康克清大姐找我谈话，说找对象就得找黄华这样的，说他是知识分子，有才华，待人又诚恳。据说当时有干部向朱总司令建议，帮我介绍其他对象认识，朱总司令说：“你们不要管她了。”很明显，他希望撮合我和黄华，向我介绍黄华是个老实可靠的人。自从他们介绍后，我就开始注意黄华，慢慢感觉他确实不错。因为是知识分子家庭，父母的文化水平都比较高，我们家对文化素质看得很重。我父母听说康克清向我介绍黄华一事后，通过多方了解，认为黄华上过大学，知识层次比较高，懂外语，党性强，也比较满意。

当时，黄华很用心，很关心我，知道我正在学习俄文文法，就托人在外地买了一本延安买不到的文法书送给我。我比较喜欢吃甜食，他就请我吃枣子。因为双方都比较满意，我和黄华慢慢就确定了恋爱关系。1944年秋，我们决定结婚。当时，胡耀邦同志是军委总政治部组织部部长，他批准了我和黄华的结婚报告。办喜事那天，朱总司令和康克清同志为我们祝福，三五九旅旅长王震从南泥湾弄来一桌美味佳肴，有鸡、猪肉和大米等。朱总司令和康大姐请了我的父母以及叶剑英参谋长等军委的几位同事，还有俄文学校的代表何方同志参加。俄文学校的俱乐部主任借了王家坪的桃园，请学校的100多位教员和同学开了个晚会。大伙儿围坐成一个大圆圈，吃着红枣和花生，在马灯光下和胡琴声中跳起交际舞……

结婚后，我才慢慢了解到黄华的经历。他出生于一个教职员兼地主的大家庭，原名王汝梅。他父亲受过中等教育，曾任县府督学和实业局职员，重视子女教育。黄华天资聪颖，又很用功，成绩很好，19岁就考上了燕京大学。在大学期间，他阅读了大量进步书刊，参加了一二・九运动，还因游行示威被捕入狱。因思想进步，表现积极，1936年1月他加入中国共产党。黄华来延安可以说既是必然又是偶然。在燕京大学期间，黄华和斯诺、海伦夫妇两位老师关系很好。1936年6月中旬，黄华正在准备毕业考试。一天，他看到天津《大公报》刊登的范长江通讯，报道中央红军长征到达陕北后的情况，萌生了去陕北参加红军的想法。恰巧此时斯诺秘密地问黄华愿不愿意陪他去陕北采访，帮助他做翻译。黄华感觉真是喜从天降，所以不假思索地一口答应。其实，黄华正临近毕业，去陕北就不能参加考试，拿不到文凭。但他很坚决，毅然放弃了文凭。为避免走漏风声，他直接向中共北平市委的黄敬汇报赴延安的情况，黄敬同意不必经过支部上报。到达延安后，黄华先是陪同斯诺采访党和红军领导人，后来决定留在红军，曾目睹红军三大方面军在甘肃会师。1941年7月，黄华被调至军委任朱总司令的政治秘书，这样就有了前面提到的我与黄华产生交集，有缘相识，并走到一起，从此风雨同舟66年。

记忆中的朱德总司令

朱德总司令不论从他的功绩还是为人，都是值得人们尊敬的。毛泽东同志曾评价朱德“度量如大海，意志坚如钢”。我认为这是对他最好的评价。

长征路上，朱德总司令反对张国焘分裂党分裂中央，态度非常坚决。他顶着红四方面军指战员的辱骂和人身攻击，坚守自己的底线，不向张国焘屈服，并和红四方面军主张南下的干部进行了多次斗争。经过艰苦努力，硬是将红四方面军拉到中央根据地保安，避免了四万红军被国民党消灭的危险。

朱总司令虽然身居高位，但他的生活相当简朴，每天批阅文电、出席会议和各种活动，找人谈话，有空时到他开垦的小菜园去浇水除虫，用自己每月5元边币的津贴买鸡苗和小猪崽儿，送给饲养班。

朱总司令非常平易近人。他喜欢打扑克，前方同志就给他买了一副塑料扑克。一年中秋节，晚饭后，朱总司令正在院子里的石头桌旁打扑克，司务长送来一个月饼。朱总司令见那么多人，就让警卫员把它切成4块，然后再切一下，成了8块月饼，这样，连打扑克的牌友带观战的“军师们”都能分享到一小块甜甜的月饼。大家吃在嘴里，甜在心里。

朱总司令很爱护下属，但他是一个很注重纪律的人，他说德国人很注意守纪律，路边的果子熟了也不摘，只等主人摘，我们要向他们学习。

康克清大姐也是一位人道主义者。我们在到达城南庄之前，已经看到一些土改的情况。有一次，康克清同志和我们正在吃饭，一个六七岁的女孩子靠在门口，用期待的眼神望着我们，等待给她一点剩饭。警卫员要她走开，她不走。一问，原来她是被斗地主的孩子，家里的大人跑光了，没有饭吃了，所以来要饭。康克清是农民的女儿，从井冈山长征过来的老革命，她相信小孩子没有罪，不应该因为成分而挨饿，当时就给了她米饭和菜。

朱德总司令受人尊敬，平时人们习惯称他为“朱老总”，表示对他的尊敬和亲近，但康克清大姐却不以为然，她不让别人这样称呼他，说“老总”是士兵的意思，只有她自己可以这样称呼，别人只能称呼朱总司令。开始我们不知道，一次在说话时，就顺嘴称呼朱总司令为“朱老总”，康克清大姐立马给我们纠正。我们知道以后，从此很守规矩，从不称呼朱德总司令为“朱老总”，而称他为朱总司令。

我的革命大家庭

西柏坡时期，除了我和黄华同志之外，我的父母和我的妹妹、妹夫也都在西柏坡附近。1948年5月，我的父母随同中共中央机关来到西柏坡。父亲在中央法律委员会工作，驻地在李家沟口村。因为解放在即，根据中央的指示，父亲和中央法律委员会的同志们草拟了《中国人民政治协商会议共同纲领》等法律文件，为起草第一部宪法做准备。后来，父亲还被调到华北大学，一方面授课，一方面从事研究工作。进北京后，父亲作为知识分子的代表，参加了第一届中国人民政治协商会议。我的母亲叫王艾英，是新中国成立后中央人民广播电台的第一批日语播音员，当时一直跟随父亲在西柏坡。我的妹妹何理文和妹夫汪道海跟随毛泽东、周恩来率领的中央前委，转战陕北12县38个村庄，译制了大量重要作战指挥电报。1948年随中共中央来到西柏坡，在距离西柏坡村只有一里地的中央机要处工作。除了我在延安已经去世的大弟弟何伯仁和小弟弟何建文在张家口之外，我们其他家人都在西柏坡，但是，由于大家工作繁忙，平时见面极少。

我之所以能够参加革命，并且能够和外交结缘，都是直接受益于我的父亲和我的革命大家庭。

我是浙江杭州人，我的父亲何思敬早年留学日本。我的母亲是日本华侨，从小在日本长大，毕业于日本女子高等师范学校。我1926年7月出生在日本，不到一岁就随母亲回了国。1927年初，父亲受广东国民政府邀请到中山大学教书。回国不久，就发生了“四一二”反革命政变。1932年，父亲在上海毅然加入处在困境之中的中国共产党。1935年，因单线联系的波兰同志被捕，父亲失去和党组织的联系。父亲是进步教授，口才好，演讲能力强，常常宣讲革命道理。他的课很受欢迎，以致很多学生挤在教室的过道里站着听。1936年初，中山大学校长怀疑父亲是共产党员，准备逮捕他，父亲逃到香港才躲过一劫。

1938年3月父亲奔赴延安。父亲在延安生活了9年，主要从事翻译马列著作、研究和宣传马列主义的工作等。他先后担任过抗日军政大学教授、中共中央军委编译处译审、延安大学法学院院长、法律系主任和中共中央党校研究院、中共中央政策研究室领导成员等职。新中国成立后，父亲先后在北京大学和中国人民大学法律系、哲学系任教授和主任，同时也翻译了大量的马克思主义哲学著作。毛泽东同志曾高度评价我的父亲是一位“有正义感、有勇气、有学问”的人，称赞他是“全国第一流的法学家”。

父亲奔赴延安后，母亲带着我们四个孩子也于1939年12月30日到达延安。

我的父亲对于我学外语的启蒙非常重要。父亲认为女孩儿可以学习外语，当翻译可以作为一生的工作。他自己就精通日、德、英、法四国语言。因此，我学习俄文，走上翻译道路直接受益于父亲的引导。当时在延安，我先在抗大三分校学习俄文，学了4年。新中国成立后我又到苏联国际关系学院深造，学习了5年，出来后走上了外交战线，直到离休。

（采访人：史进平、王彦红、刘亚杰）

犹忆柏坡滹沱声

◎ 莫燕忠口述　史进平整理

时　　间：2018年5月17日

地　　点：北京

被采访人：莫燕忠

人物简介：莫燕忠（1919—　），广西壮族自治区灵山县人，1936年参加中国青年抗日同盟，1938年入陕西安吴青训班学习，同年加入中国共产党。曾任延安行政学院办公室主任。西柏坡时期任中共中央组织部干部科副科长。新中国成立后，历任中共遂溪县委书记，广东省人事厅副厅长，中共海南区委副书记，中共中央组织部副处长，中国驻越南大使馆、印度尼西亚大使馆参赞，外交部领事司副司长，中国驻缅甸、菲律宾大使，国务院侨办副主任、顾问。

一次偶然的接待，我认识了从北京来的王晓波同志。得知他的父辈都是老革命，岳父萧锋曾在西柏坡工作过，所以相谈颇多，希望能了解更详细些。他回京后不久，即传来信息，一是岳父在西柏坡工作过，还有较详细的回忆；二是他家的楼上有一位百岁老人，叫莫燕忠，也在西柏坡工作过。

莫燕忠，听到这个名字我并不陌生。在武汉采访西柏坡中组部南下干部训练班的老同志时，他们经常会提起这个名字；在我查阅中组部在西柏坡时期的历史资料时，也曾见到他的名字；在中组部多年前做的西柏坡资料片中有他的镜头。这位百岁老人，我们梦寐以求想寻找，一直在追寻，一直期盼能拜见，多方不得知，而今天却得到这个好消息，真是兴奋！当得知莫老身体还康健时，马上请王晓波同志代表西柏坡纪念馆送去问候，并诚请联系，希望能去拜访。

近年来，我们在“抢救历史”的过程中，深感任务的紧迫性，“抢救”的历史，是这些老人珍贵的记忆，鲜活生动地记录着革命战争年代中国共产党人工作、生活的点点滴滴，每一句话，都是一笔巨大的财富。

经过多次沟通，终于成行。2018年5月17日，我们见到了莫燕忠老人。莫老身体精神状态都不错，唯一遗憾的是听力完全丧失，所以我们的交流是我用写字板来写，提问题，他看到问题后，思考，再来回答。交流大约一个半小时，时时刻刻，我们能感受到这位世纪老人态度的认真、对党的忠诚和对艰苦岁月的难忘。他历经岁月积淀而凝结成的赤子之心，让我们所有人都受到了一次精神洗礼。本文借鉴了1989年中组部南下干部训练班的采访记录，根据相关线索补充史料整理。

◎ 莫燕忠（中）回忆在西柏坡的岁月

一

我是1938年到陕北的，曾在中共中央直接领导下的陕西安吴青训班和延安陕北公学学习。这一时期，各个方面，尤其是思想觉悟有了很大提高，于当年10月加入中国共产党。这个安吴青训班，也被称作“战时青年短期训练班”，是抗战初期，中央专门培养青年工作干部的学校，主任是冯文彬。这个培训班的教育宗旨是在最短时间传授各种最低限度的军事政治知识，让青年们迅速成长起来。课程有抗战基本理论，如社会科学、三民主义、抗日民族统一战线，有军事课程，如操场动作、武器使用、步兵技术、游击战术等。学员除上课外，着重自学。学习期限半个月至3个月。当时整个延安就是一所“窑洞大学”，大批青年在这里培养成材。在延安的艰苦工作和生活中，青年人的思想觉悟提升都快。

这个学校在1940年初迁延安，改名泽东青年干部学校，其主要任务转变为培养具有较高水平和独立工作能力的青年运动干部。我学习结束后，就留在安吴青训班，后到延安泽东青年干部学校任指导员，后来又在陕甘宁边区行政学院任班主任和办公室主任，带领青年和边区的一些区乡干部进行政治和业务学习，也参加大生产运动和整风运动。那时年轻，工作劲头很大，尤其艰苦生活的状态下，工作更加努力，因而在1943年和1944年被评为模范工作者。1946年，我调到中共中央组织部干部处工作，任干事、副科长。

当时的中组部，工作任务主要是干部的审查及党组织关系的办理。记得延安中组部有一个招待所，很多人到延安时，有的在转移路上被打散了，很多人失去了组织联系，所以先到组织部报到，住下来进行审查。对于脱党的，不是让他们光住着等待，而是先安排工作，工作表现好的重新入党；有的在工作过程中证据找到了审查清楚了，重新恢复党籍，这是对个人极其负责的态度。搞审查，要通过社会部、通过方方面面的调查，做很多细致的工作，不能冤枉好人。当时，很多人把中组部当成娘家，有问题有委屈愿意找中组部。当时中组部人员很少，但很精干，人人负责，办事效率很高。中组部在延安时对于干部队伍的壮大、党员的发展做了大量的工作。

1947年3月，国民党进攻延安，在撤离延安时，我负责带领一批革命老人和烈士子女渡过黄河，顺利到达西柏坡。5月初，中组部150余人（包括招待所人员）入驻距西柏坡村只有1.5公里的南庄村，代号为工校干部处。这时候，中组部根据中央的指示，积极参与土地改革，结合土改指导各地整党，加强党的组织建设，培训、选拔、调配干部，为建立和建设新中国做了很多工作。

这个村庄，有着光荣的历史，是有名的抗日模范村和支前模范村。沙飞拍摄的“母亲叫儿打东洋，妻子送郎上战场”刘汉兴参军的照片便是南庄村踊跃参军支前的一个缩影。我们入驻南庄之前，先派人来看房子，并进行了个别修缮。村里老百姓给予了全力支持，纷纷把最好的房屋让出来给机关使用。当地建屏县政府提供了大量的木料和劳力，还动员了附近村子里的能工巧匠和泥瓦工进行一些残缺房屋的修缮。中组部及招待所人员和南庄村民经过一个多月的紧张施工，在一些村民被日寇烧毁的房屋地基上，恢复了房屋40多间。记得村南有一条滹沱河，河面很宽，夏天的时候，水流很急，发出很大的声音。

在南庄村时，中组部部长是彭真同志，副部长为安子文同志，同时安子文还兼干部处处长；干部处副处长有廖志高，我当时在干部二科，科长廖志高同志，我任副科长，负责管党政民工作，由于人手不够，兼管三科的部队干部工作，科员有田奇、张光等人。

我们居住的是一个普通的农家四合院里，北房三间，一间是处长廖志高的卧室，另外两间是办公室兼会议室。东西厢房和南厢房就是干部处的三个科。我的办公室兼卧室。当时中组部人少，工作起来不分白天和夜晚。吃饭在大灶食堂，有时桌椅不够，大家就蹲在地上吃，主要的食物就是小米和白菜、萝卜，过年的时候给大家改善一下，还吃过饺子。

二

我们到西柏坡后，根据中央工委指示，在西柏坡一带从5月起就进行土改复查，为召开全国土地会议作准备。当时选定4个土改试点村，南庄村是其中之一。

在土改复查初期，由于群众刚刚发动起来，各工作组也缺乏足够经验，出现了乱打乱斗的“左”倾偏向。南庄村开始也出现把地主“扫地出门”，吊打抗拒复查、不交浮财的地主，侵犯了部分中农利益。后来，我们及时纠正，使土改运动沿着正确的轨道良性发展。

1947年7月17日，全国土地会议在西柏坡召开，我也参加了此次会议。当时来自各个解放区的100多位代表从各地齐聚西柏坡，住房紧张，于是一大部分被安排在中组部的招待所里。会议开了很长时间，经过近两个月的讨论，最后通过了《中国土地法大纲》，提出实现“耕者有其田”。后来进行的土改，我也参加了，就在南庄村。我们深入农户，了解土改时群众的反映和要求，尽量做到合理对待，保证政策的严肃性。

这时候我们中组部在西柏坡还结合土改进行了整党，创造了平山经验。就是中央公开党，让大家知道谁是党员，监督党员。这一时期，青年团也正在酝酿之中，原来叫毛泽东主义青年团，后来叫新民主主义青年团，让同志们讨论团章，经常讨论到半夜。

我记得西柏坡、南庄、北庄等村，就是中央机关所在的一些村庄开始在土改中公开党的基层组织，邀请党外群众列席党的会议，自上而下整顿农村基层党组织，由此形成了特点鲜明的“平山整党经验”。后来，刘少奇向毛泽东推荐了老区平山县“把土改斗争与建党和建立各级人民代表大会”三者结合的成功经验，被毛泽东肯定为“平山经验”，并指示加以推广。周恩来也给予了高度评价，称平山用党内外民主结合的办法来整党是一个新创造，是最健全的整党方法，“应为各地所取法”。

在西柏坡还有一件事记忆很深，就是加强纪律性的教育。1948年5月，毛泽东到达西柏坡后，提出要加强纪律性，建立起请示报告制度。于是，我们中组部马上下发通知，要求各地党的组织部门围绕党的政治任务建立和开展党的组织工作，并对中组部的工作性质和任务进行了明确规定。随后，我党的各级组织部门迅速把各项工作建立并健全起来，尤其是建立起经常的报告请示制度。

这时候，各地组织部门有重点地将他们的业务情况和党务方面工作进行汇报，包括存在的各种问题及解决办法。当时各地的报告要有分析、有结论，不能只陈述事实，这也是中央的要求。这不仅严格规范了党内组织部门的工作制度和工作秩序，也为党更好更快地克服无政府状态创造了条件，使党内出现了空前的团结统一，极大地增强了党的战斗力，适应了迅速发展的革命形势。

三

在西柏坡，中组部还有一项重要的工作，就是培训干部。当时随着战场上的胜利，我党要由农村转向城市，由革命转向建设，这需要大批在军事、政治、文化等方面的干部。因为战争年代，我们的干部普遍缺乏管理城市和发展经济工作的经验，所以中组部在西柏坡时，一项重要的工作就是选拔、培养、训练干部，以此来满足全国的胜利和建设新中国的需要。

关于中组部南下干部训练班，很多人问过我。那时组织部人很少，我帮助中组部副部长安子文做些具体工作，这个事情我记忆较深刻。1947年底，中组部从华北联合大学抽调了一批学生到西柏坡接受培训，我参与了整个培训。

这个时候，中央工委刘少奇、朱德已到西柏坡，毛泽东、周恩来、任弼时还在转战陕北途中。但随着形势的迅猛发展，中央根据需要，决定培养一批思想进步的、有文化的干部，充实到南下的队伍里去。为此安子文同志亲自到华北联合大学去与校长成仿吾同志商讨。那时想，把这些学员经过短期培训后，即随军南下，做发动群众工作。

这一方面是当时形势的需要，另一方面也是要知识分子到前方去锻炼，很快能成长起来。因为当时中央估计在5年左右就可能解放全中国，并需要大批知识分子干部。这些学生都是在蒋管区反饥饿、反内战、反压迫时闹学潮后，到解放区来的，多数是大学生，都是要求进步的青年。大学生是多数，也有高中生，还有少数工作过的。中央把培训工作交由组织部负责。安子文同志就把这件事认真管起来，并要我负责经常同学生联系，及时了解反映学生的意见和问题，能解决的都要解决。接洽时，当时安子文同志坐了一辆吉普车到华北联合大学，和成仿吾校长谈。要求选一批优秀的、身体好的同学，赶快到组织部。

当时中央很重视此次培训，凡是在当地中央工委的领导同志，都答应给学生们讲课。我具体负责请领导同志给大家讲课，记得特别好请，只要提出来，请谁讲，谁就去讲。但是，这些中央领导和老师，他们有一条要求，就是一定要有针对性讲，不能漫谈，所以要了解学生的需求。因此我作为联络人，来负责了解学生的情况，比如心中有什么疑惑，想了解什么方面的内容，希望听谁的课，等等。安子文作为组织部负责人也时常亲自了解情况和问题。可以说，中央领导同志的每一次讲课，我都事先做过多次沟通，及时向他们反映了学生的情况和需求。所以讲的内容，学生们都很欢迎。因培训时间短，此次授课主要给学员安排了如目前形势和党的任务；当前主要的政策，如土改、整党；如何做群众工作；知识分子如何与工农结合等学习内容。

当时听课，很多学生随时写条子，提问题。所以很多学员说，这已经是对话式的讲课、听课，交流互动很多，气氛很活跃。中央领导同志对大家也是尊重的、平等的，同学们有什么问题和要求，只要合理而又能解决的，一律都给予解决。讲课的有刘少奇、朱德、陈毅、彭真、安子文、帅孟奇，还有钱俊瑞、艾思奇……这样多的领导同志来上课，据我知道，以后中组部再也没有过。陈毅到1948年初到中央工委来开会，讲课讲得非常生动，说他是怎样读书，怎么到处去找出路，去找孙中山没有被接见，最后才找到共产党，说明那时找到共产党是很不容易的。总之，每次所讲，都是言之有物。讲得都很好，大家听报告情绪也很高，积极性高，没有一个打瞌睡的。一堂课下来，大家都意犹未尽呢。

南庄村有一个大庙，有时大家坐在地上，有坐草垫子的，有坐长凳子的，学习都很认真。条件很艰苦，但大家学习劲头很足。闲暇时间，大家会到村南的滹沱河畔玩耍，生活非常开心。学习结束时，大家都感到收获很大，而且对革命发展充满信心。

中组部有一个传统，直到进城后也继续保持着，就是做到中组部应当是干部之家。到中组部让大家感到像回到了家里一样、回到母亲怀抱一样。因此，我们做干部工作的，就要时刻关心干部。平时说话做事，不能使人有不关心人的感觉。有时，也有个别同志到组织部反映问题，我们的态度是要好好讲道理，做工作。对这次培训班的年轻同学，就更重视了，完全是民主的、平等的，各方面都十分关心。

培训结束，大家就南下了，有的人到了部队，有的人到了地方，有的人被分到学校，据了解，从事文教、文化事业的比较多，在当时都是知识分子干部，中央地方都很重视。这些人后来工作都做得不错，可以说无愧于中央对大家的培养。

1949年3月，我们中组部迁往北京。不久，我带领中央机关1000多名广东籍的干部随中共中央华南分局书记叶剑英南下了。在西柏坡，中组部在干部的培养方面做了大量的工作，这对建立和建设新中国准备了大量的人才。虽然我们在西柏坡的时间不长，但那是一段非常繁忙紧张的岁月，至今仍记忆犹新。

（采访人：史进平　王彦红　刘亚杰）

难忘在天井村机要训练班的学习经历

◎ 郭英口述　张军锋整理

人物简介：郭英（1931—2017），出生于山东淮南县，1948年被组织选派参加中央机要训练班，曾长期在中央办公厅秘书组工作，1983年从中央文献研究室离休。

从华东抗日子弟小学到天井村机要训练班

我从1944年到1948年在抗日子弟小学学习，那时候的抗日子弟小学设立在根据地，就是在农村里面，找一些小孩子，也不分年级，集中学习。当时的抗日子弟小学没有正规课本，一般讲故事多一些。学校注重思想培养和道德培养，学习在艰苦环境下怎么奋斗，学习八路军、解放军的优秀作风，学革命老前辈的故事，学习怎么有坚强的意志、不怕死。经过三四年的培养，逐渐成为革命队伍的一员。

1948年随着战争形势的发展，全国快解放了，各方面的人员很缺乏，形势发展需要人才，这时候，中央机要处的同志去调机要人员，我们正好年龄大了，要参加工作，组织就把我们送到华东局，等中央来的同志选拔。当时去的5个人，包括我在内，有3个被选上，之后和别处被招来的同志们一起乘火车到了石家庄，又乘汽车到了天井村。

我们这一批称作天井训练班，之前还搞过几批，像什么张家口训练班等。我们天井村机要训练班约100人，分了几个队，分散住在老百姓家里，吃的集体大食堂，做饭的师傅是一位胶东来的同志。吃饭的时候，就是在食堂的院子里，大家围着石头桌吃。每礼拜都吃什么，有生活委员安排，大家都很快乐，记得时常学师傅的胶东话。有时候大家会餐，吃个豆腐，也觉得是改善。

我们住的房东后院，有一个大羊圈闲置不用，大家收拾出来，打扫干净，挂上黑板，改造成集体活动的地方，在那里听报告，听讲课，有时还跳舞、演戏，包括入党宣誓，只要是集体活动，就在那里，所以我们称之为羊圈大礼堂。

在北庄村，朱德总司令参加我们的开学典礼

我们机要训练班开学典礼时，中央机要处要请朱德总司令给我们讲话。当时，中央机要处设在北庄村，于是我们就从天井村来到北庄，要和机要处的同志们一起听朱德总司令的讲话。

在抗日子弟小学的时候，只看到过毛主席和朱德总司令的照片，觉得非常了不起，心里充满敬仰。现在听说朱德总司令要给我们作报告，心里头特别高兴激动，觉得自己也很了不起，想想能有几个人亲耳听朱德总司令讲话。在北庄一个大院子里，我们坐在木头长条凳上，中间摆着小方桌，有茶杯，静静地等着朱德总司令。等朱德总司令一来，看到他衣着朴素像老农一样，心里感到非常亲切。

朱德总司令坐下后，看到我们都比较年轻，都是小青年，就问大家想家吗。这是第一句，这一句问候，大家就很感动。接着，他讲不要老想家，慢慢工作熟了就好了。做机要工作默默无闻，但很光荣，在机要战线上，不能出功出名，大家要甘心做个无名无利的小英雄。机要工作不同于别的单位，有严格的保密制度，大家一定要严格遵守，同时还讲了很多保密方面的工作。

朱德总司令讲了以后，训练班领导同志们又给我们反复地讲，机要工作怎么重要，怎么保密，怎么遵守纪律，哪怕牺牲生命也要保证机要工作。这些反复强调的内容也加重了我们对朱德总司令讲话精神的理解，加深了对机要工作的理解。因为刚来，具体要干什么我们都不知道，只知道是为革命工作的，做译电员，这是一项很重要的工作。听了朱德总司令的

讲话，认为自己干这项工作，受到中央领导同志的重视，马上感觉很荣幸，很自豪。

我们没有礼拜天，半年的时间很短很紧张很累

我们训练班分了2个队，8个班，集体上课就是听报告，有好几位专业老师讲业务技术。下课后，各个队再举办活动、进行讨论，有时集中在一个屋子里，或者是练字，或者是学习业务知识。学习的主要内容，一方面是讲机要工作、业务知识。业务方面，我们训练班不接触实际，就是利用明码本训练操作密码本，包括怎么样练字。练码字是第一步，因为电报都是很急的，要求我们速度要快，培养我们的码字能力，就是要又漂亮又快又清楚。当时我们每天都要交一篇字，每一篇都有老师给看，不合适的地方给纠正。另一方面就是从政治思想上教育，怎么对党忠诚，不怕牺牲，保守机密，同时培养我们怎么安心地，不为名、不为利去为革命服务，甘心做无名英雄，这都是从政治思想方面提高觉悟、提高认识。

训练写码字，是机要工作一个基本功，就像小孩学走路一样，第一步迈步都要学习的。因为大家都是各地挑出来的好同志，学习都特别努力。我们经常开经验交流会，比如你有什么好办法，记忆的好方法，自由的讨论，互相学习。有的同志脑子聪明，学得快，背明码背得多，所以写得快，我们就向人家讨教。有时我们开展比赛，测验看谁的速度快，看谁的质量好，有的人技能又好，速度快又准确，成为大家学习的榜样。就这样一边学一边交流，互相促进，大家共同进步，非常愉快。

做机要工作，保密工作很重要，平常领导同志也反复讲，我们心里这方面意识也都有。如当时信不能随便写，要经过审查，不管是来信还是发出的信，都要领导过目确认没有问题了才可以。写信不能谈关于工作、训练、业务等方面的东西，就是不能透露工作情况。出去要请假，不能单独行动，两个人三个人一块儿去。我们大门外边有个专门供给中央机关同志生活杂品的小卖部，就是去那里都要请假。

1948年8月开学，到了1949年3月进北京，半年的学习时间很短很紧凑也很累，但通过紧张的集中学习，我们从一个无知的人成长为一名合格的

机要战士，通过了各个方面的考核。当时我们没有礼拜天，因为时间紧，学习任务重，几乎所有的外面活动都不参加，只是偶尔到北庄去，听传达中央指示或参加会议。

穿着新做的列宁服，进了北京到新工作岗位

我们离开天井之前，领导讲了进北京应该注意一些什么，比如一切行动要听指挥，进了城不能乱走、乱说，不能单独行动等等，要遵守纪律。当时还给我们发了用卡其布量身做的列宁服，我们这些穷孩子，见也没见过，等穿上崭新的列宁服，大家你看看我，我看看你，真是精神，骄傲得不行。穿上新衣服进城，当时的感觉就像过年了一样。

所有中央直属机关进北京坐的大卡车都是四野提供的，我们和机要处的同志们坐在敞篷车里头，又说又唱，一路欢歌笑语。在天井训练班，我们过的是军事化生活，听见哨声响就得起床，生活比较简单艰苦。现在我们这些农村孩子听说进城，要到大城市了，都高兴得不得了。离开天井村，经过河北到了北京，那时候还不知道住哪儿，光知道进北京了，后来知道是香山。

进城后，我们的训练就结束了，因为全国很多地方解放，急需机要工作的人，很急迫。同学们就分配到各个机要局的各个科室工作，我分到机要局三科当译电员，实际上还是一边工作一边继续学习，老同志当老师，具体的怎么收电、发电，中间有些什么程序，都会具体地手把手再教。

天井训练班是我步入机要生涯的第一步，到训练班以后，在积极要求下很快入了党，成为一名真正的革命者。虽说我们在训练班的日子也就半年的时间，但大家朝夕相处，一块学习、一块讨论、一块进步，互相友爱，像亲兄弟、亲姐妹那样，真的非常温暖，那个感情非常深，至今都很怀念。

天井村是太行山区一个普通的小山村，老百姓对我们很好。我的房东老太太，她一个儿子，一个儿媳妇，就这么三口人。他们家枣树比较多，等收了枣就拿着篮子给我们吃。我们说有纪律不能吃，老太太不行，就说这是大娘给的，吃吧，有纪律也得吃，没事儿。老太太的儿子是哑巴，他

每天早上起得早，把水缸都挑满了水，就拿着板凳坐在家门口抽着烟，看着我每天起来洗漱，扫院子，做赞扬的手势，像自己的家人一样。

50年校庆的时候，回天井参观，大家都去了。因为遭过水灾，很多住的地方变样了，羊圈礼堂也找不到了，哑巴还在，跟他说我是谁谁，他还记得。那种感情处得真是终生难忘啊！

朱总司令接见报务员

◎ 王守敏口述　张军锋整理

人物简介：王守敏（1928—　），河北省平山县天井村人，1943年1月加入中国共产党。1944年在北庄完小毕业，1945年4月任晋察冀军区电训队学员，1945年12月任晋察冀军区二局报务员，1948年任华北二局、第四野战军二局译电员，1949年任张家口军委工程学校干部处干事。新中国成立后，曾任新疆维吾尔自治区党委宣传部干部处副处长等职。1987年离休。

高小毕业到华北联大电讯队

1944年在北庄高小毕业后，听说华北联大招生，我们那儿好多人都报名参加。考进去了以后，就开始了军训生活，早晨起来出操跑步，晚上半夜里，有时会紧急集合打背包，还参加做棉衣，文化课上得不是很多。过了一段时间，我们被抽调了几十个人到晋察冀军区去学报务了，就是收发报。

1945年8月份，当时我们在阜平，日子穷得很，平常都吃苞谷野菜什么的，这一天吃的是白面馍馍、红烧肉，大伙儿特别奇怪也特别高兴，正准备吃呢，班长说有事情要讲，原来是日本鬼子投降了。一听说日本鬼子投降，大伙儿可高兴了，有人哭，有人跳，有人笑，有人欢呼，连饭都忘了吃，结果那馒头吃了三顿都没吃完。

我姐姐王铭慈上抗大走的时候，我才十三四岁。当时住在南庄姥姥家。姐姐路过南庄去看我，跟我说，她要到延安，后边还有一批，让我也去吧，我说可以。第二天我去找的王昭，结果他不让我去，他还说，你那么小，能走得了吗？所以没去成。后来才到了华北联大，踏上了革命道路。

在张家口晋察冀军区二局做报务员

日本投降以后，我们就开始往张家口走。一路步行，自己背着行李，就到了张家口。本来我们学业还没结束，才学了不到4个月，准备在张家口继续学，可是当时各机关需要人，尤其是晋察冀军区二局只有刚从延安过来的30多个人，是新成立的单位，就从我们当中挑选了20个人，我是其中之一。到那里，我做报务员，光抄报，不发报，是个绝密单位，对外叫气象局，对内是晋察冀军区二局。结果有一天，真正张家口气象局的一个机器坏了，抱来让我们修，为了不暴露，专门找人给人家修好了。

我们的工作主要是抄国民党的电台，包括傅作义、阎锡山，还有抄东北的一些情报。抄报不像发报，可以约个时间，什么时间联系。抄报，就是听人家发报，没有时晌，如收傅作义下边一个军的话，一连串好多台，不是一个台，精神得高度集中。我们一直是负责晋察冀国民党的军队，即晋察冀军区所管的范围之内，再一个就是东北的。在那儿大概待了一年。

日本投降以后，国共和谈的那段日子里，说是为和平要精减人员，我们作为收报人员，就想怎么可能要精减。因为我们听到的情报，全是国民党发报布置兵力，蒋介石给这里下命令，调部队到哪里，再给那里下命令，都是做作战准备。所以意识到，就是国民党在时间上一个缓兵之计。所以晋察冀有一些裁员，也是把部队老弱残兵复员，暗地里在扩军，准备作战。我们工作主要是供给晋察冀军区情报和东北情报，当然重要的情报也报告中央。

最后一批撤出张家口

1946年的八九月份，傅作义进攻张家口的时候，我们抄到了傅作义的电报，于是咱们很多后方机关都后撤了。我们单位的训练队也撤了，我留在张家口，跟着司令部，坚持工作，因为我的工作不能间断，最后才离开。当时张家口中间一条河，一个东山坡，一个西山坡，我们住在东山坡，土匪经常打枪骚扰，秩序不好。敌机经常来轰炸，玻璃“哗哗”都掉下来了，但是我们都坚持工作。

大部队撤离后，我们要撤离的那一天，上午我们仍在工作，吃完中午饭以后，司令部通知让我们准备好，说一会儿派车接我们走。于是我们就把自己的行李和工作机器材料都搬到门口，在那儿等汽车。结果，领导过来了，一下车就训大家，说再等就要当俘虏了，傅作义部已经进了城，再等汽车就晚了，要求大家所有自己的东西都不准带，只把机器和材料背上赶快走。

这样，我们背着机器和材料，走出去有百十来米，汽车就来了，接上我们赶紧离开。汽车又旧又破，上山的时候，所有人都要下来推，上了山以后，再坐上去，这样连夜撤到了涞源，大部队已在那里住下并开始工作了。

在涞源待了时间不长，傅作义部要进攻，我们又开始行军。所带的电台机器，就是一些真空管，装在一个木头盒子里，大家都一直背着，视若生命，前边去架线，我们后边跟着走。其间我们组织部分身强力壮的人成立了一支快行军部队，我是其中一员，背着行李、机器，一天行军90多里地，因为都是山路，要爬山，要快跑，到宿营地就感觉累得不行了。就这样，从张家口到涞源，最后到阜平易家庄，大约是1946年的年底。到了以后，我们在一个大麦场里举行了庆祝朱德总司令60寿辰的大会，领导给我们讲话，主要就是鼓励大家，要好好地学习，好好工作。

朱总司令鼓励我们一定把工作做好

1947年春天，国民党进攻延安，中共中央从延安撤出来以后，朱德总司令率中央工委先来到了晋察冀军区，之后就去冀中视察。此时，我正在冀中工作。一天，我们接到通知，说朱总司令要接见我们二局的同志们，大家一听都特别高兴。但要求，从延安来的老同志一律上班，因为他们在延安走的时候，中央领导已接见过他们，还请他们吃了饭。这一次，让我们这些人去。

当时，冀中司令部设在安国市舍二村，我们在流霜村工作。接到通知后，我们早早来到军区司令部门口，急着看朱总司令。等进去以后，朱总司令热情地和我们交谈，给我们讲当前的形势和二局工作的重要性，鼓励大家好好工作。朱总司令说，有的人不安心工作，说机密性太强了，工作又枯燥得很，愿意到前方打仗，但二局的工作很重要，把工作做好和前方打仗一样，都很光荣。

这是在一个四合院里，总司令站在正屋的台阶上讲话，我们坐在或蹲在台阶上或前面的空地上。有的小同志好奇，一会儿摸摸朱总司令的大衣，一会儿摸摸朱总司令的扣子，很随便的，也没人管。

二局作出了重大贡献

胡宗南进攻延安的情报，我们也抄到了，当时掌握了胡宗南部师以上的很多密码，但是国民党的密码经常换，换了以后，就得突击猜译。这需要我们大量地抄报，抄报多了才能掌握规律，才能破译，也就是抄完报以后，我爱人他们部门突击破译。情报密码工作，是我们的隐蔽斗争，这是在中央红军长征的时候建立起来的。

清风店战役中，抄报发挥了重要的作用。当时国民党的孙连仲给罗历戎发电报，叫他到某地夹击我们的部队。我们收到这个消息后，马上汇报给军区，军区立即派部队日夜行军，一天100多里，跑到他的前边埋伏起来，然后两路夹攻，把罗历戎部队给消灭了，还俘虏了罗历戎。

解放石家庄的时候，我们基本上都掌握了国民党军调动的具体活动情况，所以仅六天六夜就解放了华北重镇石家庄。石家庄解放后，我们就搬到了石家庄附近的永壁。这时，国民党部队的一次次失败，使他们更加防范我们的窃听，经常换密码，记得我爱人每天都是一大早上班，一直到晚上三四点才回来，工作任务更加繁重。

后来中央到西柏坡后，我们开始直接为中央服务，收了情报以后直接发给中央和军委的电台。记得平津战役之前，军委派作战部部长李涛到我们单位，说华北决战的一切情报由二局负责。这样我们的工作更忙了。那是冬天，有位同志困得不行就吸烟，烟灰掉到棉衣上，把棉衣烧着了都不知道，快烧到肉了才知道，真是忙得很。

当时军委二局在岗南，我们华北二局在永壁，联合抄报，缴获国民党的密码本后，联合破译，所以三大战役中情报工作发挥了很重要的作用。陈毅说过一句话，我为什么能打胜仗？蒋介石的将领在给他下面发命令的时候，发给他下属一份，也要发给我一份，我拿着他的命令去打他，这肯定要打胜仗了。

长征的时候，毛主席说过，二局就是灯笼，黑夜行军，前边打着灯笼，我就可以找到路。还有一个说法，二局是玻璃杯，国民党的部队就在玻璃杯中，我们什么东西都看得清清楚楚。意思就是没有情报部门的话，取得长征胜利、解放战争胜利是很难的。所以二局的工作很重要，我为自己能在二局工作感到很自豪。国民党的情报，咱能够收到、破获，我们的情报，国民党却不好掌握，因为我们变化更复杂，更多。三大战役期间，我从收报又转到搞译电，就是把敌人密码破除后，译出来，经中央审批后，再发给前方战场。

青春铭刻的记忆

◎ 陈冲口述 周艳芝 纪建敏 张晓明整理

时　　间：2018年8月2日

地　　点：北京市丰台区长辛店中西医结合医院

被采访人：陈冲

人物简介：陈冲（1930—　），原名马祖让，河北省保定市西关刘庄村人。1947年参加革命，1948年进入华北大学学习，后来到中共中央驻地西柏坡，被安排在中央组织部秘书处工作。1949年3月，陈冲随中央组织部前往北平，不久转向从事文艺工作，后来成为著名的舞蹈家和舞蹈编导家。

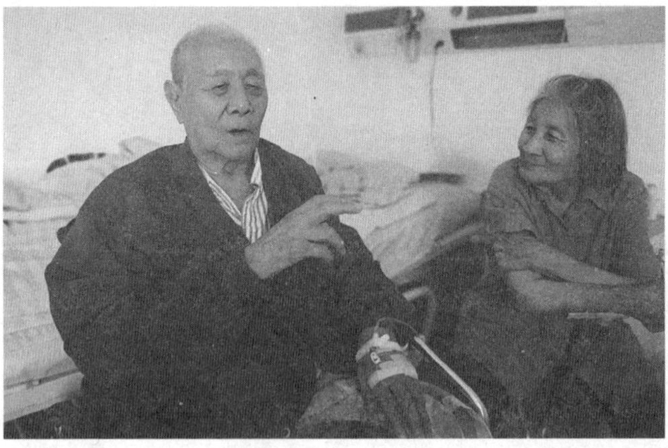

◎ 陈冲（左）

2018年8月2日，笔者在北京市丰台区长辛店中西医结合医院采访了88岁的陈冲老人。陈冲原名马祖让，祖籍河北省保定市西关刘庄村。1947年参加革命，1948年进入华北大学（1948年5月，党中央决定将华北联合大学与北方大学合并成立华北大学）学习，后来到中共中央驻地西柏坡，被安排在中央组织部秘书处工作，在这里度过了一段难忘的青葱岁月。1949年3月，陈冲随中央组织部前往北平，不久转向从事文艺工作，后来成为著名的舞蹈家和舞蹈编导家。

从河北省立北平高中来到西柏坡

我原名叫马祖让，家乡是河北省保定西关刘庄村。1947年，我来到设在北平的河北省立高级中学（又名河北省立北平高中）求学。我的姐姐马祖珍当时在北京大学医学系学习，并且加入了中共地下党组织。在姐姐的影响和鼓励下，我开始逐渐向党组织靠拢，尝试为党组织工作。我在学校发起组织成立了一个进步社团，名称叫“跋涉”。我们通过搞文化活动做掩护，用进步民主的节目来影响同学们。

1948年4月17日，学校举行校庆纪念活动，全校师生共同联欢。我们“跋涉”社团组织同学们表演作曲家冼星海的著名作品《生产运动大合唱》，这是冼星海的四大合唱作品之一。作品表现了抗日战争时期，各抗日根据地军民积极响应毛泽东和党中央的号召，蓬勃开展了“自己动手，丰衣足食”为口号的大生产运动。气势恢宏的《生产运动大合唱》全景式地描绘出解放区军民踊跃参加大生产运动的满腔激情和火热场景。在当时决定要演出这首来自延安的《生产运动大合唱》时，我们“跋涉”社团的同学们是冒了很大风险的。

果然，在校庆当天要演出的时候，国民党三青团来了很多人，先扯掉舞台上的红花，然后拿着垒球棒砸坏了演出设备。当时我们的社团成员正在后台化妆，见此状况，我们在同学们的掩护下跑到宿舍。三青团的打手们随后找了过来，一间一间宿舍地叫“马祖让，马祖让出来”，最后找到了我，一个领头的人一拳把我打晕了。在倒地的瞬间我听到有人喊，“这就是为共产党宣传的下场。”看到我晕倒，他们就继续去找别人了。我醒来后，好心的同学告诉我赶紧跑，警备司令部要来抓人了。当时学校门口架着机关枪，在两三个同学的掩护下，我来到厕所旁边的矮墙头，踩着一个同学的肩膀跳到墙外。墙外是一家做酱菜的园子，我匆忙之中跳墙过来不慎掉到酱缸中，主人发现了我，我向他简单说了一下情况，在这个好心的酱园主人指点下，我跑出大门，跳上一辆人力三轮车，来到一个关系要好的同学家藏了起来。

第二天，我去北大找到我姐姐马祖珍，她把我藏在北大的一个地方。下午她和几个地下党员回来，告诉我说："你们冀高的事情上报纸了，《世界日报》已经登了，说有8名'共匪'逃跑，而你马祖让名列第一位。他们混淆视听，把这件事情说成是互殴，说你们互有受伤。"受到国民党当局通缉，北平是待不下去了，姐姐和天津的地下党组织取得了联系。当时有3个人要去解放区，组织给我们找了辆胶皮大马车，先送我们去天津，然后按他们接头同志给的路线，从天津经过一天一夜来到沧州。当时为不引起敌人的注意而受到盘问，我剃成了光头，把学生服装换成一件大褂，乔装成照相学徒工。准备工作做好后，我和另外两名同学一起乘坐马车，较为顺利地过了国民党关卡，辗转来到了正定的华北大学，安排进行政治学习和政治审查。

在华北大学，正常的政治学习和政治审查大都需要半年时间，由于我是国民党当局公开通缉的"共匪"，组织上很快找我谈话，让我到中共中央组织部参加工作。我问和我谈话的同志，到中共中央组织部是不是要去延安，他告诉我说，早就不在延安了，现在石家庄附近。于是我接受了新的工作任务，坐了一天的马车来到西柏坡。到达时天色已晚，就在中央的招待所住了一晚，第二天来到东柏坡村，也就是当时中央组织部秘书处所在地。

在中央组织部秘书处工作

中央组织部秘书处距离中央驻地西柏坡村只有一华里，秘书处办公的地方曾经是村里一个地主宅院，我们办公和住宿都在这里，办公室和寝室合二为一。秘书处包括秘书科和人事科，当时像我这样从华北大学去的学员有两批，这两批人中每批有两三个人留在了秘书处。

秘书处工作比较繁杂，主要是组织活动和建立人事档案，共有十几名工作人员，在工作上大家都很团结配合。此前由于长期的转战，一直难以稳定下来，人事档案资料比较散乱，有的是手写的，有的是油印的，还存在很严重的信息不全问题。到了西柏坡后，随着环境稳定下来，中组部才开始为团以上干部建立人事档案。可能由于我字迹较为工整，组织安排我和其他同事一共7人做这项工作，要求档案信息绝对保密。这是一项烦琐的工作，具体的工作步骤就是将散碎的资料收集梳理，填写成卡片，包括姓名、籍贯、入党时间、工作经历等内容。经过几个月的紧张工作，建立人事档案工作在进入北京之前初步完成，但随着干部的不断增加、人事调动等，人事档案工作是一项长期任务，新的人事卡片完成以后，旧的资料就保存起来了。如果那些人事档案现在仍保存完好的话，应该还能找到我填写的卡片。

秘书处还负责部分书信寄递工作。当时国统区和解放区保持着邮件往来，以及报纸等信息交流。往国统区寄信需统一交到秘书处，秘书处负责对信件进行检查，如查看发信地址和收信地址有无涉及保密单位、保密地址，如涉及则要修改或者禁止邮寄，可以邮寄的信件则由专门的邮差集中邮寄。这里面不包括公务信件，公务往来信件有特殊的邮寄渠道。

秘书处开设着伙房，供工作人员吃饭。中央在西柏坡的时候，生活条件已经有了很大改善。我们以杂粮为主，包括小米、白薯、窝窝头、玉米面等，吃着解放区的饭心里很踏实。我比较爱吃小米和大米混合蒸的饭，金黄的小米和雪白的大米像黄金和白银，我们就把这样的蒸饭称为“金银饭”，蔬菜是比较单调的，主要是当地的白菜、青菜、萝卜等。

那时，每到周末我们可以休息，当时主要的娱乐活动就是大家一起打扑克牌、下棋、打篮球等，喜欢打篮球的人最多，大家都很活跃，我也很喜欢打篮球。在东柏坡村有专门的篮球场地，经常有中央机关其他单位的同志过来一起打篮球，偶尔大家会举行一下比赛，场面十分热闹。那时条件有限，没有人玩足球、排球，也可能是因为会这些球类的人较少。篮球是单位提供的，如果那个篮球保存到现在，那可珍贵了。有时，我们会在滹沱河边看水，那时滹沱河水流量很大，它从山西一路奔流过来，水面看起来波涛汹涌，所以我们不敢下水去游泳。

中央到西柏坡后，经常会有京剧演出。当时有一个为中央开会修建的礼堂，里面有舞台，京剧演出在这里举行。因为我比较喜欢文艺，对戏曲很感兴趣，所以每逢有京剧演出，我都会跑去看。著名京剧表演艺术家李和曾还曾到西柏坡为毛主席等中央领导演出，表演一些经典传统剧目，如《宋江杀楼》《王佐断臂》等。秘书处也负责为中央的一些活动做组织和服务工作，所以一有演出的消息，我就跑去看戏了。当时京剧演出还是挺多的，当地的民间也有戏园子。

转向从事文艺工作

北平解放以后不久，中组部等中央机关人员乘坐6辆大卡车从西柏坡往北平转移，中组部副部长安子文带领我们一起出发。转移工作由专门的中央机关人员负责，在前往北平之前机关给我们工作人员强调了入城纪律，要求我们注意保密。进北平途中，打前站的工作人员负责把歇脚的地方找好，大部队到达以后就可以休息。我们经过家乡保定，我还以为会在保定待一两天呢，结果队伍只在保定南关进行了短暂休息就要出发。休息时大家聊天，当得知我是保定人时，中组部副部长安子文同志说道："你怎么不早说呀，要知道你是保定的，可以让你回家去看看。"我说："不用了，家里也没人了。"

从西柏坡出发时，为了保密我们统一穿着便装，到达香山以后，统一发放了解放军服装，佩戴的胸章上写有"工人劳动大学"，住了一两天后即进城，中组部搬进了西单旁边原来的张作霖公馆办公。我继续在秘书处工作。当时我还不到20岁，觉得整天的抄写工作有些枯燥。一天，第二野战军的副政委兼政治部主任张际春来中组部汇报工作。我曾经填写过他的档案卡片，所以我认识他，于是我找到张政委询问："二野还需要搞文艺的工作人员吗，我对部队文艺工作有兴趣，不知道二野是否还要人，请您把我带走吧。"张际春答道："我们正组织部队文工团呢，确实缺人，但你是组织部的人员，能到我们部队吗？"

那时，正好中央党校分来了一批学员到中组部。我提出到部队文工团工作的申请很快获得了批准。于是，跟随张际春政委来到了二野文工团所在地武汉，我被任命为二野文工团三队分队长，也就是舞蹈队长。后来调到了西南军区文工团，西南军区文工团和北京总政歌舞团合并后，我回到了北京。1950年，我离开部队转向舞蹈编导，进入民族歌舞团，其间我编导了舞剧《凉山巨变》。1965年4月9日，《凉山巨变》在北京民族文化宫礼堂首演，引起了很大的轰动。1974年，我离开舞蹈编导岗位，调入音乐出版社，走上舞蹈作品编辑之路。后来在文化部的安排下，调入中央艺术研究院舞蹈研究室工作，直至离休。

70年过去了，在西柏坡工作的日子已经远去，那短暂的西柏坡岁月，给我的青春铭刻了不同寻常的记忆，成为我人生中一段极其宝贵的经历。

（采访人：周艳芝　纪建敏　张晓明）

西柏坡时期是我一生中最美好的时光

◎ 王兴　张延忠口述　王彦红整理

时　　间：2018年8月17日至20日

地　　点：浙江省嘉兴市桐乡市乌镇浙江雅达国际康复医院

被采访人：王兴及夫人张延忠

人物简介：王兴（1938—　），1966年哈尔滨军事工程学院毕业后分配到七机部，从事导弹发动机的实验研究工作。1969年随王震将军到江西红星垦殖场。在垦殖场农机厂，他和技术人员一起研制的饲料粉碎机，不仅在国内是一流的，而且出口到许多国家。1984年后在第五机械工业部担任计划司副司长和外事司司长。2000年退休。

◎　王若飞一家

2018年央视十套来西柏坡拍摄《薪火相传——爱国主义教育基地巡礼》，我有幸被指定配合拍摄西柏坡纪念馆重要工作之一——“口述历史”的相关镜头。这次选中的采访对象是当年在西柏坡中央大院里上机关小学的王若飞的儿子王兴。接到任务后，我抓紧从网上、有关书籍里查阅了王若飞及家庭的相关资料，然后确定了采访提纲。8月14日，在西柏坡纪念馆拍摄了我采访之前的准备工作，并决定8月16日前往浙江乌镇采访。但因台风登陆，航班取消，只能改签第二日。8月17日18点我随央视工作人员一行从西柏坡出发前往位于石家庄北的正定机场，在机场又进行了部分镜头的拍摄，22点乘海航HU7422次航班飞往杭州。经过两个多小时的行程，我们终于到达杭州萧山机场，并与从北京过来的导演小吴会合。因为时间已经很晚，我们就近住下，安顿好已经是凌晨2点钟。8月18日上午，我们一行7人租车前往乌镇。大约两个小时车程，于13点30分到达位于桐乡乌镇的浙江雅达国际康复医院。与早已等候的王兴夫人张延忠阿姨共进午餐。之后，稍事休息，14点30分准时开拍。由于王兴患中风，讲话困难，张延忠阿姨全程配合讲述。他们为我们讲述了王兴当年在西柏坡中央机关小学的所见所闻。王兴说，西柏坡时期是他一生中最美好的时光。

从陕北来到西柏坡

1947年3月，国民党进攻延安，中共中央决定主动撤离。其实，延安党中央各机关的撤退工作，从1946年的10月、11月就启动了。1946年底，从延安撤退时，母亲生下了一个女儿，是父亲的遗腹子，还没过满月，不幸在途中患脑炎而夭折。

1947年3月29日，中共中央在陕北清涧县枣林沟举行了会议。会议决定：毛泽东、周恩来、任弼时等组成中央前敌委员会，率中共中央和解放军总部继续留在陕北，指挥全国的解放战争；刘少奇、朱德、董必武等组成以刘少奇为书记的中央工作委员会，率部分中央机关前往华北，进行中央委托的工作；已到晋西北的中央和中央军委机关，“照前议一部去太行，一部就地疏散”。随着形势的发展，4月11日，中共中央决定中央和军委机关大部分工作人员暂时驻在晋西北，组成以叶剑英为书记、杨尚昆为后方支队司令员的中央后方工作委员会，进到山西临县地区，统筹后方工作。中央妇委即为中央后委所属单位，由邓颖超担任了后方工作委员会常委。

当时，前方正在进行激烈的解放战争，后方正在进行热火朝天的土地改革。中央妇委同志先后参加了晋绥地区的土地改革。母亲李培之也参加了晋绥兴县蔡家崖木栏杆村的土改工作。

1948年3月，毛泽东、周恩来、任弼时率领的中央前委离开陕北东渡黄河，向西柏坡转移。中央妇委也随中央后委向西柏坡转移，于1948年5月到达西柏坡。

在西柏坡时，中央妇委机关驻在离西柏坡只有一里的东柏坡村，当时中央妇委书记蔡畅在东北解放区工作，由副书记邓颖超担任中央妇委代理书记。我当时随母亲住在东柏坡村，记得跟朱旦华等住一个院里。一次，我调皮，弄一盆水放在朱旦华的门口，朱旦华出门没注意，一脚踩进了盆儿里，水溅了她一身。

西柏坡时，大人们工作都很忙，他们忙什么我们不知道，我们孩子们就是上学、一起玩耍。后来长大以后，才知道母亲在西柏坡时，曾出席了1948年9月20日至10月6日中共中央在西柏坡召开的解放区妇女工作会议。会议对抗日战争以来特别是土改以来的解放区妇女工作进行了总结，确定了今后解放区妇女工作的方针、任务、组织形式。会上，母亲李培之就妇女干部问题作了专题发言。西柏坡期间，母亲和中央妇委的同志们还积极筹备了中国妇女第一次全国代表大会。1949年1月12日，中国妇女第一次代表大会筹备委员会在西柏坡成立，委员73人，常务委员22人。母亲李培之为常务委员。为了使各地了解和研究中国妇女运动，筹备会还编写了《妇女丛书》10册，全面介绍了中国解放区和国统区民主妇女光辉及丰富的斗争经验。另外，在西柏坡，中央妇委在中共中央领导下还成立了婚姻法起草小组。邓颖超任组长，成员有帅孟奇、杨之华、康克清、李培之、罗琼、王汝琪。七人小组花费大约半年的时间，拟定出了新中国第一部《婚姻法》的初稿。

西柏坡的时光，对于大人们来说是繁忙的，而对于我们这些小孩子来说，则是快乐、美好的。

孩子们的乐园

我到西柏坡之后，是在中共中央大院里上学。当时记得在一个10平方米左右的小屋里，有十几个孩子在这里读书。老师是叶子龙的爱人蒋英。

我记得当时有毛泽东的女儿李讷、任弼时的儿子任远远、董必武的儿子董良羽、彭真的儿子傅锐、王明的儿子王明明、胡乔木的女儿胡木英、伍云甫的儿子伍绍祖、杨尚昆的儿子杨绍明、廖鲁言的儿子廖仲武、叶子龙的女儿叶燕和叶莉娅等。当时，我们每个孩子都有小名，大家都不叫大名。董良羽叫董直生、伍绍祖叫伍力力、廖仲武叫廖猴猴、叶莉娅叫二娃子、杨绍明叫杨小二、胡木英叫胡胜利，我叫王毛毛等。

那时，我们学校的纪律还是很严格的，比如为不影响领导们工作和休息，平时在大院里不能大声吵闹，尤其是每天上午，因为是毛主席休息时间，更不能出声，如果吵闹了，那可是犯了大忌，要受严厉惩罚的。平时作业完不成或写不好，也会罚站。因为我和廖猴猴当时比较调皮，没少挨批评和罚站，为此，我就想报复一下老师。因为当时大院里有施工队伍，我就到工地偷了一些炸药，然后找了一个罐头盒，把药放进去，又弄一个捻儿，准备乘蒋英不注意，炸她一下。但后来任远远害怕了，他怕出事，就告了密。于是我的计划就落了空。但现在想起来，或许当时我弄的“炸弹”根本就响不了，只是一个恶作剧而已。为此，叶燕和叶莉娅知道后，也没少指责我，因为她俩和我不一样，都是很守规矩的好学生。

记得当时我们除了上文化课，还注重写字，学生临摹的字帖都是自己家长写。任远远的爸爸就为任远远写了“小孩子要用心读书，现在不学将来没用”的字样。因为我爸爸不在身边（当时不知道去世了），所以我的字帖通常是伍绍祖父亲写好后，伍绍祖先用，我后用。那时虽然条件艰苦一些，但学习还是没有被耽误。进北京后，各方面成绩一点不比北京的孩子们差。

当时除了学习，老师还带我们做游戏，在草丛中捉蛐蛐，到滹沱河里洗澡，等等。记得毛主席院子前边有一片打谷场，我们还在上边扭秧歌、看电影、看大人们跳舞等。打谷场上经常放电影，但多是苏联片子，比如《列宁在一九一八》等，没有翻译成中文，毛岸英边看边翻译。有时还开文艺晚会，举行周末舞会，业余生活非常丰富。

1949年3月，西柏坡中央机关小学随同中共中央由西柏坡迁往北平并在海淀区建校，定名为中共中央直属机关育英小学，由中央办公厅直接领导。1971年，学校增设中学部，定名为育英学校。

知道爸爸去世的消息

1946年4月8日，爸爸离开的重庆，从此我再也没有见过爸爸。因为是革命战争年代，离别也是常事，所以我也没多想。

大约是1948年冬的一天，我和小伙伴们在一起玩儿，他们说："你爸死了！"我一听，头一下蒙了。一着急，出了一头大汗，帽子都湿透了。我也不玩儿了，一口气跑到妈妈面前，号啕大哭。妈妈赶紧安慰我说："天塌下来，有毛主席顶着呢！还有妈妈，你好好的。"从此之后，我就把此块伤疤放在了心灵深处，再没有提过。

爸爸是1945年4月在党的七大上被选为的中央委员，同年8月，随毛泽东、周恩来飞抵重庆参加国共谈判，12月又作为中共代表团成员随代表团团长周恩来赴重庆参加政治协商会议。1946年4月8日，爸爸乘飞机由重庆回延安是要把谈判的政协纪要带回去请示中央，飞机是专门送他回去的，另外邓发是从国际工联开会回来，新四军军长叶挺是刚刚出狱，都搭飞机回延安。廖承志本来也要走的，因为不想让叶挺一家人分开，他们一起走飞机就坐不下了，廖承志就没有走。当时飞机坐不下了，要不然我也上去了，叶挺一家人必须要回延安，就把我落下了，我和母亲没上去。记得当时在机场，我又哭又叫地要上飞机。有一个老同志把我从飞机上拽下来了，后来这个人还经常跟我开玩笑说，"要不是我，你也没有了"。

可能就是因为我没了父亲，后来得到了很多人的关心，他们都对我很好，视同己出。记得我和妈妈跟随中央机关撤离延安，我得了肺结核，那时这病还是不治之症，杨尚昆叔叔就把给毛主席准备的一瓶珍贵的鱼肝油给了我。那鱼肝油有花生米那么大。后来我的病就好了。在西柏坡，毛主席也特别关注我。有一次我们孩子们跟毛主席出去散步，毛主席看见了我，就低下头伸出两个手指头，对我说："你有两个'毛'，我只有一个！"我高兴地跑回家去喊着告诉妈妈："毛主席说我有两个'毛'，他只有一个！"妈妈说："可不能这么说，那是毛主席让你好好学习呐！"我18岁那年，蔡妈妈（蔡畅）亲吻我，说："啊呀！有胡子了，长大成人了。"蔡妈妈和富春叔叔和父亲一同在法国孟达尼时，蔡妈妈也才18岁。1960

年，我离开北京去哈尔滨军事工程学院上学时，周总理、邓妈妈请我和母亲到西花厅吃了一顿饭。周总理举杯说："成人了！可以喝一杯了！若飞好酒呢！"1962年，母亲住院时，周总理来哈尔滨，去看母亲，母亲问周总理来看谁，周总理说来看她，母亲很激动。"文化大革命"时，林彪发布一号命令下放人员时，王震把我带到他的农场，一直待了5年。对别人说王兴不懂政治，就会搞技术，怕我说错话。再就是邓小平叔叔在江西下放时，转到阜州看望我们一家人，当时天气太冷，他给我们解决了木炭问题。

毛主席批准我们参加舞会

西柏坡时，中央领导对我们这些机关小学里上学的孩子都很疼爱。不但关心我们的学习，而且关心我们生活，关心我们的身心健康。他们从来都是以一个慈祥、和蔼的长辈身份出现，从来不以领导身份自居。跟我们说话都是循循善诱，摆事实、讲道理，所以孩子们都把他们当长辈，喜欢跟他们在一起，有事也喜欢找他们解决。

中央在西柏坡时，虽然工作繁忙，但文化生活很丰富。在繁忙的工作之余，在逢年过节、召开重要会议时会请一些文艺团体到西柏坡演出，唱戏呀、放电影呀、举办舞会呀什么的都有。毛主席和中央领导同志有时间也会参加。每逢舞会，我们这一群娃娃就分外高兴。当大人们翩翩起舞时，娃娃们就在人群中又喊又叫，穿来穿去，时不时还出点洋相，恶作剧一番。工作人员很是恼火，于是决定，舞会不准娃娃入场。

娃娃们对这个决定，当然非常气愤。于是一窝蜂地拥住毛主席，七嘴八舌地告起状来。毛主席笑了，认真地和娃娃们讨论起来："大人为什么不让你们进去啊？"

娃娃们不好意思地回答："大人嫌我们闹。"

"那你们能不能不闹啊？"

"能！"

"那好！你们保证守纪律，我就告诉他们放你们进去！"

舞会开始了，娃娃们一副胜利者的姿态就往会场挤，一边挤，一边理直气壮地叫嚷："毛主席批准我们进去！"

朱总司令在军委作战室给小孩子宣讲战势

我永生难忘，也是一生中最为自豪的事，就是我去过指挥三大战役的作战室。如今我已经80岁了，去过那间作战室的人，本来也不过数十人或者十数人，或许我已是稀有者。

当时，中央军委作战室是重地，可不是什么人都可以随便出入的。但我和一些机关小学的孩子就进去过不止一次，而且还听朱德总司令给我们讲战势。朱总司令在这间不到70平方米的中国人民解放军总部的指挥室里，指着作战室墙上插满红色和蓝色小旗的地图，给孩子们讲前线战势。今天哪些地方被我们解放了，明天又有哪些地方被我们占领了……红旗每天增加，国民党却兵败如山倒。世界上从未有过的一幕——军队统帅给小孩子宣讲战势。托尔斯泰的《战争与和平》中的画面——波罗金诺大战前，一只眼的胖元帅库图佐夫对那小姑娘讲说，不过库图佐夫是在俄军最艰苦的胜利前夕，朱总司令是在中国人民即将完全取得胜利的时候！

这是我一生中逢酒必说的不衰话题。

朱总司令打了廖猴的屁股

西柏坡时我们孩子都称朱德总司令为"爹爹"。爹爹脾气最好，最温和，孩子们在朱总司令面前，最随意。不过我见过朱总司令有一次发了大脾气，永生难忘。

那是一天傍晚，朱总司令如往常一样，在村边散步，我们一群孩子跟在他的屁股后头。他用拐杖指着棵树问"这是什么树"，指着地上的草问"这是什么草"，指着田间地里种的庄稼问"这是什么庄稼"。孩子们跑前跑后，又蹦又跳，有的抢答，有的摇头，大家放松地欢笑着。突然，我们看见朱总司令的拐杖举起，不等大家回过神，棍子已经重重地落在趴在墙头上、已经拉开弹弓的廖猴的屁股上。廖猴回过头，张着嘴，愣住了……这时，我们看见廖猴前面不远处，站着个穿着开裆裤的小男孩。原来是廖猴想用弹弓打这个老百姓的孩子，正好被朱总司令看见了。

朱总司令这一棍子，不仅是打在了廖猴的屁股上，更是打在了孩子们的心坎里。因为共产党绝对不容许欺压老百姓。朱总司令平时最爱孩子了，但这次他却没有手下留情，可见老百姓在他老人家心中的分量和他对这种欺负老百姓行为的憎恨。

捡了一支枪

我是1938年11月4日出生的，在西柏坡时，已经快10岁了。这么大的男孩，精力充沛，满山乱跑，上树掏鸟，下河捉鱼。大人们有自己的事，所以并不干预。

一天中午，大人们都午休了。我偷偷地跑出大院，到大院前边的河沟里摸鱼。摸着摸着，突然，手碰到一个硬东西，我摸出来一看，是一支手枪！我兴奋极了，于是举着枪，边跑边喊："我有一支枪！我有了一支手枪！"

我的喊声惊动了西柏坡。

原来我捡到的枪，是董必武的司机老段到河边洗车，把枪放在吉普车顶棚上不小心滑落水中的。

那时候，丢枪可是重大事故！关乎党中央毛主席的安全啊！大家已经找了好几天了，正在为这事伤脑筋。现在我找到了枪，大家总算松了一口气。可是我太喜欢这支枪了，就跟大人们耍不说理，就说这支枪是自己的，死活不肯交出来。

放下的心，又提了起来，一个孩子拿着一支带子弹的枪太危险了！

大人们整整做了一天的工作，连哄带吓唬，直到晚上我还是不交枪。该睡觉了，我就把枪放在了枕头底下，还用手紧紧地摁着。

第二天，连康妈妈（康克清）都出面了，对我说："毛毛，你捡了枪，是个好孩子，该奖励。"于是就给了我一大包糖。平时我很尊敬康妈妈，也很听康妈妈的话，其实淘气归淘气，从内心里还是有规矩的，也觉得自己这样做不对，最后终于"投降"了，无可奈何地交出了枪。事后，别人也时常笑话我，说我太贪吃了，一包糖就把枪交出来了，我也只是笑而不答。

没有侦破的案件

西柏坡时，前线几乎天天都在打胜仗，人人都处在一种喜悦的氛围之中。我们小孩子当然也不例外，因为时不时会有缴获的战利品运到西柏坡分给我们吃，比如巧克力呀、奶粉呀、饼干呀、糖果呀等等，有时还用缴获来的布匹给我们做新衣服，每每这个时候，孩子们都特别高兴。其中最让我兴奋的是一辆汽车的到来。

济南战役结束后，华东野战军把缴获的王耀武的防弹卧车送到了西柏坡，让毛主席坐。车停放在机要室门前的广场上，中央领导和机关的同志们都来观看。

这辆车的到来，让西柏坡的孩子们兴奋得不得了，我们争先恐后地，一遍又一遍地往车上钻，轮流坐在司机的位子上，一本正经地转动着方向盘。小男孩对各种按钮、开关充满了好奇，不时小心翼翼地用手摸一摸，这时，别的小孩就会大声喊："不许动！搞坏了！"

我和廖猴对这辆车最着迷，整天车上车下地爬。我们实在不满足仅仅转动一下方向盘，多么想成为真正的司机啊！

这辆车运到了西柏坡后，就没有启动过。孩子们听说这辆车坏了，于是七嘴八舌，争论起来，是谁把车搞坏的。把毛主席的车搞坏了，那还得了！这错误可大了！

直到今天，这个"破坏案件"尚未侦破，当然我和廖猴是最大的"嫌疑犯"。

一群已经是老头、老太太的"当事人"，碰到一起，还是有人一口咬定是我，另一些人咬定是廖猴，而我俩也不知道到底怎么回事，于是就各自说是对方搞坏的。

（采访人：王彦红）

朱豪医院琐忆

◎ 刘凯旋口述　王彦红　王芳整理

时　　间：2018年9月15日

地　　点：河北省中医院

被采访人：刘凯旋

人物简介：刘凯旋（1928—　），河北省保定市高阳县人。1945年底参加革命，并加入中国共产党。解放战争时期曾在晋察冀野战军第三纵队政治部宣传科、白求恩学校、朱豪村中央医院工作。新中国成立后，曾参加了抗美援朝战争、鞍钢建设、河北医科大学第一医院筹建工作。

◎　2013年9月20日，笔者与刘凯旋在朱豪医院旧址

2013年中秋节，西柏坡时期朱豪医院医助刘凯旋在女儿的陪伴下来到了西柏坡纪念馆访友并参观，用她自己的话说是“故地重游”，我有幸陪

她参观。2018年9月15日，我到河北省中医院对刘凯旋老人进行了正式访问，她为我详细讲述了当年在朱豪医院的有关情况以及对朱豪医院的深刻记忆。

在姨的影响下走上革命道路

我是河北保定高阳县人，1928年生人。听母亲讲，我出生6个月的时候父亲走西口到内蒙古搞皮货就再没有回来。哥哥比我大9岁，我们就跟着母亲、奶奶、爷爷一起艰难度日。1932年8月，保定地区高阳、蠡县一带的广大农民在中共河北省委和保定特委直接领导下，掀起了反对国民党反动统治的高蠡暴动。之后，高阳县建立了女子小学，我有幸到女子小学上学。在此之前，女孩子是不让上学的，八路军到了之后女孩子才有了上学的权利。记得当时的班主任叫齐文，很年轻，也就十八九岁。学校负责人是一个姓李的老师。七七事变的时候，李老师听到消息，然后就让我们停课。

我的外祖父是一个开明士绅。二舅是黄埔军校毕业生，后来是国民党的一个军阀。我姨是一个老革命，她1938年就加入了中国共产党。抗日战争开始后，我姨极力劝服二舅不能替国民党打共产党。后来二舅就被姨说服不干了，在兰州从商。我姨夫是河北任丘的，保定师范毕业，之后到地方参加革命，加入共产党，在一个中学任党支部书记。一次在党支部开会时，由于汉奸告密，姨夫被鬼子抓住挑死了。姨化悲痛为力量，继续在地方干革命，为党的事业奋斗一生。姨的两个儿子中，大儿子是地方的党支部书记，小儿子后来参加空军。姨的家庭是一个革命大家庭。我就是在姨的影响下走上革命道路的。先在儿童团，1945年底参加革命，并加入中国共产党。后来到了晋察冀野战军第三纵队政治部宣传部宣传科工作，科长魏巍。

在部队的时候，经常是行军打仗，打游击，挖地道，贴标语，搞宣传，居无定所。一般是白天休息，晚上行军。那时候很艰苦，走着就能睡着。记得一次在打荣城的时候，打得很艰难。撤退时，部队走了，我由于年龄小，躺在一个石碾上睡着了。部队宿营后，领导一看没有了我，就叫警卫员返回来找，才把我找回来。

到白求恩学校学习

1947年初，延安白求恩学校招生，晋察冀野战军政治部宣传部宣传科科长魏巍让我报名去学习。在战争年代这是最难得的机会了。在踏上征途的时候，我心潮起伏，决心学成一名合格的白衣战士。

我们去参加学习的战士们一起，步行到了延安。当时因为国民党进攻延安，于是我们又撤离，跟随部队向晋察冀转移。

1947年秋，我们到了西柏坡附近的东柏坡。这时，山坳里的田园油绿青翠，红黄紫绿的瓜果挂满枝头，梯田上庄稼随风飘荡，在阳光映照下，远远看去恰似金色的海洋中泛着一座座绿洲，还有遍山的果树，熟透的果子千姿百态清新喜人。经过多少年的南征北战，来到如此幽静的环境中，我们这些少男少女跳跃欢呼，从这山走到那山，跳过激流，跨过小溪，渴了就蹲在明净的溪水边双手捧着喝口清爽甘甜的泉水。遍地野花芳香，漫山葱茏的芳草，还有虫鸣蝶舞，举头可见翔于蓝天的鸟儿，还有聚散变幻的白云，真是大自然造就的一幅绝美的风景画。我们在这优美的环境中，在白求恩精神鼓舞下，愉快地学习和生活。

1948年初，为了迎接中共中央的到来，我们到了离西柏坡村不远的朱豪村建立中央医院，军委卫生部也驻在这里，中央医院的番号是工校五科。医院是在三进院落的地主家，大门敞亮宽阔，门上方刻着“紫气东来”四个大字，非常气派。当时医院主要为中央机关、军人及老乡看病和保健卫生服务。主要医务人员是从延安过来的，外国的医生有苏联的、德国的、加拿大的，等等。20岁左右的年轻人来自四面八方，经过培训后，分别做医、护、卫生、行政等工作。

我们白求恩学校就在医院里，相当于培训班。学生50多人，都住在老乡家。我们女生一部分住在一个三合院里，北屋西间住了我们5个女生，东西厢房也都分别住了一些人。房东是老两口，儿子参军去了。他老两口把我们看成自己的儿女，看见衣服破了，拿针线来缝；晾晒的衣服遇到了雨天或晚了就给收回来。老大娘是缠过脚的，走起路来扭扭晃晃，白净和善的面容未言先笑。有时晚上还要到我们屋里坐坐，常对我们说："你们还小，在外面要多加小心，这地方山果很多，落地的数不过来，谁要捡着吃了，可别喝水，尤其是黑枣，吃多了再喝水，胀起肚来不得了；别吃柿子，吃了柿子别喝茶水。"对生活起居方方面面都耐心详细地嘱咐，就怕我们出点什么毛病。在冬天没到之前，早早就把窗户糊好。我们在这里住着，就像住在家里一样。做梦也没想到，我们会来到这么美好的地方，而且是在党中央毛主席身边，满心洋溢着幸福的暖流，天天哼着陕北民歌，唱着《义勇军进行曲》。三大纪律八项注意，牢记心间。

1948年仲夏，新招来一班学生，刚来报到，就听说傅作义袭击石家庄，新到的学生和医院所有的人一样，背着伤病员抬着担架转移，走在坑坑洼洼的山路上，十几岁的孩子，个头没有伤员高，要疾步行军，累得满头大汗。从一大早到下午来到深山柏岭村。我是打前站的，先把房子安排好，带领他们分别住在老乡家。他们把伤员放下，就瘫在地上起不来了。后来，听说傅作义部队撤了，我们又回到了朱豪村。

当时，白求恩学校归医政处管理，任玉洪任科长。我当时任团支部书记，具体负责课务，一边上课，一边负责把课程表、上课老师、讲课内容、课堂情况等报告任玉洪科长。当时我们学习的课本都是油印的，而且是一章一节的提纲式教材，全靠学生自己听课记笔记。

当时讲课的老师很多，一般都是医院里的医生。

讲政治课的老师许伯亮，讲得严肃认真，极具政治风度，而且又有文静稳重的一面。站在我们面前，让人惧怕又感到亲近。第一次讲课是学生准则，他说："你们是学生也是战士，一个班就是一个战斗集体，三大纪律八项注意是校规。"他明亮的眼睛里，潜藏着对我们的殷切期望。他说，我们这些人，将是白衣战线上的新生力量，是为解放全中国培养的骨干。

讲解剖学的王效民老师是外科医生，讲起课来如同他的手术刀干净利落。他反复讲医学基础的重要性，做实验也要认真，必须把人的全身206块骨骼和肌肉形态弄清楚并记牢。

另外黄树则、金茂岳等都给我们讲过课。

晚上，我们躺在老乡家的炕上，挤靠着相互问答，自己摸自己或者互相摸骨骼的结构和肌肉的形态，天天都是在学习的说笑中进入梦乡的。我们上课没有固定的教室，更别说桌椅板凳了，就坐在小木凳上或临时搭的木板上，双膝为桌。上自习课有的在山坡上，有的在老乡的房子里……把自己上课记的笔记反复地咀嚼着、体会着。

周末是大家放松欢乐的时候，尽情地蹦啊跳啊，把老乡家的院子或儿童乐园的场地当成舞场，自伴自奏着《东方红》曲调，老师和学生共同跳舞。有时候西柏坡开来辆敞篷大汽车，跳得好的就去西柏坡跳舞，等他们回来就很晚了，然而，他们那兴奋的情绪撩拨得别人难以入睡。他们常说的是朱德总司令不管什么曲子都是老三步，总踩别人的脚，跳得最好的是周总理。

北京解放前夕，苏井观和傅连暲部长访苏归来，报告苏联形势，听得我们异常激动，想着我们国家的未来，体味着黄树则院长常对我们说的一句话："你们是新一代人，将有重任在身。"

我们就是在这种惠风和阳光充裕的田园里学习，学到了治病救人的本领，学到了做一个白衣战士的品行。我们的校园是一片净土，有无限的生机和活力。我们在这里是最幸福的人。我们的校园生活是我们一生中走向快乐的摇篮。

一张便条让我好生失落

中共中央来了之后，记得那年已入冬了，可是山村还是风和日丽，除了早晚有些凉意外，中午穿着刚发下来的新棉衣，身上总是汗津津的。

有一天中午学习班下课了，我到教室老师的讲课桌前，接过当日老师的教学课务表，迅速送到医政科。

医政科任玉洪科长坐在办公桌前，看我来了转过身，只见他满面笑容，双目慈祥，朝我温馨地笑笑。我把课务表交给他，又简单地报告了上课的情况。在他接过课务表的一瞬间，我的目光无意识地落到桌角上的一张纸条上，上面用毛笔竖写着两行字。我问："这不是毛主席写的吗？"他点点头。我好奇地拿起来细看，毛主席的草书我认不太清，只有"小任"

两个字和落款毛泽东三个字我看得最清楚，其大意是：天凉了要用点凡士林……我开始一点也不懂这是什么意思，寻思了一会儿才恍然大悟。于是我激动地说："毛主席要用凡士林？我送去吧！"任科长操着浓重的四川口音说，晚了，已经有人拿走了。我呆呆地站在那里心里有些失落，心想我要是能去一趟西柏坡，亲自给毛主席送去那该有多运气！在毛主席身边工作，能有机会为毛主席做些事情实在极为难得。我们的革命是跟共产党毛主席干的，我入党是在毛主席像前宣誓的，毛主席是人们心中的红太阳，是伟人，是领袖，但他却又是那么和蔼慈祥、平易近人，想来就让人心里暖融融的。这时，任科长喊了我一声："喂！小刘，该吃饭了。"这时我才回过神来，赶紧走出任科长办公室。

1949年春节给毛主席拜年

西柏坡时期，除了紧张的工作和学习外，业余生活还是很丰富的，基本上每个周末都有舞会，另外逢年过节还组织晚会、看电影、看戏，大家一起娱乐。有的时候我们还为老乡演出文艺节目。

1949年的春节，旭日东升时，医政科领导带我们十几个人到西柏坡给毛主席拜年。不巧，我们来到时毛主席刚刚休息。大家就在毛主席前院的碾子周围等待，一心想当面向毛主席祝贺新年。毛主席身边工作的同志犹豫再三又到毛主席屋里看情况，最后还是安慰大家，说："主席刚刚休息，你们还是先回去吧。晚上开晚会时，你们再来吧。"没办法我们只能离开。

我们虽然没有当面向毛主席拜年，但大家还是很高兴。因为毛主席整天夜以继日地工作，日理万机，没有年节假日，我们为有这样伟大的领袖骄傲自豪，所以我们还是一路欢欣一路歌地回到朱豪医院。

当天晚上，为庆祝春节，中央机关在西柏坡礼堂开文艺晚会，五位书记、机关领导干部及工作人员等都参加了。记得节目很丰富，有相声、小品、乐器、跳舞等。开始先是各单位表演自己的节目，最后是舞会。当时我们医院的节目是由我和杨增祥、弓从表演的《王大娘赶集》。节目表演结束后，大家一起举办了舞会。我是医院里的文艺骨干，虽然不会跳舞，但会打鼓，每次演出，我都给他们伴奏。

我心中永远的痛

在白求恩学校毕业后，我被安排到中央医院工作。开始领导把我安排在了中央医院办公室当秘书。对于这个安排我有些不满意，因为我想搞业务。于是我把这个想法告诉了在医院药房任司药的黄敬，黄敬是我的好朋友，她就带我到时任中央军委卫生部副部长的傅连暲家里表明我的心迹。傅部长问我想到什么科，我说自己也想不好，他说那就先在办公室干一段儿时间再说。从部长处回来之后，为了这件事，我还受到了处分，因为军人以服从为天职，党需要我们干什么，我们就得干什么。

后来，组织鉴于我的表现，还是给我调了科室，把我分配到了内科。初到中央医院内科病房，头一天就赶上我值夜班。在交班查房时我注意到，东房单间里住着一位中年男病人，床头牌上写着侯登科的名字，诊断为脑炎。病人仰卧在床上昏迷抽搐，左嘴角浸出白沫。他是当天病房中最重的一个病人，检查后回到办公室，记录下对病人的治疗和病症表现，又把所有住院病人的病案都看了一遍，喘了一口气，稍休息片刻。

夜深了，在寂静的夜里，那山泉流水更显得清脆，高远的天空繁星点点，一条如绸的银河隔着牛郎织女。对着这幽静的夜空，不由得遐想联翩。突然间有什么动静，打乱了我平静的思绪，紧接着又听到“咣”的一声，接着就是急促的行路声。我提着马蹄灯出来一看，有一只狼见到亮光“噌”地逃窜了。刚到西柏坡时，就听人们说这里有狼，并且看到房屋墙上画着白色的圈儿，说是狼怕白圈儿，这是用来吓唬狼的。但我从来没看到过狼，今天第一次见到，心里不免有些许紧张。我打了打灯花，定了定紧张的情绪，又到病房查看了一遍，对那位重病患者又做了一些检查，看上去他仍在睡着。

回到办公室写上巡查记录，刚写完放好，医生郑学文来到重患病人床前。我急忙跑来报告，她正在给病人听诊，抬起头来看了看我，还没等我说什么，她又看病人的呼吸，像是停止了，又拿着手电筒看病人瞳孔。这回麻烦了。她抬起头来，出了口长气，肃然正色地对我说：“病人瞳孔放大了，已经不行了，为什么不早报告？”我立刻有些惊恐，心想，我头一个班可别出问题，又觉得我刚刚还来看过，病人睡得平稳着呢，这么一会儿就死了？我下意识地摸了摸病人的脉搏，还在微微跳动，认为只要有心跳就不算死，于是平静了一下心情，说：“还有心跳。”郑医生这回就更严厉地问了一句：“还有呼吸吗？”我一愣，这可没注意。她的脸色是那样的阴沉又有些无奈，她感叹道：“虽说现在无药可医，但要有相应的治疗，仍可延长病人的生命，虽然可触及微弱脉搏，但呼吸停止是难以抢救的。这种临床特征是脑膜炎病死亡的特点，看病人要全面检查，不能只看脉搏，你学习的时候没听老师讲吗？”听她这么一说，我心里立刻像开水锅似的翻腾着，头像泰山压顶。我低下头，盯着这位饱经风霜的战士，他就这么早早地默默地去了。这是因为我没有及早地发现病人的病症危象向上级报告，忽视了全面观察和认真检查。我心乱如麻，说不清的懊悔。那些天，我食不甘味，寝不安席，在迷迷糊糊的惶恐之中度日。小心翼翼，注视着周围人对我的态度，日绕梦牵地想着这事。

几天过去了，我发现死者还在医院放着，其他人死了就埋了，为什么还放着他？我又慌神了，最害怕是查出什么问题，把我送军法处。我的朋友黄敬看出了我的心事，便对我说：“这个病人是毛主席身边的人，跟毛主席长征过来的。现在主席很忙，前线战争紧张，三大战役激烈地进行着。这个时候不能向主席报告，免得他伤心。找个适当的时机向主席报告后再做处理。”我知道是毛主席身边的人，心里就更加不平静。

黄敬告诉我：“别多想了，自从这个人住院就想方设法到处弄青霉素，一直没弄到，所以病情越来越重。这青霉素是外国的，除了战场上缴获的就是地下人员买来的，也不是一天半日能做到的。”

后来我从更多途径了解到，侯登科是毛主席的马夫，河南人，比毛主席大三四岁，从长征开始跟随毛主席，为毛主席饲养战马，二人结下了深厚的感情。毛主席经常在工作之余看望老侯。1948年，毛主席等中央领导准备离开陕北去西柏坡。走之前，毛主席在百忙中，又专门去看望了老侯，嘱咐老侯随中央机关行军，要注意照顾好自己。毛主席离开时，老侯默默地一直送他出了院门。但让毛主席怎么也想不到的是，这一次见面，便是他们的最后一面了。1948年冬，侯登科在西柏坡病故时，正值三大战役最紧张的时候，为了不干扰毛主席工作，有关领导决定不要把侯登科病逝的情况向毛主席报告。后来毛主席还是知道了，非常惋惜和难过，专程到侯登科的墓前悼念。

这件事成了我心中永远的痛。我经常想，不管什么原因，病人死到我的班上我就有责任，这种愧疚的心情多少年来都在缠绕着我。有一次看电影，听到毛主席指挥三大战役时他的战友去世了都没有向他报告，我一听心里又翻腾起来，下半场电影也没看下去，又捡回那个沉重的包袱。前些年，我去北京看过黄树则部长后，就到后院看郑学文医生。每次她都问我："我批评你的事还记得吗？"并说，"那个时候批评重了些。"我说，这已是我心中永远抹不掉的烙印，只看局部不看整体。从这个教训中我懂得了做任何事情都要全面认识，从整体着眼，特别是医生。

离开朱豪奔向新的征程

七届二中全会以后，中共中央和解放军总部要赴京筹备新中国成立事宜，朱豪村的中央医院也要分两个部分进城，一部分到石家庄，另一部分将随中央机关到北京。

我们医院这些年轻人，都是农村土生土长的或自小随军，南征北战，都想象不出城里的工作和生活是个什么样子，不清楚城里和农村有什么不同。面对这样的转移没有一个人想过自己去什么地方。那时候，人们的心纯得就像一张白纸，像那山泉碧水一样的澄澈。要说心里有什么想法，也只一个服从需要，不管到哪里都是全心全意为人民服务，将革命进行到底。

医院领导经过研究筹划，定下了随中央机关进北京和到石家庄的人员分配。接着停下工作，接受进城教育。黄树则院长在朱豪村的"儿童乐园"（村里的小学）对我们全体人员进行教育贯彻会议精神，并提出关于进城问题，要遵守三大纪律八项注意，发扬阶级友爱精神，遵守当地治安，尊重当地风俗，以及北平城的状况和进城后的注意事项。一共讲了两天课，接着进行了学习讨论，前后用了一周时间。

我们听了一些新词和新鲜话语，还有一些人情世故，像听故事，觉得非常新颖。听到进城后面临的各项任务，觉得又光荣又有压力。对人生来说这是又掀开了新的一页，对未来，对那里的真境实情、工作环境，心存向往可又是朦朦胧胧。大家相互猜想着，没有目标地搜索着城里的境况和景象，幻想在头脑中翻卷着，激情一浪高过一浪。

要离开这个山村了，心里有一种难以言说的留恋，跑到峰峦起伏泉水环绕的山间，掬一捧沁人心脾的甘泉，抚摸着那些吐绿的树木、嶙峋的山石与这块大地告别。还有那给了我们灵敏喜悦的小沙河，更有一种别样情怀。乡情是最难以割舍的，房东老大娘含着难舍的泪花，有说不尽的祝愿，有叙不完的亲情，一句句，温声细语，乳汁般甘甜；一滴滴的热泪流在我们心间，洇湿了我们的衣襟。这深情似火在燃烧，燃烧着我们这些年轻人稚嫩的心。

我们就要走了，我们就要告别这养育我们的可爱的家乡了，可是，我们就是走到天涯海角，也走不出她宽厚的爱的胸怀。

1949年4月16日，早饭后，我们分别乘坐大卡车，离开朱豪村。那时，放眼展望，滹沱河里的冰开始融化，春天到来了。

（采访人：王彦红）

《石家庄日报》初创时期峥嵘岁月

◎ 黄黎口述　李兵　苗静整理

时　　间：2017年11月18日

地　　点：河北石家庄

被采访人：黄黎

人物简介：黄黎（1929—　），河北石家庄人。1947年11月，在正定中学读初中的黄黎参加相关培训后，成为石家庄市第一批小学教员。1949年初，黄黎被分配到石家庄日报社工作，从一名见习记者做起，历经助理记者、记者、主任记者，历任报社综合科科长、广告部主任、总编室主任等职务。1990年离休。

1947年11月18日，也就是石家庄解放后第六天，《石家庄日报》创刊（1948年1月1日前为《新石门日报》）。作为关内第一份城市党报，这份报纸在石家庄解放初期的特殊历史时期，不仅发挥了传播信息、稳定民心的巨大作用，也见证了这座城市的新生，记录了全国解放的进程。全国每解放一座城市，报纸就会出一期号外，编辑、记者敲锣打鼓上街庆祝。与石家庄同龄的《石家庄日报》，今日迎来创刊70周年。70年来，一代又一代报人夙兴夜寐，不改初衷，用理想和信念书写笔墨华章。而今，初期创办者中，现居石家庄的只有黄黎一人了。当年他是跑市场新闻的毛头小伙儿，如今已是88岁的老人。70年往事如烟，但报纸初创时期的点滴往事，当年身为记者的满腔豪情，仍深深植根于他的记忆中。

峥嵘岁月，刚到报社不久就成了经济类新闻记者

1947年11月12日石家庄解放时，黄黎是正定中学的一名初二学生。刚刚解放的石家庄百废待兴，仅仅半个月以后，学校就复课了。复课后，老师对学生进行了一番动员：“如今全国很多地方陆续解放，正是急需人才之际。你们不要只考虑个人前途，要积极参干，报效国家。”于是，黄黎响应号召参加了小学教师培训班，到柳董庄小学教书，成为石家庄解放后第一批教师。1948年11月，他被挑选调任行政干部，又参加了行政干部训练班。1949年初，黄黎被分配到石家庄日报社工作。

《石家庄日报》是石家庄解放后第六天——1947年11月18日创刊的，当时名为《新石门日报》，四开四版、套红印刷。1948年1月1日起，石门改称石家庄，报纸随之改为《石家庄日报》。报纸创刊是在华安街6号（原国民党《新生报》旧址），如今的世纪大饭店西侧的胡同里。黄黎1949年初到报社工作时，报社已迁到当时的市委机关，也就是现在的少儿活动中心西侧。那是日伪统治时期建设的两栋二层小楼，东楼是石家庄军分区，西楼就是报社。印刷厂也不远，就在如今康乐街路东的地下室里。

那时候，报社有30多名职工，设有一个总编室，总编室下又设采访部和通联部。刚到报社，黄黎负责抄广播新闻，以补充报纸新闻来源的不足。他每天的工作就是打开收音机，调到专门的频率，把新华社播发的新闻一字不落地记录下来。时间不长，他就被调到采访部，成了专门负责市场新闻的见习记者。让他跑市场，是因为他曾在棉纱布庄当过一年学徒，当时每天在市场上了解行情，因而跟石家庄很多商店的老板、伙计都相熟，对各大商场的情况也比较了解。这段经历，无意中成了他当经济类记者得天独厚的条件。

每天刊登物价信息，稳定了民心维持了市场秩序

当时，黄黎与老记者夏景凡一起负责商贸报道。黄黎每天的任务之一，就是搜集市场上粮、油、棉、布以及其他日用品的价格，刊登在第二天的报纸上。石家庄虽然解放了，但周围一些大城市还被国民党占据，对

石家庄封锁很严密。而解放前石家庄被日寇统治8年，国民党统治两年，连年战争，市区周边农民手中的农副土特产品已所剩不多。解放初市里虽然成立了国营贸易公司，但仅仅是个雏形，并无多大实力，私营商业仍控制着市场。因此，当时群众日常生活必需品供应十分紧张，物价很不稳定，一天一个样儿。物价一有波动，尤其是粮价一上涨，群众心里就慌了，争先恐后地去抢购粮食。在这种形势下，平抑物价、保障供应，就成了人民政府的大事。作为主要信息传播渠道的报纸，发挥了巨大的作用。

每天一早，各家商场及店铺一开门，黄黎也就出现了。通过在国营贸易公司各门店和市场商贩之间的穿梭采访，他详细地了解到粮、油、棉、布以及其他日用品的调出调入和供销情况，得知当天的物价涨落。每天晚上，黄黎还会来到市委办公室，与市财经委负责人及粮食公司、花纱布公司、百货公司、煤炭建材公司的市场业务员一起，举行物价和各种商品推销碰头会。

经过黄黎等人的写稿整理，当天市场上的粮、油、棉、布、碱面、火柴、煤油等商品的收盘价格，国营商业和私营商贩这一天调入或购进货物的品种及数量，都会在第二天通过《石家庄日报》翔实地刊发出来。看到报道后，老百姓心里就踏实下来了。久而久之，市场出现了一个现象：每天早上国营店铺一开门，挂出货物牌价，私营企业就比照国营公司的商品价格来销售。

在那个特殊的历史时期，黄黎和同事的报道在平抑物价、保障供应及打击投机倒把等方面，起到了很大的作用，安定了民心、维持了市场秩序。

粮价一日三涨，市长对黄黎说了一个字

有一件事，黄黎至今记忆犹新。

那是1949年春夏之交、青黄不接之时，物价很不稳定。有一天，市场的粮价猛涨，比前一天高出好几倍。私人商贩看到粮食紧张，不断提高粮价，一天之内竟连续上涨三次，还有人囤积居奇，使得老百姓人心惶惶。对于这个突发情况，第一时间发现不对劲儿的黄黎和夏景凡，立即来到市

长办公室，直接找到市长柯庆施汇报情况。柯庆施从座位上站起来，走了几步，随后转身果断地对黄黎说了一个字："抛！"

黄黎和夏景凡立即报告粮食公司粮油部经理臧耀鲁，紧接着，通过储备粮库上市了20万斤小米，并挂出牌子降价卖粮。其实，当时储备粮库有粮食，但数量不多，而私营业主和老百姓并不知道粮库有多少存粮。粮食公司一降价，很多私营商贩只得跟随降价，其粮食价格甚至低于了国营粮价，也低过了前一天的粮价。老百姓吃了定心丸，没有了恐慌心理。

事情到这里还没有完。粮价普遍下跌，柯庆施市长又说出一个字："收！"粮食公司就此趁粮价下跌的机会，从市场上回购了数万斤粮食充实库存。报纸和国营商业就是这样通过宣传和货物的吞吐，与私营资本巧妙周旋，稳定了市场的秩序。

全民参与办报，工人每天到报社报产量

那时的报社编辑部，被广大读者称为"战斗司令部""情报站""作者读者之家"。为什么会得到这些美称？因为这是一份依靠群众力量办的报纸。当时，报社领导经常教育编采人员，必须把各级党组织、全体党员、干部和工农积极分子作为我们的线索人，每个编采人员都要交几个知心朋友，把各条战线创造的新成就、新经验，出现的新事物、新情况及时反映到报社编辑部，使党和群众的思想、呼吸相通。

随着解放战争的节节胜利，前线战场上急需扒锯（修桥时用于连接桥板的工具）。《石家庄日报》刊登文章，鼓励工人兄弟加紧生产扒锯，支援前线。每天下班后，都会有脸上淌着汗、手上油污还没来得及擦去的工人到报社汇报产量。"我们今天的产量又创新纪录啦！"报社办公室里，工人师傅的大嗓门儿总是让大家备受鼓舞。铁路司机也是报社的常客，经常来汇报又往前线送了多少车物资，还有棉纺厂工人、带着泥土芳香的农民等等，反映他们在生产建设上又进行了技术革新、实行了新的工作法、创造了新纪录、粮棉菜获得大丰收……他们一是报喜，二是希望报纸把这些消息快点登出去，在全市交流和推广。

为了提高群众的积极性，广开新闻渠道、广集新闻线索，报社有一条

不成文的规定：只要是来自基层和群众的稿件，只要有价值、有内容、真实具体，哪怕错字、白字连篇，记者也要修改利用。如果记者和通讯员的稿子内容一样，质量差不多，就优先采用通讯员的稿子。如果几个通讯员的稿子写的是同一件事，则编辑加工成一篇，署上每个通讯员的名字。通讯员来稿不采用的，一律退稿并指出原因，指导通讯员如何提高写作水平及近期报道要点。每天末班邮递来的稿件，即使编辑记者晚下班，也要全部拆封挑选，有价值需次日见报的，必须改好交总编室备用，不准压稿。“就凭这一条，报社团结了一大批几十年如一日，热心为党报反映情况、撰写稿件的优秀作者。”黄黎说，这对丰富报纸内容、提高报纸的战斗力发挥了重大作用。

艰苦创业，冬天下夜班睡宿舍，热水当暖气薄被子上盖报纸

《石家庄日报》初创时期，条件异常艰苦。黄黎和同事写稿用的稿纸以及出版用的报纸，都是十分粗糙的土纸。记者使用的蘸水钢笔，就是用毛笔杆绑个钢笔尖，把蓝色颜料用水稀释后当成墨水，每写几个字就得蘸一下。连剪贴稿件用的糨糊都是自己用面粉熬。冬天，办公室只生个小煤炉，宿舍更是没见过烟火，每人一套薄薄的土布被褥。当时上夜班的李梦莲同志，下夜班后就从锅炉房提一铁壶开水放在床头，权当暖气，睡下后在被子上盖几本报纸合订本压风。

印刷厂设在一间地下室，只有一台平版印刷机，印刷时需要手动把新闻纸一张接一张地塞进去。黄黎记得，寒冬腊月，老工人刘景福手摇发电机，尽管赤着膀子，仍累得大汗淋漓。印刷用的铅字，用后拆下分拣上架，以备再用。字模不全，几名刻字工人整天忙着补刻。那时候，国民党经常派飞机来轰炸石家庄，破坏水电和交通设施。编采人员和印刷厂的工人不得不经常点着油灯审读稿件、排版印报。

当时石家庄日报社和新华社石家庄支社是两块牌子、一套人马，除了出报纸，还负责向新华社总社发电稿。报纸是四开四版，一年365天不休刊，没有一天假日，但编采人员只有20多人，因此要求记者每天都得拿回新闻。若是隔几天写不出稿子，就会觉得愧疚。每天只吃两顿饭，上午9

时的早饭是小米干饭和老咸菜，下午4时的晚饭是馒头和炒素菜。不少记者在早饭前就出去跑趟新闻，晚饭后也有再去抓稿子的。白天，办公室里几乎没什么人，记者都在外面跑。一到了晚上，编辑部就灯火通明，大家都赶着写稿。从上到下时间观念特别强，一般当天发生的新闻如果第二天见不了报，就被淘汰了，所以大家抢时间抓新闻的劲头儿都特别大，即使写到凌晨一两点钟也要赶着把稿子交上。

当时的交通工具是几辆破旧的自行车和几匹骡马。那时候除了中山路是柏油路面，其他路都是土路。记者不论在市区还是郊区采访，一律骑自行车或步行，遇到雨雪天，道路泥泞，就拄根木棍往回赶。1949年3月，党的七届二中全会在西柏坡召开，为了以最快的速度发布新闻，报社派人从西柏坡取七届二中全会报告，骑马赶回了石家庄。

报人情怀，每解放一座城市，就出一期号外

石家庄是关内解放的第一座大城市。此后，人民解放军势如破竹，节节胜利，一座又一座城市迎来解放，回到人民手中。《石家庄日报》不仅见证了石家庄的新生，也记录了全国解放的历程。

那时候，每解放一座大城市，或者解放战争取得了阶段性胜利，《石家庄日报》都会出号外。比如，1949年1月淮海战役胜利结束、北平宣告和平解放，1949年4月解放南京等，都出了号外。每出一期号外，报社的编辑、记者都会敲锣打鼓走上石家庄街头，喊口号庆祝，让大家知道又有城市解放了，老百姓的日子会越来越好。黄黎还记得，报社最早的一批排字工范继贤曾说："当时出号外是很频繁的，因为全国解放的速度太快了。"

当时的石家庄，被称为共和国的"实验场"，既是全国城市管理的样板，也是全国干部的培训输出地，还是"解放战争的后勤部"。作为关内第一份城市党委机关报，《石家庄日报》担负着重要的宣传报道任务，发挥着不可替代的舆论导向作用，这也成为全国各地市党委机关报关注和学习的对象。因此，外地的报社几乎都会提出要与石家庄日报社交流学习，寄来自己的样报，交换《石家庄日报》的样报。当年报社的资料室里，存

放着来自全国各地的报纸，《石家庄日报》因这种交流方式而名声在外，获得了业内人士广泛的肯定和好评，黄黎和同事无不以此为荣。

解放初期的石家庄，市里处处是新情况、新事物、新问题，政策性极强，宣传稍有不慎，就会出乱子。因此，黄黎和同事们一直谦虚谨慎地处理手头的所有稿件，有些情况只写内参不见报，有些先汇报党委取得指示后再采写，写稿后要送党委审查。稿件送审是一条硬纪律，市委主管报纸的宣传部部长，昼夜工作休息在办公室。黄黎曾多次在凌晨时分把稿件送到宣传部部长办公室，不管多晚，领导都会披衣坐起，迅速审查修改稿件。

写了很多稿件，为群众办实事

中宣部原副部长兼人民日报社社长张磐石，曾受邀到石家庄日报社指导工作。张磐石说，一般群众上街散步、购物就是随便看个热闹，办到自己要办的事情就可以了，但对于新闻记者来说，就要眼观六路、耳听八方，遇事问个究竟。一些鲜活的新闻线索，记者要及时抓住和报道，让矛盾解决在萌芽状态、让新鲜经验扩大推广、让好人好事为社会树立典范，让困难问题加以解决，让不良现象引以为戒，这是党报要发挥的作用。

张磐石的话，给了黄黎很大的启迪。自此，在工作中他不断予以实践。一次在农村采访时，他不断听到农民朋友反映，实行粮食统购统销后，余粮必须卖给国家，想用小麦换玉米、高粱换豆子、芝麻换小米，都不是很方便。为此，黄黎在报道的同时还写了一篇评述，认为“统购统销结束后，应当放开粮食市场，让群众互通有无”。报纸刊发后，市政府发出布告，宣布开放粮食市场，很受农民欢迎。

此外，实行合作化后，很多个体工商户都联合起来建立了合作社，营业时间跟机关一样，修车、理发、卖酱油醋的都改成了上午8点开门，中午12点休息，下午2点开门，6点关门，这让群众感到很不方便。黄黎就自身体会写了《修车记》一稿，写了这种现象，后来还写了小评论，建议合作化后，为方便群众生活，应保留一定数量的个体小店，灵活经营。类似的报道黄黎写了很多，很受群众欢迎。

那时虽然工作非常忙碌，也没有休息日，但报社上下学理论、学业务、学文化蔚然成风。即使工作到后半夜，一年四季早五点到业余学校学习，是从不动摇的。所以，像黄黎这样因形势需要从中小学参加工作的，后来都通过成人学校或自学达到了大专以上文化水平。

《石家庄日报》为全国各地输送了大批优秀的新闻人才。1987年，石家庄日报社四十周年社庆之际，多位曾在这里工作过的老同志，从四面八方赶来相聚。黄黎至今仍珍藏着当时的大合影。

相关链接：1947年11月12日，石家庄解放当天，由《晋察冀日报》和《晋冀日报》抽调的办报人员就紧随攻城部队进入石家庄市区。仅仅6天之后，11月18日，关内第一张城市党报——《石家庄日报》的前身《新石门日报》创刊了！当时的社址位于桥西华安街6号（原国民党《新生报》旧址）。

《新石门日报》创刊号四开四版、套红印刷，内容充实、主题鲜明，具有较强的吸引力和感染力。《石家庄日报》创刊伊始，一次次将党的权威声音和人民军队的胜利喜讯传递到华北解放区的各个角落。《石家庄日报》曾在重要版面刊登过毛泽东《将革命进行到底》、七届二中全会报告等重要文献的始发稿，党中央、解放军总部的重要声明、文告、通电和命令，辽沈、平津、淮海三大战役胜利和人民解放军占领南京的消息，中国人民政治协商会议召开和开国大典的空前盛况等。

石家庄解放之初，《石家庄日报》准确传达党的土地政策和工商业政策等政令法规，及时报道解放战争的进展情况和各地军民的英雄业绩，积极宣传本市在恢复工商业生产、稳定民心和社会秩序中的先进人物和事迹，保证了党的声音及时传播给千家万户，有力地推动了石家庄市的生产和建设等各项工作的顺利开展。

（来源：2017年11月18日A2版《燕赵晚报》）

见证新中国的诞生

◎ 齐赫文口述　张军锋整理

时　　间：2012年11月6日

地　　点：莫斯科

被采访人：谢尔盖·列奥尼多维奇·齐赫文斯基

人物简介：谢尔盖·列奥尼多维奇·齐赫文斯基，中文名为齐赫文，1918年9月出生于彼得格勒。历任俄罗斯科学院主席团顾问，俄罗斯历史学家全国委员会主席，俄中友好、和平和发展委员会俄方委员，俄中友好协会名誉主席和俄罗斯汉学家协会名誉主席。1939—1940年任苏联驻乌鲁木齐副领事，1946—1949年任苏联驻北平总领事，1949—1950年任苏联驻华大使馆参赞。1949年中华人民共和国成立前后，齐赫文斯基参与了苏联承认新中国政权的全部过程，并应毛泽东邀请，参加了10月1日的开国大典，是新中国成立和中苏建交的见证人。

2012年11月，纪录片《大转折：西柏坡1947—1949》摄制组专程赴莫斯科采访。11月6日上午，该片总编导、河北电视台高级编辑张军锋采访了94岁高龄的齐赫文斯基。现将内容整理如下：

张军锋（以下简称张）：您曾以苏联外交官的身份亲身经历了中国历史命运大转折的过程，请您谈谈1946—1949年在中国期间的经历。

齐赫文斯基（以下简称齐）：我先简短讲一下1945年的事。1945年我到莫斯科，通过了国家考试，获得了副博士资格，我论文答辩的题目是

《孙中山和他的对外政策》。答辩后我接到任命要求返回中国。在莫斯科逗留期间，我负责陪同郭沫若，他应邀来莫斯科参加苏联科学院220周年院庆。这位中国诗人、文学家、历史学家兼考古学家给我留下了深刻的印象。

后来我到了重庆，当时我们驻华大使是彼得罗夫。他给我布置了任务：打听我们在平津地区资产的下落。因为从战争一开始，苏联就反对军国主义的日本，所以我们没有得到驻北平总领事馆资产的任何消息。有一位管理员和家眷负责那两栋楼，但由于战争也没有从他那里得到消息。这时候日本投降了，蒋介石决定派他的儿子蒋经国到北平去接受日本军队的投降。在此之前他同毛泽东进行谈判，讨论了终止国内战争和未来中国的一系列问题。

张：听说您是与蒋经国一同飞往北平的，能否谈谈由重庆赴北平的一些细节？

齐：彼得罗夫请蒋经国带我一同飞往北平，计划10月10日离开重庆。我们一行人抵达机场后，汽车向后倒车装行李，把机门撞了个大窟窿。飞机是不能飞了，但是很快就来了一架备用飞机。10月的白天很短，为了及时起飞，我们把行李往飞机上一扔，和警卫就坐在机尾的一堆行李中间。当我们飞抵北平时，机场上日本士兵和美国士兵正在列队，我被以最快的速度带离南苑机场。

张：您觉得国共三年内战的转折点在哪里？

齐：简单地说，1946年夏中国国内战争开始的时候，中国共产党被迫撤退防御，因为国民党从美国那里不仅得到大量武器，而且还得到许多军事顾问的帮助。由于人民解放军没有空军，国民党军队曾一度在战斗中取得一些战绩。以毛泽东为首的中共中央放弃延安，经华北，最后到达河北西柏坡。然而，伴随着内战的进展，在北平可以感受到人们对美国驻军及一系列事件的不满情绪。市民开始对国民党政府感到失望。战争的转折点是三大战役的胜利：辽沈战役、淮海战役和平津战役。这三大战役最终决定了国民党政府的命运，并使得人民革命取得胜利。

1948年，形势十分明了，国民党政府即将垮台。知识界已经明显感觉到时局的变化，特别是人民解放军解放东北后，越来越多的进步知识分子离开北平，到香港或者出国，因为国民党特务机关开始大肆追捕同情共产党的人。无法离开北平的人，只能留守等待战争的胜利。

在国内战争的最后阶段，国民党华北“剿匪”总司令是傅作义。傅作义是抗日爱国将领，后被任命为平津地区的最高军事长官，他面临着复杂的局势。随着东北失守，大批军队败退到华北地区。当时，除了他自己从绥远、甘肃、山西带来的部队，还有很多国民党的部队形式上归他指挥，但实际上他们仅听命于蒋介石。在此情形下，傅作义就任华北“剿匪”总司令后，想结识外籍人士，于是将一些总领事请到自己的司令部，有苏联、美国、法国和英国的。这些人都是东交民巷使馆区领事馆的负责人。我们的总领馆也在东交民巷。我还记得地址是37号，电话是572602。

张：您是怎么与傅作义见面的？可否谈谈见面的过程和细节？

齐：我们来到傅作义的司令部，那里曾经是日本的军营。我还带了副领事和秘书随行。我对傅作义说，那些隶属于他的国民党士兵对待苏联使馆区和苏联侨民很粗暴。这些苏联侨民在此生活很久了，还有自己的生意，开着小商店和商铺。从东北败退下来的国民党部队就集中在北平和天津。通常国民党的骑兵不供应饲料，而是从当地的百姓手中征收饲料喂养马匹。我向傅作义表达抗议，他说会采取措施。

然后，他饶有兴趣地问起那些在俄罗斯革命中倒向苏维埃政权的原白军将领的命运结局如何。我对他讲，那些诚心为新政权服务的人都获得了信任。我提到沙波什尼科夫元帅的名字，他在第二次卫国战争最艰难的阶段担任总参谋长。我还对他讲了自己亲眼所见的一件事。我以外交人员身份，奉朱可夫将军的命令陪同蒙古人民共和国代表团到西线考察。蒙古人还记得朱可夫，视其为英雄，因为他曾给予日本关东军毁灭性打击。我和蒙古代表团到达西线的49集团军，该军于3月初解放了卡卢加州的尤赫诺夫市。陪同我们参观的是49集团军炮兵司令卡利诺夫斯基将军。他也曾是沙皇时代的军官，后投向革命，成为伏龙芝军事学院的教官。

傅作义对我的话听得很认真，我想他不是平白无故地问起这些人的命运的。后来的事实正是如此。对他来说选择只有一个，要么选择人民，要么选择蒋介石。历经40天的围困后，经过和人民解放军谈判，傅作义作出了投诚的决定，向解放军移交北平城的防务。

张：在新中国筹建的过程中，您作为一个外交官，感受到的气氛一定很特别，也一定有一些难忘的人和事吧？

齐：新中国成立前夕，各界人士纷纷从国外及香港返回北平，其中包括民主党派领导人、国民党左翼代表、著名作家、科学家和艺术家。一个全民族代表积极参与的社会生活开始了。他们举行了一系列会议，筹备召开全国政治协商会议，并由其制定中华人民共和国临时宪法及其主要条款，确定国旗、国徽、国歌及政治协商会议的代表人选。9月末，全国政治协商会议在北京（1949年9月27日，北平改称北京——编者注）开幕。在为期数天的会议期间，以投票的方式，通过了中央人民政府成员名单和中央人民政府成立公告。在全国政治协商会议工作完成后，又公布将于10月1日在天安门广场隆重举行新中国开国大典。

我们接到电报，以法捷耶夫和西蒙诺夫为首的苏联艺术家代表团将乘火车抵达北京参加中华人民共和国开国大典。代表团成员大概有15至20人，包括教育工作者、音乐家、芭蕾舞演员及各阶层文化界代表。我和总领馆的同事们一起去位于北京市中心的北京火车站迎接。我们先期到达火车站，火车还未到站。我注意到有几个军人围着一个人，以为是有人生病了。翻译走过来说：这是周恩来，他已经四天四夜没有合眼，一直忙于全国政治协商会议的工作。现在他正站着睡觉，有人搀扶着他。当火车一出现，接近火车站时，那几个军人就叫醒了周恩来。周恩来走近我，略带歉意地打了个招呼。显然，他太累了。火车一停稳，他就走进车厢，热情地问候法捷耶夫、西蒙诺夫和其他代表团成员。法捷耶夫身体不舒服，周恩来当即吩咐找医生给他诊治。

张：请您谈谈在新中国开国大典上的经历。

齐：新中国的开国庆典定在下午3点开始。我得到邀请出席庆典。我抵达后，被安排在天安门下方的看台上。

下午3点钟，由林伯渠宣布庆典开始。鸣放礼炮28响，象征着中国共产党为人民解放而走过的28年奋斗历程。我亲眼看到毛泽东按下按钮，在天安门广场中央升起五星红旗。同时，奏响了义勇军进行曲。毛泽东宣读了中央人民政府成立公告和政府成员名单。阅兵式由聂荣臻任总指挥，朱德任阅兵司令员。受阅部队乘坐缴获的美国车，身着缴获的美式军服，配美式卡宾枪，大炮也是美式的，从东往西依次走过观礼台。广场的另一侧，就是我们代表团所在的地方，一片欢声笑语，人们不断地向走过的受阅军人致敬。

张：参加完开国大典，还有哪些难忘的事？

齐：我还在广场上时，周恩来的助手，后任中国驻美大使的韩叙走到我身边，说：齐赫文斯基同志，周总理让您在未收到紧急文件前，不要离开总领馆去参加北京饭店的政府招待会。回到总领馆后，我让妻子准备好去参加招待会，但是要等有人送来一份文件后再出发。过了一些时间，韩叙带来了周恩来的一封信。信中说：10月1日中华人民共和国成立，希望所有的友好国家承认这个新生的共和国。我马上将信翻译成俄语，然后拟了一封电报，叫来值班员，发给莫斯科。我和韩叙举起酒杯，庆祝中国革命的胜利。然后就和妻子一道出发去参加招待会。

招待会持续到很晚才结束。早上8点左右，值班员叫醒我说：莫斯科广播提到你的名字，但是信号不好，具体怎么回事不清楚。后来弄明白了，原来北京和莫斯科之间有5小时时差，收到我的电报时，斯大林还在工作。他立即指示苏联所有报刊发表中华人民共和国成立的消息。10月2日苏联的报纸发表了周恩来给我的信、中国中央人民政府的通告和政府组成人员名单，还有苏联政府承认中华人民共和国的决定。不久，我收到命令，任命我为苏联驻北京使馆临时代办。

法捷耶夫、西蒙诺夫和代表团一起出席了10月1日晚上的招待宴会。又过了几天，以刘少奇为主席的中苏友好协会在北京成立。很多政要和民主党派的领导人担任协会领导，其中包括孙中山的遗孀宋庆龄女士，她后来接替刘少奇担任中苏友好协会主席。

张：首任苏联驻新中国大使是罗申，我见到过您和罗申一起参加递交国书仪式的照片。能谈谈具体过程吗？

齐：为了罗申就任苏联驻中国大使的问题，我去中南海会见周恩来，讨论罗申任大使和其作为第一个向毛泽东递交国书的使节等事宜。我们把所有事情都定了下来，罗申一到北京，就递交了国书。他到过中国，曾任苏联驻中华民国大使。递交国书时，毛泽东、周恩来、翻译师哲站在我们对面。大使还要求我把他的话翻译成中文。

张：后来，毛泽东生平第一次走出中国，访问了苏联。

齐：1949年12月，毛泽东决定赴莫斯科参加斯大林70岁生日庆典，我和罗申陪同。我们乘坐毛泽东的专列，经天津、沈阳、哈尔滨抵达我方边境。在边境上，毛泽东换乘我方列车，因为中苏铁轨轨距不同。我还拍了他在我方列车上的照片。我把他送至苏联边界，然后返回北京。

张：据我所知，在这之后您又南下广州。这次广州之行一定有特殊使命吧？

齐：我刚回到北京，莫斯科的电报就到了，让我派个人去广州。之前为了不过分刺激美国人，所有的活动都是秘密进行的。我们刚刚爆炸了第一颗原子弹，而美国人曾利用在大规模杀伤性武器方面的优势讹诈我们。他们在日本广岛和长崎使用了这种武器。我们驻南京的大使和国民党一起转移至广州。其他国家的使馆，比如美国使馆，就没有和蒋介石一起迁至广州。遵照斯大林的指示，这样做的目的是掩盖真实意图，保持国家体面。

新中国成立后，10月2日，我国使馆工作人员离开广州前往香港和澳门，将汽车、冰箱、办公设备、打字机等全部使馆财物遗弃在广州。遵照莫斯科的指示，我去广州处理这些问题。这时广州刚刚被人民解放军解放，沿途看到的是国民党撤退时搞破坏活动的景象，桥梁都被炸毁了。苏联《真理报》记者奥尔加·伊万诺夫娜·切乔特金娜向我们表达了也想去的意愿，我们就一起去了。

张：听说叶剑英曾经在北平的颐和园和广州请您吃过特色菜。

齐：我在北平时，叶剑英请我们去万寿山就餐，万寿山就在颐和园里。他将餐桌备在山顶的一块平地上，菜品也很有意思。有位厨师问我们，在其中的一道菜里吃出了什么。我说，吃到了鸡肉、鸭肉、猪肉、羊肉，还有鱼的味道。叶剑英吩咐把厨师叫来，是个很老的厨师，穿着白大褂。原来这位厨师曾是大清皇后慈禧的御厨，而慈禧信佛，斋戒期间不吃肉和野味，只能吃鱼，为了让她吃好，厨师们就将羊肉、鸡肉等味道加到各种鱼中，我们品尝的正是这道菜，由此真正体会到中国文化的博大精深。叶剑英也是第一次吃这道菜。当我们吃完告辞的时候，叶剑英对我说：今天吃得不错吧？我邀请你去广州，请你吃龙虎斗，那是真正的美味。

后来在去广州的路上，切乔特金娜说：如果你们给我吃蛇肉，还有猫肉和狗肉，我就去中央委员会投诉你们。叶剑英当时是中共华南分局第一书记及广东军区司令员兼政治委员。到广州后，他热情地接待了我们。他先是招待我们吃西式早餐，午饭和晚饭吃的是中国菜，其中就有龙虎斗。切乔特金娜没有察觉，说吃的是鸡肉，还有蘑菇什么的。就这样把她给骗了。

张：您回到北京后又做了什么工作？

齐：我回到北京后，大量的事务是联系苏联专家，请他们来帮助中国恢复国民经济。莫斯科来了封电报，外交部部长维辛斯基跟我说，中国请求派遣一名国际法专家讲课，他想请我去讲。我不懂国际法，可他还是把一些小册子转寄给我。我研读了这些书，给新中国第一批外交官在中国人民大学讲了五次课。那时候，我汉语讲得很好，还能读中文。1950年5月我要离开北京时，人民大学来了一批代表，给我颁发了一面锦旗，上面写着感谢我给他们讲课。这是我为中国培养外交官所作的一点贡献。

1950年夏，我回国了。从那时起，我就在联合国组织做事。总之，能够见证新中国的诞生，这是我这一生中一件极为重要而难忘的事情，也可以说是我一生中最辉煌的日子。

（来源：《党的文献》2013年第5期）

后　　记

《西柏坡口述历史（第三册）》的出版是西柏坡纪念馆开展抢救历史活动中的一个阶段性成果。

西柏坡纪念馆自1955年建馆以来，一直对曾经工作生活在西柏坡的老同志给予特别的关注，多次派人走访征集并整理成稿，这些成为西柏坡的珍贵档案资料，是一笔宝贵的财富。

2013年7月，习近平总书记到西柏坡，指示做好历史挖掘工作。我们加大了抢救力度，一方面通过一切方法搜寻线索，对尚健在的老同志进行抢救性走访并整理文稿；另一方面大量搜集党史、文献、志书等有关单位及个人对西柏坡时期人物做的口述历史资料，以借力挖掘和研究西柏坡历史。

自《西柏坡口述历史（第一册）》《西柏坡口述历史（第二册）》出版以来，我们又整理、搜集了大量口述史料，本册文章一大部分为西柏坡纪念馆工作人员通过走访征集撰写的文章，一部分为收集的致力于西柏坡历史研究的专家的作品，另一部分为搜集到的公开发表过的有关西柏坡历史的口述史稿。文稿顺序主要依据访问时间加专题相结合的方式，另外根据书稿总体需要，适当调整。

该书在审阅过程中得到中央党史和文献研究院、河北人民出版社等单位专家学者的大力帮助和支持，在此一并表示感谢。

由于本书文章一部分是搜集来的，我们无法找到所有作者的详细资料，因此，有的资料难免有误，敬请作者及亲友看到此书后将有关情况惠告我们，以便再版时补正；按照国家著作权法规定，本书所收文稿均应向作者支付稿酬，但一部分作者我们无法找到，敬请作者见书后与我们联系。

通信地址：河北省石家庄市西柏坡纪念馆
联系电话：0311－82851365
0311－82851290
联 系 人:《西柏坡口述历史》编辑部

《西柏坡口述历史》编辑部

2020年9月